成田空港の「公共性」を問う

取られてたまるか！　農地と命

鎌倉孝夫
石原健二
編著

社会評論社

成田空港の「公共性」を問う

取られてたまるか！ 農と命

目次

刊行にあたって

市東孝雄さんの農地を守る闘いの意義を明らかにし、この闘いに勝利するために、本書を刊行する。

市東さんはこう言っている。「空港会社が起こした裁判は、私に農業をやめろというものです。私はそれと闘っています。でもなにか気負っているわけではないんです。それが空港との関係では闘いになっているだけです。」「安全でうそのない野菜を真剣に作って、出来たときの喜びが新鮮な作物を通じて産直の会の会員に伝わる。それが自分の農家としての誇りであり、生きがいです。いまの農業ができなくなれば、そんな野菜を作って届けることで築いてきた人間関係、信頼関係はどうなるか。ズタズタです。結局、農地は私の命と一緒なんです。その農地を取られるということは、農業をやめて死ねといわれているのと同じで、私はそういう受け止めをしています」と。

市東さんの、国・空港会社との闘いには気負いがない。虚勢・虚飾など全くない。きわめて自然体なのである。労働し、生活し、信頼し合う人間関係を維持し続けたい、だからこれを壊そうとする権力と闘わなければならない。闘わなければ、この人間として生きる根拠が守られないということなのだ。

成田空港反対闘争というと、何か特定のイデオロギー的主張に基づく反権力闘争だ、というイメージでとらえている人は、なお多いであろう。国・空港会社はそのようにきめつけているように思われる。もちろん権力との闘いであることはいうまでもない。しかしこの闘いは、権力側のイデオロギーに対抗するイデオロギーというレベルを超えている。従来からの成田闘争がたんなるイデオロギー闘争であったというとらえ方は正しくないと思うが、いま鮮明に突き出されている闘いは、「カネか生命か」の闘いだ、といえよう。

だから市東さんの農地を守る闘いは、第一に、三・一一東京電力福島第一原子力発電所が起こした原発震災の中で問われている〝カネか生命か〟の闘いに通じる。と同時に民主主義の根幹と平和的生存権を守る沖縄の闘いにも通じる。すべて人間が人間として生きる根拠の、体制側権力による破壊に対抗する闘いである。

第二に、市東さんの農地取り上げに反対する闘いの中で、この闘いに結集した多くの労働者・市民、そして全力を挙げて権力に立ち向かっている弁護団の懸命な闘いによって、国・空港会社側の土地取り上げ策動の卑劣さ、欺瞞性・不当性が暴露されるとともに、いまやその暴力的本質が白日の下に引き出されている。

内容的には本書を読んで確認してほしいが、市東さんの農地に対しては、土地収用法による強制収用の手続きが行われている。しかし事業認定の期限が切れ土地収用法による申請手続きを空港会社（公団）は取り下げた。ところがこの間も、市東さんが耕作している土地が戦後の混乱の中で小作地（借地）のままであるということにつけ込んで、耕作者市東さんに通知も同意もないまま、空港会社は地主から土地を買収するという違法を行なった。借地権者の同意なしの土地所有権移転という違法行為であり、しかもその後15年間に亘ってこの買収を隠蔽し続けた。さらに空港会社の卑劣さの極めつけは、明け渡しを求める対象農地の誤認、そして特定に当っての証拠の偽造である。

卑劣・欺瞞が暴露された空港会社は、万策つきて、農地明け渡し裁判を通し、本来耕作者（借地者を当然含む）の権利を保証している農地法を全く逆手に取って、耕作者の権利を奪う（解約を拒否すれば強制執行に行きつく）という無法・暴挙に走った。法に反することを、法によって正当化し実行する——これは暴力以外の何ものでもない。

第三に、この点と関連するが、国・空港会社の主張する「国策としての空港建設、整備・拡張は〝公共〟的性格をもつ」という理屈は、すべてその欺瞞性を現わしていることである。

経済大国にふさわしい、グローバリゼーションに対応しうる大規模国際空港建設という虚勢。四八年経っても完成しえず様々な欠陥を露呈する成田空港。原発50年が経過して、それがいまや電力供給を全く行わない無用な施設というだけでなく、制御不能な、自然に存在しなかった放射性物質によって、人間の生命に図りしれない損傷を与え続ける——原発によるこの人為的放射性物質の形成は殺人目的以外の何ものをももたらさないのである——、しかも事故・事後処理に膨大な税金を投入し続けなければならないことと、全く同様である。無駄に無駄を重ね、しかも命を脅かす原発は止める以外にない。成田空港もその出発点から、その建設自体が無理であった。無駄に無駄を重ねないために、それは止める以外にない代物なのである。「国策は〝公共〟性をもつ」というのは全くの欺瞞である。

「成田空港建設、整備・拡張は経済成長の実現に必要だから〝公共〟性がある」、とする主張はどうか。成長なくして労働者・民衆の安定はありえない――1970年代のスタグフレーション以来、財界・政府は執拗に、経済成長こそ「公益」「公共性」をもつという言辞をくり返してきた。現在でも、景気回復・上昇なくして労働者・民衆の生活安定はありえないと臆面もなくくり返している。しかし、いまここで具体的な事実を示すことはできないが、この間労働者・農民・民衆に対する搾取・収奪は強まり、生活・生存は破壊されてきている。

一九八〇年代以降の新自由主義の展開の中で、いまやひと握りの金融独占資本、しかも多国籍企業化した金融独占資本が、その競争力強化のため国家財政（税金）そして金融を、利用・支配し、私的利己的利益拡大を図る反面、労働者民衆に対しては、増税・負担増そして社会保障・公教育費の削減・切り捨てによって、生活難・生活破壊をもたらしている。農業においても利潤目的の株式会社による農業経営の形成・競争力強化を進めるという〝攻めの農業〟がめざされている。しかし〝攻めの農業〟によって日本の農業は攻められ、崩壊の危機に立たされている（本書3章、石原健二「これでいいのか？日本の農地・農業」参照）。

ひと握りの金融独占資本の利潤拡大、それにあらゆる優遇策を講じる今日の国家という状況は、それがいまや人間と自然そのもの――人間社会の存立・生存根拠を、本来の公共性を、破壊する以外の何ものでもないことを示しているのである。

こういう状況の下で、最後に、市東さんの農地取り上げ反対の闘いは、人間社会の存立・発展根拠（実体的根拠）を担うすべての労働者・農民、勤労人民にとって、その闘いの原点となるとともに、共同・連帯の根拠になることを強調したい。

人間社会の存立・発展根拠を担っているのは、働く労働者・農民、勤労人民である。現在の資本主義体制の下では、主要な産業部門は、資本による利潤獲得の場にされ、労働者は資本に雇用されその命令に従わされている。資本家的農業経営が形成されれば、農業労働者も産業労働者と同じ状態におかれる。生産の現実の主体としての地位を奪われ、その目的意識的・創造的活動は制限され、あるいは歪められる。

しかし資本家的経営の下でも、生産手段に主体的に働きかけ生産活動を行なっているのは労働者である。資本の支配、利潤拡大目的の下での搾取・収奪に対抗・反抗しうるのは、その下で支配される労働者であるし、資本の非人間的、自然破壊的行動とその要求に対して歯止めをかけうるのは、現場の労働者・その集団の力である。原発、兵器生産、空港・航空拡張――それによる人間生存基盤の破壊に対抗しうる力、それをやめさせる力は、そこで働く労働者の組織的抵抗力である。

日本の農業においては、なお資本家的農業経営は部分的であり、多くは自作農、生産法人、そして小作農（借地農）である。市東さんは借地農の位置にあるが、土地の本来の主体、耕作の主体として、自らの自主的意識の下に、１００年にも亘って土づくりを行ない、耕作を続けてきた。実質的には自作農として、命にも値する何物にも代えられない土地をつくり上げ、農業生産の主体として自主的・創造的活動を行ない、それを通して消費者・生活者である労働者・勤労人民との信頼関係を築いてきた。

資本の支配の下でも、労働・生産活動の真の主体が労働者・農民である限り、どの生産現場でも市東さんが追求し実現してきた生産活動、人間関係の形成は可能である。輸送の安全を維持するのは、そこに働く労働者によってであるし、教育に対する権力の介入が強まっても、歴史と現状の真実・本質を子どもたちに教えるのは教師である。もちろんそこには、権力による干渉・介入、脅し・弾圧、懐柔がある。これに対し抵抗し、闘いながら、労働者としての主体性に基づいて自主的・創造的活動を行ないうるのは労働者だけである。

人間の生存・発展の基盤を破壊するものに対する抵抗、その生存・発展の基盤自体の社会的現実化、何よりも抵抗と創造の主体形成。市東さんの農地を守る闘いには、その根拠とその実現の方向が示されている。

なお本書は、市東さんの農地取り上げに反対する弁護士をまじえて開かれている、成田空港問題の理論的解明・批判を目的とした研究会（航空・空港研究会）の成果を中心としつつ、農地裁判弁護団や「市東さんの農地取り上げに反対する会」などにも協力を頂きながら編まれたものである。

関係するみなさんのご好意と協力に深く感謝を申し上げる。

二〇一四年二月二五日

鎌倉孝夫

序章

三里塚農民・市東孝雄
天神峰の土と生きる

〈聞き手　望月信光〉

市東孝雄さんの営農の基盤は成田市天神峰にある小作地だ。祖父の代から百年近く市東家が耕してきた農地である。広さは市東さんの全ての畑の八割を占める。

ところが現在、成田空港会社は、市東さんに裁判を起こし小作地の明け渡しを求めている。市東さんの生活を根本から脅かす攻撃である。裁判はすでに八年目に入っている。この間も市東さんは毎日小作地を耕し続けている。それが空港会社に対する最大の反撃になっている。

筆者は、二〇一一年以来、農地をめぐって空港会社と熾烈な闘いを続けている市東孝雄さんを天神峰の自宅に訪ね、話しを伺ってきた。本稿は、その「聞き語り」をまとめたものである。

本書第4章の拙稿「成田空港の農業破壊と闘う三里塚の農民／いま、あらためて照らし出される農の意義―公共性」は、内容が本稿と関連するので併せてお読み戴きたい。

なお「聞き語り」の各項目の末尾に事実経過を示す年譜と解説を付けた。年号は原則として西暦を用いて括弧書きに和暦を入れたが、戦前については和暦のみの表記もある（望月）。

1. 青天の霹靂

(1) 空港会社が地主？ 私が被告？

負けられない裁判

裁判所という、自分にとってそれまで無縁のところに通うようになって、もう七年にもなります。「被告」として法廷にたつことになるなんて、思ってもみませんでした。しかも「不法耕作」という汚名を着せられ、新聞に書き立てられて。

ことの発端は今から一一年前の二〇〇三年（平成一五年）一二月、成田空港会社が、小作地の地主だと突然名乗り出て、明け渡しを求めたことです。

その畑は祖父市太郎が大正一〇年から耕作し、戦後は親父がずっと守ってきたものです。一瞬耳を疑いました。分かったことはこの時から一五年も前に、畑の地主（藤﨑政吉さんと岩澤和行さん）と空港公団（当時）が親父には秘密にして、底地を売買していたこと。地主になった空港会社が二か所の小作地の明け渡しを求める裁判を私に起こしてきたというわけです。

空港会社は空港建設に反対する者に嫌がらせや脅しを加えてきたけれど、親父は小作地を手放さず守り続けてきました。しかも親父が苦労して守ってくれた小作地は、田んぼを含む

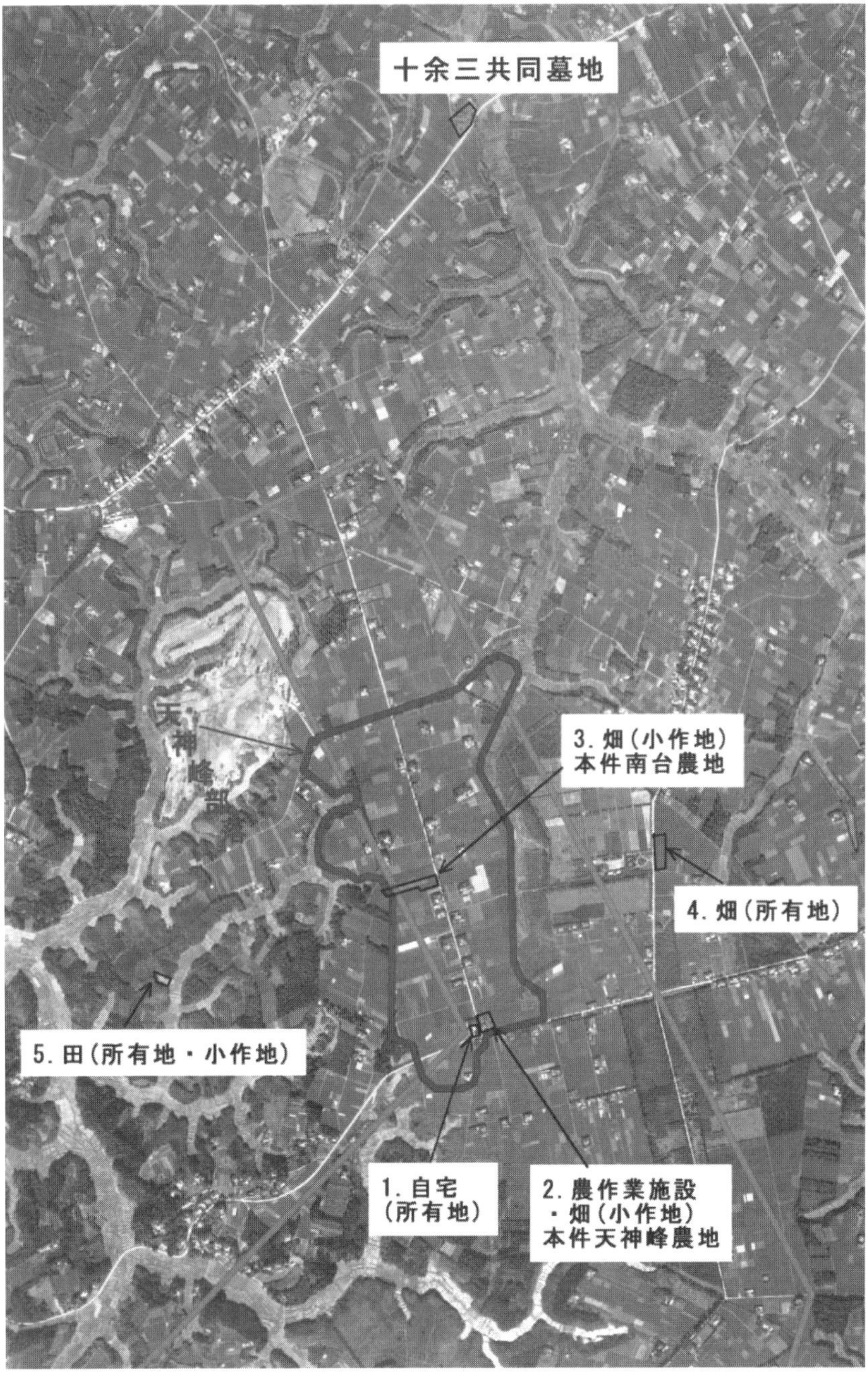

【資料①―1】市東孝雄さんの自宅及び耕作地と成田空港の位置関係
（1965年撮影の航空写真に記入）

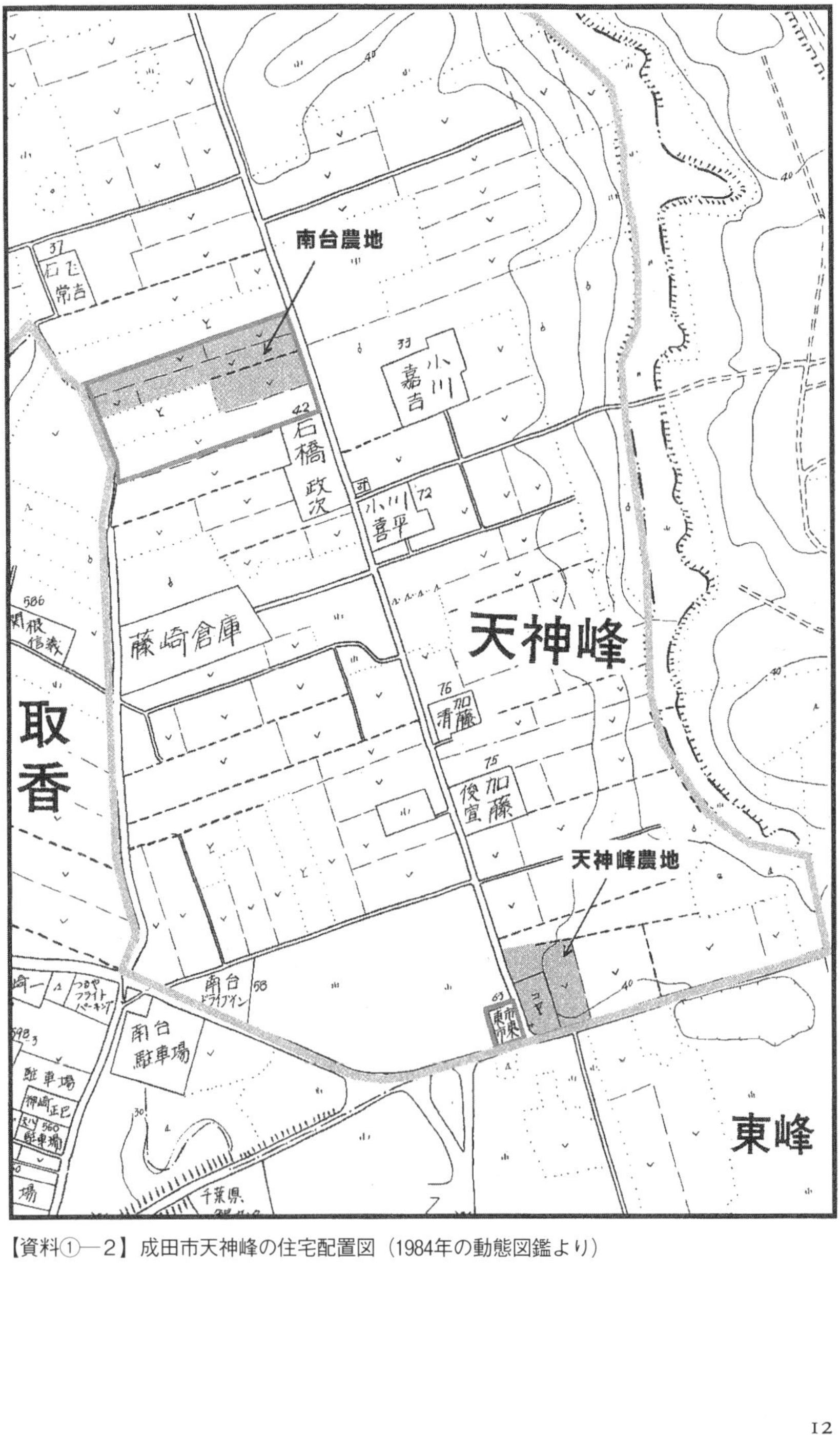

【資料①—2】成田市天神峰の住宅配置図（1984年の動態図鑑より）

私の全ての耕作地の四分の三にもなり、空港会社に明け渡すことになれば私は農業を続けることはできません。農民として生きていくためには裁判で負けるわけにはいきません。

【資料①】

収用手続きの取り下げ

私は成田市天神峰で生まれました。空港問題が起こった一九六六年（昭和四一年）に中学を卒業し、その後は家を出て千葉県内で働いてきました。父東市は成田空港問題が起こった当初から空港反対同盟に参加し、ずっと成田空港の建設に反対してきました。

親父が亡くなった一九九九年（平成一一年）の暮れに、私は三三年ぶりに天神峰に戻り、祖父の代から耕作してきた畑で農業を始めました。一九九三年（平成五年）に空港公団は収用手続き（裁決申請）を取り下げ、土地収用法による空港用地の強制収用ができなくなっていましたから、安心して農業をやることができると思っていました。

私も百姓のせがれですから仕事を手伝ったことはありましたが、天神峰に戻ったころの私は農業知識なんてほとんど無いも同然です。そんな私に、東峰部落の萩原進さんは農業のイロハから教えてくれました。

萩原進さん

天神峰に戻って丸一四年、空港会社と闘いながらずっと農業を続けてきましたが、ようやく育てた野菜を安定的に出荷できるようになりました。これも私に農業の基礎を教え、裁判でも相談できた萩原進さんのおかげだと思っています。

その進さんが昨年一二月二三日に急逝されました。今でも信じられません。心筋梗塞で倒れて家に運ばれた進さんを、私と富夫君（進さんの娘婿）で心臓マッサージをやりました。その後進さんは救急車で病院に運ばれましたが、命を救うことができませんでした。

進さんの死は、私にとっても反対同盟にとっても大変なことです。でも私は、進さんの思いを叶えるために、その遺志を受け継ぎ、この地で生涯農業を続けていくことを心に決めています。

＊市東孝雄さんの小作地は、天神峰字南台四一等の畑（以下、たんに「南台農地」という。八三九九㎡）と成田市天神峰字天神峰七八番二等の畑（以下、たんに「天神峰農地」という。四六〇六・九六㎡）である。そこは、市東家の三代が心を込めて耕してきた肥沃な農地であり、市東さん一家は戦前からこの小作地で農業を営み生活してきた。
二か所の小作地面積は合計で約一・三ヘクタール（一三〇〇〇㎡）あり、市東孝雄さんの水田を含む全農地の約四分

の三、畑全体の八割を占めている。

＊＊裁判は二つある。一つは二〇〇六年一〇月に千葉地方裁判所に提訴された裁判（民事二部に係属、通称・耕作権裁判）で、南台農地の一部五七二二㎡を「不法耕作」だとして明け渡しを請求している。

二つ目の裁判は二〇〇八年一〇月に千葉地方裁判所に提訴された裁判（民事三部に係属、通称・農地法裁判）で、明け渡し対象は南台農地の残り二六七七㎡と天神峰農地の計七二八三㎡である。この裁判は、後に市東さんが原告となって二〇〇七年七月千葉地方裁判所に提訴した農地賃貸借解約許可処分取消請求訴訟（民事三部に係属の行政訴訟）に併合された。

耕作権裁判は今も千葉地裁に係属中で、未だ人証調べも行われていない。行訴・農地法併合裁判は、二〇一三年七月に千葉地裁民事三部が原告空港会社の主張を認めて市東孝雄さんに明け渡しを命じる判決を言い渡した。市東さんは控訴し、裁判は現在東京高裁一九民事部に係属中である（第一回口頭弁論は二〇一四年三月二六日の予定）。

＊＊＊萩原進さんは、東峰部落の専業農家で、三里塚芝山連合空港反対同盟結成以来の同盟員。初代の青年行動隊長として闘いの先頭に立ち、一九八三年から事務局次長として、四七年の長きにわたり空港絶対反対の闘いを牽引してきた。

(2) 理想の有機農業

有機・完全無農薬、露地栽培

空港会社が明け渡しを求めているのは、有機農業の畑です。親父の代を含めると二六年、私になって一四年、有機の土作りを続けています。

農薬や化学肥料は一切使いません。除草はすべて手作業です。草をとると虫は思いのほかつかないものです。

ハウスなどの施設は使いません。露地栽培です。もうけを考える人は、成育を早めて回転を多くしたり、時期を外して出荷するためにハウスを使ったりしますが、私たちは違います。野菜は、旬の時に旬の味をあじわうべきという考え方です。

露地栽培ですから、天候に左右されるし、種まきや収穫の時期がずれることもある。うまく行かないこともあります。でも、促成栽培では決して味わうことのできない、本物の野菜ができるんです。「地産地消」と言いますが、人の身体は、その土地で旬の時期に採れるものを欲しがるようにできているんだと思います。

五〇品目以上の野菜を栽培

一年を通じて畑で作る野菜はだいたい五〇品目。季節に応じた輪作です。

さつまいも、里芋、人参、ジャガイモ、大根、ごぼうなどの根菜類、ほうれん草、小松菜、白菜、キャベツなどの葉物類、スナップエンドウ、そら豆、枝豆、落花生などの豆類、なす、ピーマン、ミニトマト、キュウリなどの果菜類です。

一口に五〇品目と言っていますが、ジャガイモはトヨシロとキタアカリの二種類作るし、大根は青首、三浦、聖護院の三種類、人参も複数作るので、実際は六〇種類以上になります。同じ種類の野菜ばかり作っていると形が悪かったり味が悪かったり連作障害が生じます。いつも前に何を作ったかを頭において、作付けします。同じ科の野菜だけ考えていてはだめだとか、オクラやモロヘイヤなど根が張る作物の後に作るダイコンはいいものができないとか、なかなか難しいです。落花生やトウモロコシの後なら、何をやってもうまくいきます。【写真①】

土こそ命

結局いちばん大事なのが土作りです。有機野菜にとって、土こそが命なんです。

土作りには、乾燥鶏糞、蛎殻、糠などを畑一反歩当たり毎年二トンから四トンを鋤き込みます。ネギの場合は肥料が余分にかかるので少し多めに入れたり追肥します。

一口に北総台地といっても、水はけ、土質などが微妙に違っていて同じ畑はありません。その微妙な違いにあわせて、土作りも変えるわけです。土は生きているし、呼吸をしている。ある畑で最適の土壌ができたからとって、別の畑でも同じ方法が通用するわけではありません。その土地に応じた土作りを工夫しないとうまくいかない。

芽出し用の土は家の前の畑の一角で作っています。落花生の殻や茎を敷き、その上にわらを刻んだのを載せ、それに糠をかぶせて、あとは落ち葉。水を掛け踏み付けて、三層四層にして一年から二年置きます。途中で管理機を入れてかき回してできるのが、床土（とこつち）です。

種を撒いたポットは、農地のわきにある育苗ハウスに置いて、苗になるまでそこで育てます。一定の大きさの苗まで生育したら、いよいよ畑に植え付けます。水を蒔いて生育し、数か月後に収穫です。【写真②】

消費者との信頼

もうひとつ大事なことは消費者との関係です。

私たちは、消費者と顔の見える関係でありたいと考え、「一年を通して食べる家族の野菜については全て責任を持つ」という立場で接します。消費者も私たちの考え方を理解していて、季節ごとに届ける野菜を楽しみにしています。

私は小さい子供からお年寄りまで安心できる、旬の美味しい野菜を届け、それが消費者の健康に役立っていることに誇りをもっています。

千葉の消費者の方から「産直野菜を食べることによってア

【写真①】５月のキャベツ畑

【写真②】４月育苗ハウス

トピーが出なくなった」という御礼の手紙をもらったことがありまず。丹精込めた私たちの有機野菜が少しでも役立っていると思うと嬉しいですね。【写真③】

消費者との直の交流では、毎年五月にじゃがいも掘り、一〇月にはサツマイモ掘りをやっています。二月には消費者と一緒に総会を開きます。産地交流で消費者のみなさんと直にふれあうことができるのは、とても楽しいことですが、届ける側の責任の重さを感じる場でもあります。空港会社が取り上げようとしている畑は、消費者とのつながりのなかで作ってきた畑なんです。

＊千葉県は、都道府県別に見た生産ベースの食料自給率では二〇〇八年時点で七一％（といっても先進諸国のそれと比較にならないが）を維持している。そのうち、成田市は三〇〇〇戸の農家のうち五〇〇戸が専業農家という優良地帯である。

＊＊空港反対運動の中心地域は有機農業の先進地となった。昭和四七年（一九七二年）に東峰の島村昭治さん、梅沢勝義さん、堀越昭平さんや芝山町の柳川秀夫さんらが三里塚微生物農法の会を発足させ、東峰の石井恒司さん、小泉英政さんらがワンパックグループで消費者への直販を始めた。その後、芝山町菱田には五つも六つもの有機農法の産直グループができ、昭和六二年に萩原進さん、加藤一芳さんと市東東市さんが三里塚産直の会を始めた。現在、三里塚産直の会では、約４００戸の消費者に野菜を届けている。

【写真③】産直野菜の出荷風景（中央が市東さん）

東峰・天神峰に残っている人は全員有機農法で農業を営み生活している。

2. 開拓から三代百年

(1) 祖父市太郎と天神峰開拓部落

家は最初から農家だったわけではありません。

祖父の市太郎は、明治一一年に千葉県山武郡蓮沼村に生まれました。一四、五歳のころ、茨城県稲敷郡長竿村の雑貨や酒を売っている店に丁稚に入り番頭になりました。

祖父は長竿村で二〇年近く働いて明治末の三三歳の時に千葉にもどり自分で店を出しました。そこはツケで飲食を出したり酒・食料品・雑貨を売ったりする店だったようで、場所は現在自宅のあるところでした。その土地は長谷川和三郎さんという人が宮内省から賃借していた土地の一部をまた借りしたかたちです。店のお客さんは近くにあった下総御料牧場駒之頭区の従業員たちでした。街道筋で場所も良かったので最初は繁盛したと聞いています。

ちなみに家の屋号は祖父が「長竿村」から来たというので「ナガソウ」と呼ばれていました。入植当時、天神峰には、防風林が点在し、また野馬土手などの牧の跡が残っていたということです。

祖父が店を天神峰で始めて三年目の大正三年秋に父東市が長男として生まれています。【写真④】

【写真④】市東市太郎さん

祖父は店を開いていたあいだ「酒類之通」「賣高帳」「大福帳」などを付けていたようで、家には今も何冊か古い記録が残っています。例えば、「酒類之通」は明治四五年二月から大正二年一月のもので、お酒、酒類なんかの仕入れの記録、「賣高帳」は大正二年一月から大正五年四月の売り上げ帳簿です。「大福帳」は複数あり、最初のものは大正四年一月から大正五年二月の売り掛けが記入されています。すでにその

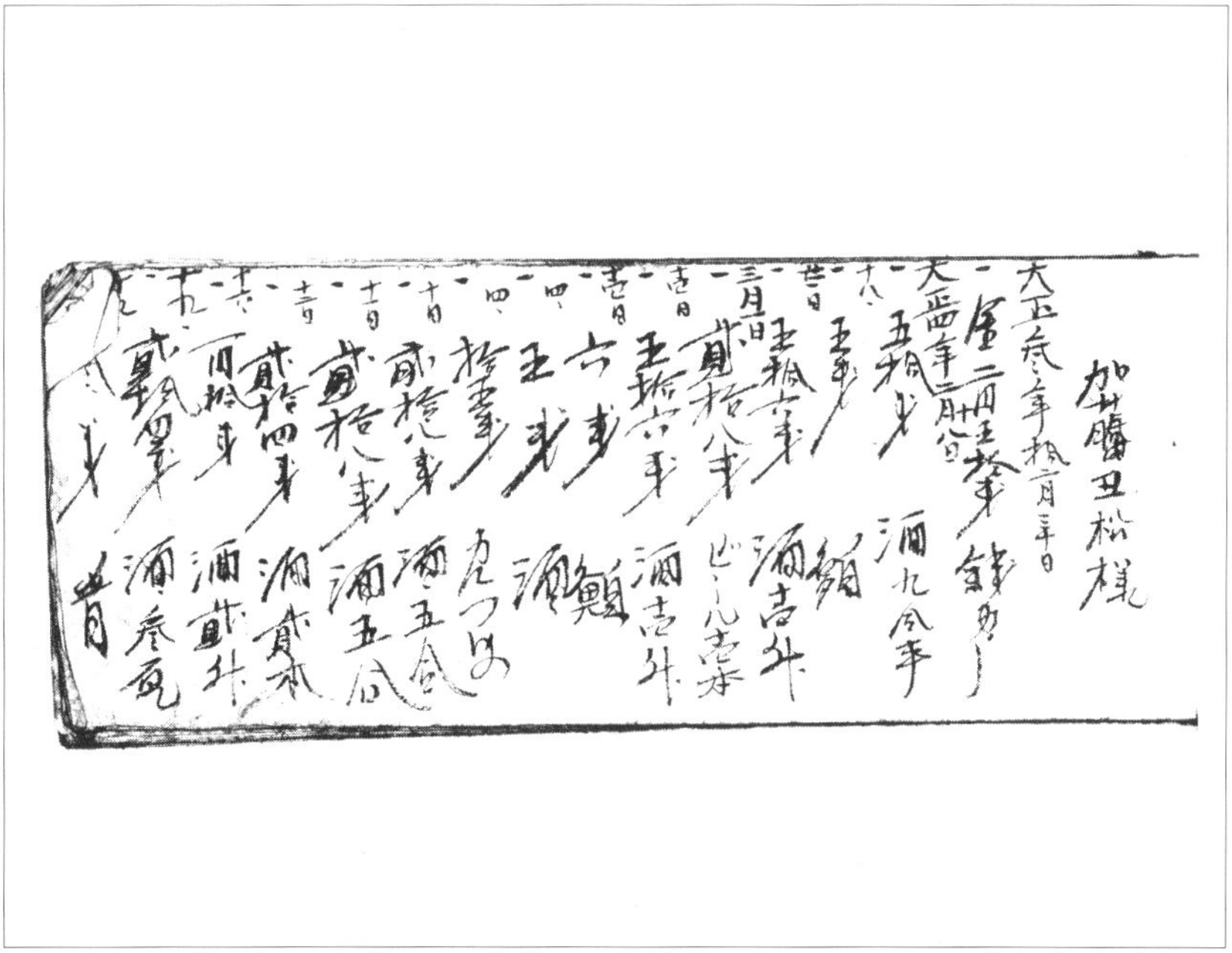

【資料②】「大福帳」大正４年１月から大正５年２月

頃までに天神峰に入植した加藤丑松、長谷川和三郎、石橋高次といった人たちを相手に掛け売りしていたことが載っています。売っていたものとして、酒、とうふ、さとう、せんべい、石けん、豚なべなどが出てきます。【資料②】

最後の「大福帳」は大正一〇年三月までの記録です。大正の後半から下総御料牧場が縮小に向かう動きが出てきて、「駒之頭区」の御料牧場はなくなり従業員達は「三里塚区」の御料牧場に移りました。従業員がいなくなり、入植者だけでは店がやっていけなくなったんです。祖父は大正一〇年ころ農地を借りて生活するようになったと話していました。

天神峰部落の成り立ち

大正に入り天神峰には周辺の地域から次々と農民が入植するようになりました。どの家がどこから入植したかは昔から部落の中で言われているので私にも大体わかっています。千葉県の九十九里浜から石橋さん、石毛さん、市原さん、越川さん、武藤さん、伊藤千代助さんなど、千葉県の大栄町から加藤さん、伊藤さん、成田市の方から根本さんが入植したと聞きました。埼玉からは小川さん、伊藤さんですね。

こうした入植者は大正一〇年頃には二〇世帯近くになり、天神峰部落としてのまとまりが出来上がったようです。

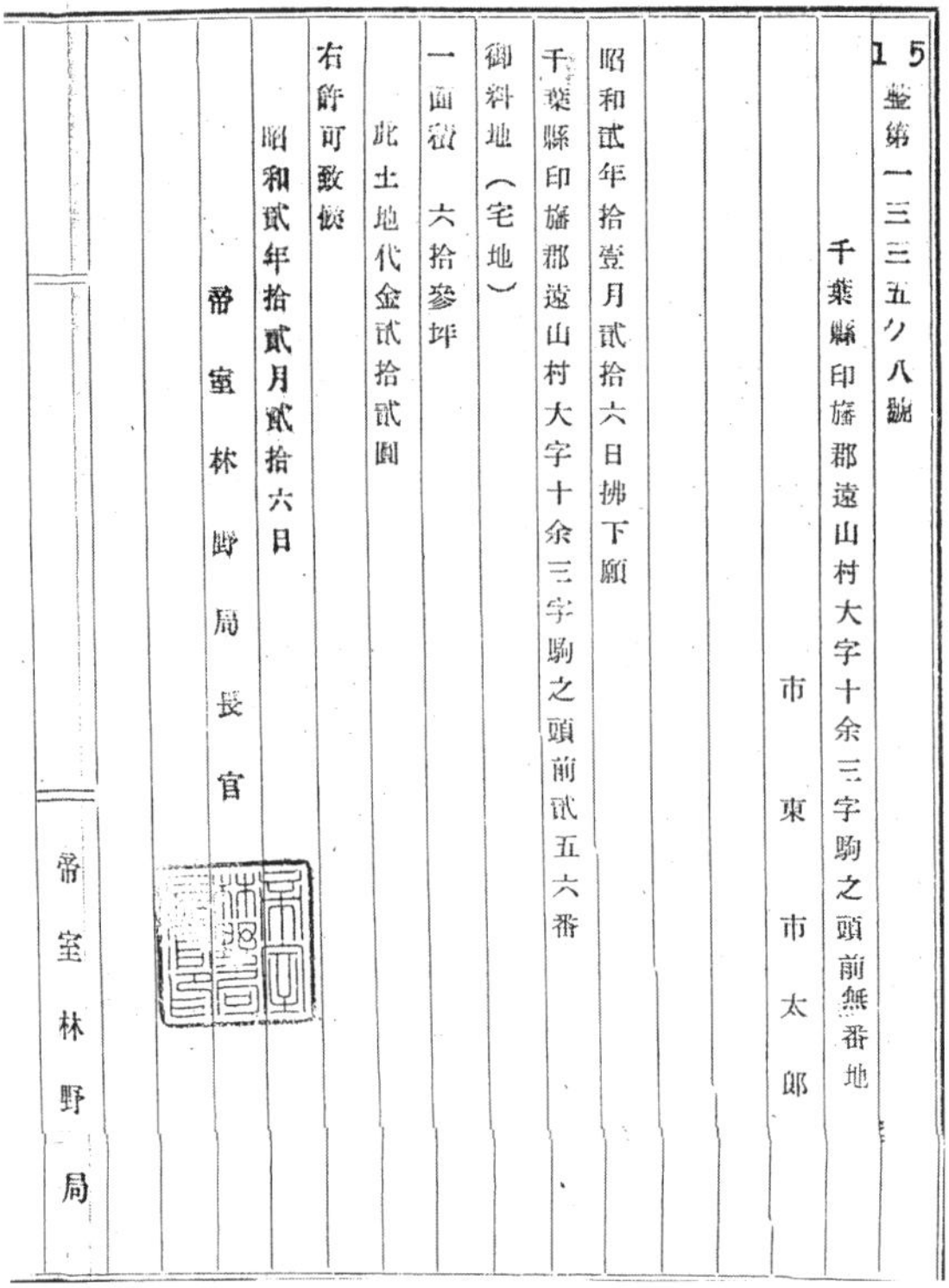

15 整第一三三五ノ八號
千葉縣印旛郡遠山村大字十余三字駒之頭前無番地
市東市太郎

昭和貳年拾壹月貳拾六日拂下願
千葉縣印旛郡遠山村大字十余三字駒之頭前貳五六番
御料地（宅地）
一面積 六拾參坪
此土地代金貳拾貳圓
右許可致候
昭和貳年拾貳月貳拾六日
帝室林野局長官

帝室林野局

【資料③】払下げ許可書

【年表１】

西暦	和暦	月	出来事
1700			天神峰は江戸時代の中期は「矢作牧」の一角であった
1869	明治２		天神峰は開墾会社に開墾用地として払い下げ
1875	8		天神峰は下総御料牧場の「駒之頭区」に編入される
1911	44		御料牧場縮小方針による天神峰御料地を周辺村落の農民に貸与
1912	45		市東市太郎（33歳）、天神峰に店（飲食・食料品）を出す
1914	大正３	10月	市東東市、天神峰で誕生。この頃から、天神峰部落の入植始まる
1921	10		御料牧場の縮小。「駒之頭区」は廃止。市太郎、小作農として農業を始める
1926	15		市太郎、長谷川より天神峰63の自宅土地の借地権譲り受け
1927	昭和２	12月	宮内省帝室林野局が天神峰の土地の分筆を行い地番を付す
			市太郎（49歳）、宮内省帝室林野局長から自宅土地の払い下げ許可

祖父が始めた小作地の耕作

親父が小学校にあがる大正一〇年頃に祖父は店を閉め、農業を始めています。

祖父は、取香部落の藤﨑さん（屋号ヤマサ）から南台の土地を借り、取香の岩澤さん（屋号ミヤシタ）から天神峰の土地を借りていました。当時は、二人とも宮内省から土地を借りていたので、祖父は転借人だったと思います。

大正一五年に祖父は長谷川さんから、自宅の土地（成田市天神峰字南台六三番。当時は印旛郡遠山村大字十余三字駒之頭前二五六番）の借地権を買い取りました。その後昭和二年一二月に、宮内省（当時は帝室林野局長官）から御料地を金二二円で宅地として払下げる許可を受け、昭和九年八月に四回目の分納を終え、払下げ料を完納しています。しかし、登記名義は昭和六〇年まで「宮内大臣」のままでした。【資料③】【年表1】

＊成田市天神峰は、江戸時代の中期（一七〇〇年代の初め頃）には、幕府直轄地の佐倉七牧の一つの「矢作牧」の一角であった。明治維新により、佐倉牧などの牧は政府所有となったが、間もなく窮民対策として佐倉牧及び小金牧の土地は開墾用地として開墾会社に売り渡された。しかし、古くから牧に立ち入って下木・下草などを採取していた牧周辺の村落の農民は、入会権が奪われることに強く反対し開墾会社と徹底的に争った。このため開墾の継続は不可能となり、政府は開墾されずに放置されていた矢作牧・内野牧・高野牧の土地を買い上げて「下総牧羊場」を創設した。その後一定の経過を経て牧の土地・立木・家畜・設備等の一切は宮内省所管の皇室財産に編入されるようになり、明治の中ごろに「下総御料牧場」となった。

＊＊明治の末、天神峰の土地約五〇町歩は一号から二二号に分けられ周辺村落の遠山村十余三、取香、堀之内や大栄町新田などの農民一九名に一反歩二円で賃貸されたが、その中には取香の藤﨑政治郎（市東孝雄さんが耕作している南台農地の元地主の先代）がいた。

＊＊＊市東市太郎は大正初めに天神峰に住み始めたが、それから一〇年余り経ったころ、天神峰の土地は宮内省帝室林野局に移管され、入植した賃借人に払い下げられることになった。その後昭和の初めに天神峰の土地の分筆が行われて不動産登記簿の表示登記欄に地番が付され、代金支払い後に払い下げ者に所有権移転がなされるようになった。

(2) 取り残された小作地

父東市の戦争体験

親父は二回も兵隊にとられています。二〇歳からの二年間と二六歳からの六年間の計八年間に及びます。【写真⑤】

【写真⑤】東市さんの軍隊時代

二回目の臨時召集のときは、母ときと結婚してまだ半年余り経ったばかりで、しかも家ではすでに六三歳になった祖父と母だけだったので大変でした。親父の妹のこうさんに農作業を手伝ってもらい、ようやく小作地を守ってきたと聞いています。

最後はインパール作戦に投入されてビルマで敗戦を迎えました。敗戦と同時にイギリス軍の捕虜となりマンダレーの収容所に送られました。そのため復員は随分遅く、戻ってきたのは一九四七年（昭和二二年）八月、三二歳になっていました。ビルマの戦地は「白骨街道」と言われた激戦地だったので、家では戦後もずっと親父が生きているのか死んでいるのかさえわからなかったといいます。親父は、通信兵で前線にはあまり行かなかったという以外、家では軍隊の話をしませんでした。

農地改革と家の小作地

私の家の田畑は、戦前はすべて小作地でした。敗戦直後の農地改革によって自作地になるはずでした。

ところが親父の復員が遅れ、農地改革の真っ最中に不在だったため、いろいろと不利な扱いをされるようなことが重なって、天神峰と南台の小作地は地主の保留小作地として扱われ、解放されないままになってしまったのです。

わずかに戦前より藤﨑さんから小作していた堀之内字中野の水田の約半分（七六三㎡）だけは農地解放を受け自作地となりました。また天神峰字中央の三反五畝（三四七一㎡）の畑は、復員して天神峰の区長になった親父が東峰の人達と一緒に運動して県から払い下げられたものです。

親父は三二歳で軍隊からもどってから子供をもうけましたが、母が病気がちでしたので、ほとんど一人で農業をやりながら四人の子どもを育て上げました。戦後の畑は、落花生、里芋、さつまいも、麦が主力で、親父は農閑期には千葉市の川崎製鉄に働きに出ました。地主の藤崎さんの経営する商店で種・肥料を買い、収穫した農作物で払っていたので、手取りは少なくやり繰りには苦労したと思います。スイカを作ったこともありましたが、収穫まぎわに盗まれて大変な損害を出し、続けるということにはなりませんでした。【年表2】

＊東市さんの一回目の軍隊生活は、二〇歳の昭和一〇年四月から昭和一二年の二年間、中国東北部に通信兵として従軍した。復員後の昭和一四年から約二年間は、新小岩の大成化工株式会社に旋盤工として勤めた。
二回目は、二六歳の昭和一六年七月に臨時召集されて、中国東北部に行き、昭和一九年八月にシンガポール、マレー、タイ、ビルマに通信兵として約六年間（後半の二年間は抑留）従軍した。

東市さんは三二歳で復員し、その後は天神峰に住み農業に従事した。

(3)　成田空港と闘う

反対運動の中で

空港問題が起こった当初、天神峰部落には約三〇戸が住んでいました。最初は全戸が空港反対同盟に参加していました。しかし空港公団のやり方は、杭打ち、測量、立ち退きと、何をやるにも警察機動隊の暴力です。最初の大きな出来事は一

【年表2】

西暦	和暦	月	出来事
1935	昭和10	4月	東市（20歳）、徴兵。中国東北部に通信兵として従軍
1937	12	3月	東市満期除隊
1939	14		新小岩の大成加工に入社
1940	15	10月	東市（25歳）、ときと結婚
1941	16	7月	東市（26歳）、臨時召集（中国、東南アジア等に通信兵として従軍）
1946	21	12月	自作農創設特別措置法の施行
1947	22	8月	東市（32歳）、ビルマから復員。以後農業に従事
1948	23	4月	東市、天神峰区長になる
1950	25	5月	堀之内字中野の小作地の一部を自創法16条で取得
1955	30	6月	東市、天神峰字中央137を自創法41条で取得

九七一年（昭和四六年）の強制代執行で、数年後には天神峰部落で残っている家は七、八戸に減っていました。

強制測量（一九七〇年九月）のとき、親父は天神峰部落の加藤つるさんの葬儀の帳場をやっていましたが、合間を見て、自宅と小作地に行き、測量のための杭を抜いて捕まりかけたと話していました。一九七一年（昭和四六年）二月の第一次代執行では、三番地点（駒井野）の地下壕に閉じこもって闘っています。同じ年の九月にあった大木よねさんの第二次代執行では、大木よねさん宅の地下壕で闘いました。一九七七年（昭和五二年）の岩山大鉄塔の闘争のときも、天神峰部落の先頭にいる親父の写真が残されています。

一九八四年（昭和五九年）は、天神峰の母屋を新築した年ですが、この年の九月に芝山町菱田の成田用水阻止闘争で萩原進さんらと一緒に逮捕されています。

部落の要が売却・移転

一九八五年（昭和六〇年）に部落の要の石橋政次さん（天神峰部落、反対同盟副委員長）が空港公団に土地を売りました。信頼していた石橋さんが落ちたことに親父は落胆しましたが、別の道を選び、反対運動を続けました。

裁判になってからわかったのですが、一九八七年（昭和六二年）四月、空港公団は千葉県収用委員会に、市東、石橋、根本の三人が小作する南台の農地に小作権を追加して土地収用法で取り上げる動きを始めています。そして翌年には、親父には秘密にして畑を小作権付きのまま地主から買収しました。小作権を収用しようとしたわけです。

しかし、一九八八年（昭和六三年）九月に千葉県収用委員会が空中分解してしまったため、小作権の収用はできませんでした。

このころから、親父は、萩原進さんたちと有機農業を始めています。農地が少なくても作物の回転を良くすることでやっていけるようにという考えもあったようです。

事業認定が失効した後の一九九三年（平成五年）六月には、空港公団が強制収用のための手続き（収用裁決等）を取り下げました。これで農地が取り上げられることがなくなったと親父から聞いて喜んだことを憶えています。有機農業の道が拓け、強制収用がなくなったから、帰ってくれれば農業で生活していくことができると親父は話してくれました。

ただ収用裁決の取り下げで、三里塚に平和が訪れたわけではありません。一九八〇年代後半以降の二期工事推進にともなう空港建設の圧力は止まず、その中で、一九九八年（平成一〇年）ころには、部落から小川さんの本家新宅や加藤さんの本家新宅が移転し、天神峰は一軒になりました。【年表3】

【年表３】

西暦	和暦	月	出来事
1966	昭和41	7月	新空港の位置を成田市三里塚に閣議決定
1967	42	1月	工事実施計画認可の告示
1968	43	4月～	条件派への立ち入り百日調査
1969	44	12月	成田空港の事業認定を告示
1970	45	3月～	空港公団が千葉県収用委員会に収用裁決を6次にわたり申請
1971	46	2月～	第一次行政代執行
		9月	駒井野団結小屋、大木よね宅などを特措法による第二次強制代執行
1977	52	5月	岩山大鉄塔を仮処分・民事執行により強制撤去
1978	53	5月	Ａ滑走路のみでの暫定開港
1984	59	8月	市東家、母屋新築（建て替え）。東市、成田用水阻止闘争で逮捕
1985	60	8月	石橋政次が所有地を空港公団に売却
1986	61	10月	空港公団、二期工事に着手
1987	62		東市、萩原進と有機農業に転換し産直を始める
1990	平成2	1月	天神峰現地闘争本部に成田治安法による封鎖処分
1991	3	11月	第１回成田問題シンポジウム（～1993年５月）
1993	5	6月	空港公団は、収用裁決申請及び明渡裁決申立を取下げ
1994	6	10月	第12回成田空港問題円卓会議（最終回）
1998	10	12月	孝雄、藤崎、岩澤を訪問、地代支払い

＊一九六六年（昭和四一年）六月二二日、政府は佐藤首相・友納千葉県知事の会談を経て、新東京国際空港の予定地を千葉県成田市三里塚に変更し、七月四日に閣議決定した。その当時の天神峰部落の構成員を示す資料として、一九五六年（昭和三一年）の「県有林採草利用区部落別個人一覧表」には、天神峰農家組合として「越川源次郎、小川梅吉、加藤勘一、関根信義、根本庫之助、石毛常吉、石橋政次、武藤健二、関根才助、武藤昭二、小川喜平、加藤清、越川重男、座間辰男、市東東市、根本明義、伊藤丈夫、関根作一、鳥居栄次郎、関根孝雄、伊藤千代松、伊藤よし、鈴木一、関根源二、伊藤宗二、市原忠雄、長谷川和重、塚本茂、越川正治」の二九名が登録されている。

＊＊地元住民は、三里塚芝山連合空港反対同盟を結成し、各村落を挙げて反対運動を展開した。同年一二月、天神峰には反対同盟の現地闘争本部を建設した。

一九七一年（昭和四六年）の二度の代執行に対して、反対同盟は地下壕に潜り込むなどして抵抗した。土地収用法は、二期工事には適用できず、一九九三年（平成五年）に収用裁決申請を取り下げ、事業認定は失効した。

(4)　四九歳、父の死と帰農

子どもの頃

私は、昭和二五年（一九五〇年）五月に、長男として生まれました。ふた子の弟一男は三日後に亡くなりましたが、二歳上の姉佐喜子、二歳下の弟芳雄、五歳下の妹一子がおり、これに祖父と両親の七人家族で育ちました。

祖父が母屋に住み、家の前の小作地の一角にあった離れ（別棟）で父母と子どもたちが暮らしました。家の前の小作地には作業場があり、大きな木がありました。成田市水掛に嫁に行った叔母さんが植えた樫、もみじ、さくらの木で、今では大木になっています。

祖父の市太郎は、私が一二歳の時に亡くなりました。明治の人で、悪さをすると手に灸を据えるなど厳しいところもある人でしたが、私のことは優しく可愛がってくれました。祖父からは御料牧場のこと、天神峰に移り住んだ当時の苦労や自宅の敷地を買った経過などの昔のことも聞いて育ちました。

小学校に上がったころの天神峰部落は二九戸あり、同級生は四人いました。小学校は十余三の東小学校。二キロの道を四〇分歩いて通いました。同学年は二クラス八〇人おり、全校で五〇〇人位いました。ほとんどが農家でした。

中学校は大清水の遠山中学校まで自転車で通いました。部活は野球部です。

中学を卒業して就職

一九六六年（昭和四一年）三月に遠山中学校を卒業しました。親父から百姓では食べていけないので、手に職を付けるように言われました。私は、家の仕事は元気なうちは親父一人でできるだろうと思ったので、船橋の洋食レストランで働き始め一二年間勤めました。厨房でステーキ、エビフライ、スパゲティなどを調理する昔の洋食屋のコックです。

私が中学校を卒業した年の六月に空港問題が起こりました。でも農家はことごとく反対していたので、農業が出来なくなるとは思いませんでした。

二つ下の弟芳雄が学校を出た後、親父の農業を助けました。昭和四七年、親父も五七歳になっていたので、叔母さんの家で家族会議を開き、私の方はレストランの仕事に慣れてきたこともあって、弟に跡を継がせることになりました。

しかし、その弟が家族会議から一〇日後くらいの昭和四七年一二月に交通事故で亡くなりました。親父の落胆ぶりは、ちょっとみていられないほどでした。

弟が亡くなったことで農業や闘争で働きづめの親父のことや病気の母の心配があり、また長男でしたから墓守をするためにも、五〇歳になったら天神峰の実家に帰ろう、帰らなければならない、と思い定めました。帰るまでの間も、正月・盆や仕事の休みに家に帰るようにしました。

昭和五三年ころ、本八幡の焼き鳥屋に移りました。大きな店で、朝九時ごろから厨房で仕込みを始め焼き手を勤め、夜の一一時ごろまで一四時間労働の毎日です。二年位のつもりが結局二〇年、そんな生活が続きました。

遺言

親父は一九九九年（平成一一年）一月に亡くなりました。入退院を繰り返すようになった前年から、私はあらためて家に帰って農業を引き継ぐ覚悟を固めました。

親父は「この世を去ったときは長男孝雄に相続させる」「土地建物、小作耕作権を新東京国際空港公団、千葉県、その他空港賛成派に絶対に売り渡してはならない」「遺言者の妻ときを扶養すること」という遺言を残し私に跡を託しました。

遺言書をみて、親父が守ってきたものを長男である私が守るのは当然だと思いました。親父は貧乏でしたが、信念を貫いてやってきた親父の生き方を私は尊敬しています。【写真⑥】

五〇歳になったら戻ろうと思っていたことが一年早くなりましたが、ここで跡を継ぎ農業で家を守る、それが親父の生き方にこたえることだと、そんな気持ちからの決断だったように思います。

本八幡の焼き鳥屋の方は長年勤めていましたので、御礼奉公ではないですが、いろいろな引き継ぎがあってさらに一年勤め、四九歳の一九九九年（平成一一年）一二月に天神峰の実家に戻りました。

ちょうど同じ年に、暫定滑走路の変更認可があり、工事が始まりました。工事の騒音の中、病気の母を看護しながら農

【写真⑥】反対同盟記者会見で語る市東東市さん（左）、中央が北原鉱治さん、右が故萩原進さん（1991年）

業で生計を立てる暮らしがはじまりました。母は二〇〇六年（平成一八年）一二月一三日に亡くなりました。

帰ってきた最初の頃、天神峰字中央の畑で仕事をしていて、近所の人から「おまえ誰だ」と言われたことがありました。「長男の孝雄だ」と言ったら、その人は缶コーヒーを持ってきてくれました。そんな調子で周辺の人たちに受け入れられるのにさほど時間はかかりませんでした。叔母さん達は親父の気持ちを知っていたので私を応援してくれました。姉と妹は最初心配していましたが、親父のやってきたことを大事にしたいと話したら納得してくれました。

空港公団は、親父が亡くなれば市東家は終わりだとたかをくくっていて、私が帰ってきたことが予想外だったかもしれません。とにかく追い出したかったのでしょうね。家で暮らすようになって二年から三年は、買い物に行くにもどこへ行くにも警察の尾行が付く嫌がらせを受けました。

いまでも家と畑は二四時間警察とガードマンが巡回しています。友人が訪ねてきて警察に尾行されたこともありました。親戚が来ても、車のナンバーを控えられることが続くものだから、行きづらくなったというような声も聞きました。いまでも来訪者があると、双眼鏡でのぞいたり、身元確認ができるまではずうっと見張ってる感じで、嫌がらせは日常です。こんなにひどいことまでするのかと、警察に対する見方がだいぶ変わったことだけは確かです。

農業が生き甲斐

農業で生活をするというのは、初めての経験でした。やっていけるのかどうか不安は正直ありました。どんなに働いても誰かが給料をくれるわけではありません。自分で野菜を作って出荷しなければ生活ができないわけですから。一年、二年、三年というのは、本当に大変でした。葉物類は短い期間で出せるので、種類を増やせば畑をうまく使うことができるはずなんですが、最初はまともに作れないんです。年に一〇〇万円くらい自分の貯金をはたいて、四年目からどうにかうまく回転できるようになりました。

農作業は苦になりません。毎日一四時間働いていたくらいだから働くことが好きだし、飲食業と同じで、作る仕事が性に合っているんでしょうね、農業の仕事に馴染むのは早かったかもしれません。有機野菜を自分の手で育て出荷するようになって、農業に生き甲斐を感じるようになりました。農業日誌をつけ、連作障害に気をつけながら、前の年のやり方を参考にして年間計画を考えるのは楽しいことです。

3．小作権侵害は許されない

(1)　秘密裏の小作地売買

新聞で知った売り渡し

空港公団が小作地の底地を買収していたことは、二〇〇三年（平成一五年）一二月二五日の朝日新聞の記事で初めて知りました。空港公団が所有権移転登記をしたという報道です。

【資料④】

九〇年来小作料を払い続けてきた市東家の人間に地主の岩澤さんと藤﨑さんが底地売買のことを何もいわないなんて、考えられないことでした。登記を調べてみると、空港公団が岩澤さんと藤﨑さんから買収したのは一五年前の一九八八年（昭和六三年）になっていました。

空港公団による買収通知の手紙

親父も私もその間毎年暮れになると岩澤さんや藤﨑さんの家に出向いて、安くはない小作料を払い続けてきました。二人とも平気で地代を受け取って領収書を出したのです。まさかそんなことがあろうとは、信じられない、ありえないことです。

新聞記事の出た日に、空港公団から手紙が届きました。手紙には、「賃貸借契約の目的とされている土地及びその余の耕作されている土地につき、当公団がその所有権を取得いたしました」と小作地のまま、地主から買ったと書いてありました。

いつ買ったのかも明かさない。それで、「賃貸借契約の解約等について、今後御相談させていただきたく、今回ご連絡を差し上げました」という一方的な文面です。一五年も前に秘密で買っておいて、いまさら、空港のために土地を明け渡せという話しには本当に腹が立ちました。話し合いだと言ったって話す気にはなれません。

知らずに続けた小作料支払い

小作料は、親父が欠かさず暮れに払いに行きました。領収書も残っています。私が行き始めたのは、親父が入院していた平成一〇年の暮れからです。

一九九九年（平成一一年）に親父が亡くなり、その年末に私が戻ってきて農業を継ぐということで、地主に挨拶に行き地代を払いました。二人とも快諾し、「市東孝雄」宛の小作料の領収書を発行してくれています。

このとき、藤﨑さんは、「前からの契約だから」と言って、領収書の宛名に親父の名前を書こうとしたので、私の方から契約書も名前を変えてくれと言いました。藤﨑さんも、賃貸

2003年12月25日（木） 朝日新聞

誘導路整備に期待

空港用地取得 土地明け渡し焦点に

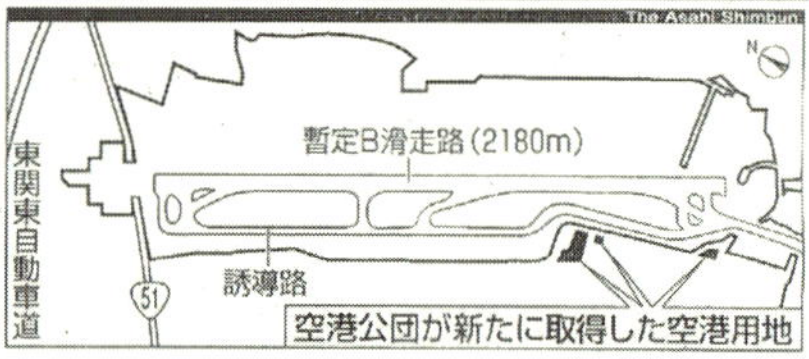

空港公団は、誘導路（左側の白い直線）が「へ」の字に曲がり込んでいる部分の土地を新たに取得した＝成田市天神峰で。本社ヘリから。

新東京国際空港公団が空港建設用地約1・4㌶を取得し24日、移転登記を完了した。取得した土地のほとんどは暫定B滑走路（2180㍍）の誘導路西側に隣接する土地で、一部は三里塚・芝山連合空港反対同盟北原派の農家が借りて耕作、同派の現地闘争本部などがある。公団は「へ」の字に曲がった誘導路を直線に整備する用地を取得したものの、今後は使用者との土地の明け渡しの話し合いが焦点となる。

空港公団によると、今回取得した土地のうち空港用地は、農地5カ所（約1・3㌶）と反対派の現地闘争本部の敷地など2カ所（187平方㍍）。A滑走路（4000㍍）南側の航空保安施設用地1カ所（136平方㍍）も取得した。

空港用地は暫定B滑走路の誘導路付近にあり、誘導路はこの土地を避けて「へ」の字に曲がっている。滑走路との距離が近いため離着陸する航空機がある時には、通行できず、昨年12月には航空機同士の接触事故もあった。

空港公団は誘導路を直線にする用地を確保したが、農地の多くは反対派農家が地権者から借りて耕作している。航空保安施設用地にも反対派の団結小屋が建っている。

このため誘導路を直線化するには、農家や反対派に土地を明け渡してもらわなければならないという。

公団は同日、土地の使用者のべ11人に対して土地の使用の解約や建物の撤去について話し合いを求める手紙を送った。浅子直樹用地部長は「誘導路の整備にご理解いただけるよう話し合いを続けていきたい」と話した。

これに対し、土地を借りている農家の男性は「用地取得は何となく感じていたが、すべてを済ませてから言ってくるのは、公団のいつもと変わらないやり方だ。ずっとここで農業をしていく。一切話し合うつもりはない」と反発している。

堂本暁子知事は「空港公団には、残る地権者の理解が得られるよう、引き続き誠意ある話し合いを進めていただくとともに、本来の2500㍍平行滑走路の早期完成を期待している」とコメントした。

また成田市の小林攻市長は「市としても、残る地権者の方々の理解が得られるよう、国、県、空港公団と一層の協力を図りながら努力していきたい」としている。

【資料④】 朝日新聞記事（2003年12月25日）

借契約書が「どっちも親の名前だから、そのうちに書き換えよう」と応え領収書は私宛にしてくれました。また、岩澤さんには、母屋の前の小作地にある離れの建物が古くなっているから建て替えたいことを話すと、岩澤さんは「いいでしょう」と了解してくれました。

新聞記事が出る半年前の二〇〇三年（平成一五年）六月には、南台の小作地に堆肥場を作りたいと藤崎さんにお願いしています。「コンクリートを打つのか」と聞かれたので、コンクリートは打つけどすぐ剥がれるようなものにするからと説明し、こちらも了解してもらいました。

その年も一二月二〇日に小作料を払いに行き、地主と話しをしています。二人とも世間話をしただけで、いつもと変わらず小作料を受け取っていましたし、空港公団に売ったなどという話は全く出ていません。私が信じられないのだから、「土地建物、小作耕作権を新東京国際空港公団、千葉県、その他空港賛成派に絶対に売り渡してはならない」と言い遺した親父としても、まさか小作地が自分に無断で空港公団に売り渡されていようとは夢にも思わなかったはずです。

同意のない小作地売買は無効

一九八八年（昭和六三年）の春、空港公団は地主の藤崎と岩澤を相手に売買したわけですが、親父の同意がないままにどうして小作地が売買できたのかわかりません。

藤崎さんと岩澤さんに、公団への売却の経緯を聞きに行ったことがあります。

藤崎さんは、一九八八年はあくまで仮契約で本契約は二〇〇三年だと言いはり、追及しても変えませんでした。しかし帰り際に、「農地法の下では、小作地を売るのは大変だ。小作権を取り上げることなんかできないよ」と付け加え、昭和六三年の契約には無理があると思っていた様子でした。岩澤さんも昭和六三年の売買の事実は全面的に否定していました。

農地法では、小作地はまず小作人に買い受ける権利があるとされています。小作人が買わない場合には、小作人の同意の下で第三者が買うことができるわけです。農村では常識の話です。小作人の同意のない、ましてや小作人に秘密の農地売買なんて、ありえません。

地主の二人に聞いたのは、農業委員会の審議の二日前の二〇〇六年（平成一八年）七月二一日です。この期に及んでも嘘を言うのかと呆れましたが、後ろめたさを感じている様子もよくわかりました。地主との話しからも昭和六三年の売買は親父の同意を得ていなかったことが明らかですから、空港公団と岩澤さん・藤崎さんとの小作地の売買契約自体が農地法上無効です。

空港公団のアリバイ作り

二〇〇四年（平成一六年）一月一七日、公団用地部の浅子部長と保阪ら三人が突然訪ねてきました。浅子用地部長はポケットに手を入れて、まるで街のチンピラみたいな格好で横柄そのものでした。

「話すことはない」とすぐ帰ってもらいました。手紙を持ってきましたが、受け取りませんでした。一五年間も小作地を買ったことを隠しておいて、どういうつもりで来るのかと思いました。

公団が収用手続を取り下げ事業認定は失効したので、土地収用法で小作地を取り上げることはできません。私が耕作をあきらめない限り公団は打つ手がないと思っていました。それから二年間くらいは、公団とのやり取りを頼んだ葉山岳夫弁護士のところに四回手紙が来ただけでこれといった動きはありませんでした。

ところが二〇〇六年（平成一八年）六月二七日、空港会社の浅子や保坂ら三名が南台農地にいた私を訪ねてきました。この時も話すことはないと断りました。相手も私を訪問したという形を作るだけが目的という態度で、すぐに帰りました。

【年表４】

【年表４】

西暦	和暦	月	出来事
1988	昭和63	３月	空港公団が秘密裏に岩澤和行から天神峰78番２を買収
		４月	空港会社が秘密裏に藤崎政吉から南台41番を買収
		７月	空港公団と藤﨑、岩沢との間で即決和解
		12月	各年末に東市が藤﨑、岩沢に小作料を支払いに行く
1999	平成11	12月	孝雄が東市の跡を継ぎ、以後、藤﨑、岩沢に小作料を支払う
2003	平成15	12月	空港公団、藤﨑、岩沢から南台農地・天神峰農地の所有権移転登記
2004	16	１月	空港公団の浅子部長ら３名が市東宅を訪問
2006	18	６月	空港会社の浅子部長ら３名が市東氏を訪問

＊空港公団は、二〇〇三年（平成一五年）一二月二四日、市東さんの小作地である天神峰農地と南台農地について、一九八八年（昭和六三年）の売買を理由にして所有権移転登記を行い記者発表した。これにより、一五年前の昭和六三年に空港公団が小作地の底地を買収していたことが市東さんに初めて知られることとなった。一五年間も隠していたことに対する孝雄さんの怒りは激しい。

(2)「不法耕作」の汚名と証拠偽造

大正期からの小作地

同意のない小作地売買のデタラメとそれを隠すための公団の動きが七年間の裁判の中で徐々に分かってきました。

千葉地裁民事第二部の耕作権裁判で空港会社は、南台農地の一部を「不法耕作」と決めつけて明渡しを請求しています。しかし、その農地は戦前から続く私の家の小作地です。

一九八八年（昭和六三年）三月に親父が小作地の場所と経過について語ったメモが、反対同盟に残されています。その頃、藤崎さんは空港公団との間で土地の売買を進めるため親父に小作地を七対三で分けようと言ってきたことから、当時の権利関係についてまとめたものです。【資料⑤】

これによると、藤崎さんの南台の土地は全体で一町四反あり、戦前から市東、石橋、根本の三戸が小作していま

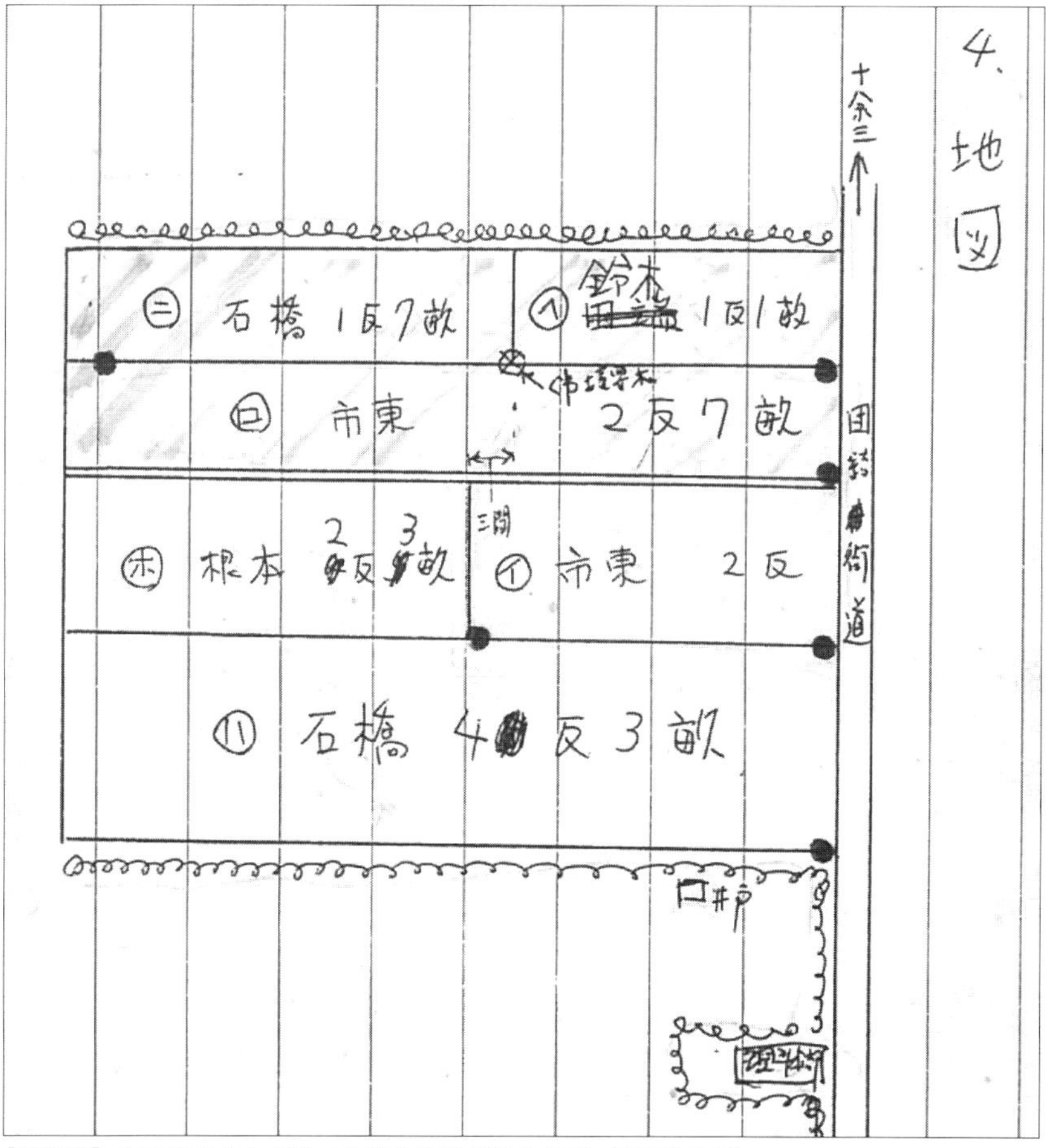

【資料⑤】市東東市さんが述べた南台農地の耕作場所（1988年3月）

した。

私の家が小作してきた場所は、南台の畑の真ん中の通路の両側の四反七畝（資料⑤参照）です。中学生の頃、親父が落花生を作っていたのを憶えています。昭和四六年ころ、根本さんが移転のため耕作をやめた後は、石橋さんとうちの親父が耕作してきました。

一九八七年一〇月二〇日に空港公団が作成した報告書に付けられた図面には、「市東耕作地」、「石橋耕作地」、「根本耕作地」の位置が図示されていますが、この位置関係は、親父が語ったメモと同一です。【資料⑥】

位置の違いと証拠の偽造

ところが空港公団は、これとは違う「石橋耕作地になっていた」場所、うちが一度も耕作したことがない土地（南台四一番九）を小作地だと指定して、私に明け渡しを迫ってきました。そして、戦前から耕作し続けてきた畑の一部を「不法耕作」だと決めつけて、これも明け渡せと要求してきたのです。

まったく不可解です。売買の直前まで地主の藤崎さんと空港公団自身も認めてきた私の小作地の場所が、売買を機に変えられてしまっているのです。

この位置の特定のために空港会社が裁判で持ち出してきたのは、藤崎さんと父東市の間で交わされたとされる「同意書」「境界確認書」と添付図面です。これらの図面作成にあたって地主が作ったという手書きメモも証拠として出されました。

しかし、その図面に書かれている耕作場所は明らかに間違っています。親父がそんな書類に署名するはずはありません。法廷で追及した結果、図面にある「藤崎政吉」の署名は公団職員が書いたことが分かりました。「市東東市」の署名も偽造であることが筆跡鑑定で証明されました。【年表5】

＊二〇〇六年（平成一八年）七月に空港公団が行った賃貸借契約解約許可申請によって、①一九八八年（昭和六三年）の売買契約が小作権付であったこと、②市東東市さんが市東小作地の範囲を確認したとされる「同意書」「確認書」が作成されていたこと、③この「同意書」「確認書」に基づいて市東家が一度も耕作したことのない場所（石橋小作地）を解約許可申請の対象としていたことなどが明らかになった。

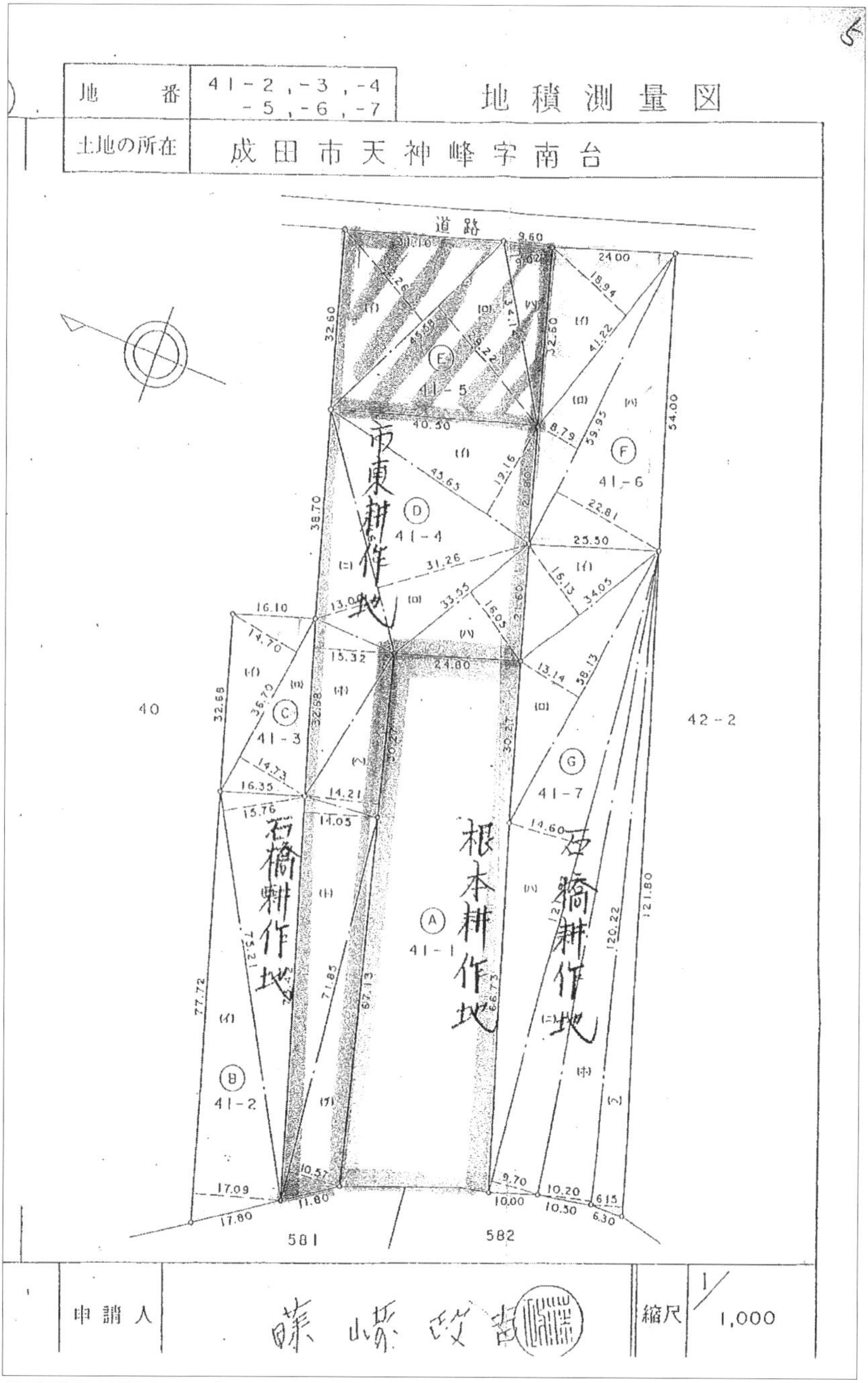

【資料⑥】地積測量図（1987年空港公団作成の報告書に添付の図面）
——この図を右に90度回転させると資料⑤の図と耕作場所が一致する

【年表5】

西暦	和暦	月	出来事
1970	昭和45	11月	空港公団が千葉県収用委員会に収用裁決申請で小作地ごとで測量
1984	59	2月	南台41番を小作地を地主7対小作3に分筆するための測量図作成
1987	62	4月	空港公団が千葉県収用委に対して、南台41番につき市東、石橋、根本の小作権を追加変更申請
		10月	空港公団、報告書で南台41番の小作地は昭和13年からであるとして3人の小作の範囲も地図で特定
		12月	空港公団が藤崎から藤崎手書き図を受領
1988	63	1月	空港公団が、藤崎との間で、南台41番の売買と代替地譲渡の合意
		3月	空港公団が南台41番の市東賃借地入りの測量図を作成
			反対同盟法対部が東市からの聞き取りメモを作成
			空港公団が秘密裏に岩澤和行から天神峰78番2を買収
		4月	空港公団が市東東市の「同意書」「賃借地境界確認書」を偽造
			空港会社が秘密裏に藤崎政吉から南台41番を買収
2006	平成18	7月	空港会社、南台農地・天神峰農地の解約許可申請

(3) 小作権を奪う農地転用

成田市農業委員会

空港公団と地主のことだけじゃありません。農業委員会の対応にも驚きました。

空港会社が賃貸借契約（小作権）解約許可を申請する直前の二〇〇六年（平成一八年）六月二八日、萩原進さんと私は農業委員会のカウンターに出向いて申請書を受理しないように申し入れました。

萩原さんが「地主が小作に黙って農地を売るような前例があるのか」と問い質したところ、農業委員会の事務局は「今まではありません」と答えました。当たり前です。

七月一〇日には、私と北原反対同盟事務局長、萩原進さん、足立満智子成田市議、葉山弁護士が平山清一農業委員会会長、山崎真一事務局長と会い、解約許可申請を受理すべきでないとふたたび申し入れました。しかしその時にはすでに受理していたのです。

ところが、成田市農業委員会で、空港会社の解約許可申請書のコピーを入手し、解約申請の対象地の南台の賃借地を示す図面を見て驚きました。親父も私も一度も耕作したことのない四一番九の部分が対象地になっていたからです。私はすぐに、事実と違うと訴えました。それなのに農業委員会は、マイクロバス二台の「現地調査」というアリバイ的手続きを経ただけで、七月二四日に解約許可相当を決議してしまいます。現地調査といったって畑を眺めていたのは一分足らず、その場にいた私の説明を聞くどころか挨拶ひとつないのです。農家の立場に立つという農業委員会の責任、役割とは、まったく無縁なやり口というほかはありません。

「合意解約すべき」の付帯意見

それでも、さすがにこれではマズイとブレーキをかける動きもあったようです。成田市農業委員会は、千葉県に意見を上げる際に、合意解約を求める異例の意見を付けました。「本来は地主・小作人が双方の合意を経て合意解約、離作補償、用地買収の後に所有権移転することが望ましいことは自明であり、この観点からも（中略）引き続き誠意を持って賃借人と合意解約により、賃貸借を解約するための努力をすることを求めることとして意見の一致を見た」というものです。

なんでも旧大栄町選出の農業委員などが、小作権者の同意もなく公団が農地を買収したことは問題だから申請は却下すべきだと強く主張したようです。そのため農業委員会事務局が意見をつけることを提案し、全員賛成の議決となったと聞きました。

千葉県農地課が作らせた架空の計画

申請書が千葉県に上がってからもデタラメなことがあったと、裁判になって分かりました。

書類の不備に気付いた千葉県農地課が空港会社に対して密かに入れ知恵して、農地転用のための架空の計画を作らせたのです。南台四一番八の敷地外農地の問題です。具体的な転用計画がない場合、解約申し入れ許可申請は当然「不許可」です。ところが千葉県は不許可とせず、逆に「何かないか」と空港会社に助け船を出しました。それに乗っかり空港会社はＧＳＥやＵＬＤ置場の架空計画をデッチ上げたのです。

千葉県農業会議

千葉県は、私に何の意見も聞くことなく、また現地の状況を調べることもなく、九月一四日に千葉県農業会議の定例常任会議を開催し、あっさりと許可を決定しました。私が見ている前で、一か月で三〇〇件といわれる他の農地転用申請と一緒に、まともな審議もなく、まるでベルトコンベアに乗せられているみたいに事務的に処理されていきます。これが、「農地転用行政」といわれるものなんだと、あらためて知りました。

農業会議の審議が終わった後、傍聴に来ていた一二名が傍聴席から説明を求めました。私も、「本人が来ているんだから、転用に当たるとか言っているが、その理由を説明しろ」と求めました。でも農業会議員らは二〇分近く全員下を向いたまま沈黙するだけでした。【年表6】

＊二〇〇六年（平成一八年）七月一〇日、B´滑走路を空港会社は、三二〇〇m北延伸し二五〇〇mにする施設変更許可申請を出した。この申請のために、同月三日、空港会社は千葉県知事に対し、市東さんの天神峰と南台の小作地につき農地法二〇条による解約許可申請を成田市農業委員会に提出した。

＊＊GSEとは地上支援機材といい航空機の周りで作業する様々な車両機材のことで、ULDとはパレット、コンテナなど航空貨物を航空機に登載するために用いる用具のこと。いずれも駐機場で使うものだが、南台農地まで直線距離でも一キロ以上もあり全く非現実的な架空の計画にすぎない。

(4)　強制収用とどこが違う

農地法裁判の不当判決

昨年（二〇一四年）七月二九日、千葉地裁民事三部（多見谷寿郎裁判長）で七年間にわたる農地法裁判の判決がありました。判決は、私の主張を退け、県知事の解約許可決定と空港会社による農地明け渡し請求を認めるものでした。

多見谷裁判長の訴訟指揮は空港会社寄りが露骨でしたから、

【年表6】

西暦	和暦	月	出来事
2006	平成18	7月	空港会社が千葉県に対し農地法20条の解約許可申請（7月10日成田市農業委員会受理）
			成田市農業委員会第４小委員会が道路脇での現地調査、空港会社からの事情聴取
			午前、成田市農業委員会第４小委員会が市東、萩原の事情聴取。農業委員会の全体会議で許可相当と議決
		8月	千葉県が空港会社に南台41番敷地外に転用計画がないことを指摘
			空港会社が千葉県にGSE計画を追加などの回答
		9月	千葉県農業会議で許可相当を議決。千葉県知事が解約許可

判決前から不当判決は覚悟していました。すぐに明け渡しを命令する仮執行宣言も付くのではないかと思っていました。矢面に立たされた私としては厳しい場合を予想するしかありません。最悪の場合、畑と作業場や農機具置き場など全部が取られた後の農業をどうしていくかで頭が一杯でした。

仮執行宣言は付きませんでした。私はほっと胸をなでおろす一方で、証人尋問など法定でのやりとりを無視して空港会社の主張だけを一方的に認める判決内容にひどく腹が立ってなりませんでした。

判決は「畑を売買するのに小作人の同意はいらない」と言っています。畑の場所を間違っていることや偽造証拠については問題にもしていません。「強制的手段は放棄する」という政府・公団の公約に至っては、「話し合いが頓挫した場合についても強制的手段を講じることがないことまで言及したものではなく」などと自己流の解釈まで押し付ける始末です。「あくまでも話し合い解決」を繰り返した国交省や空港会社の証人の証言をはるかに踏み越えるものでした。空港会社だって、そこまでは言っていないという解釈が目立ちました。

地主は小作人に無断で小作地を売買することはできない。これは農家にとっての常識です。だから、これまで農業委員会は小作の同意のない譲渡申請を門前払いとするのが当たり前でした。ところが、この判決は小作人に秘密の小作地売買を有効と認めた。現に農業を営む小作人の権利、耕作者の権利を全く無視した判決です。人権無視によってしか成り立たない驚くべき不当判決です。

農民の権利を守る農地法を蹴っ飛ばしたからこそ出せる判決であって、とても農地裁判といえるものではありません。

裁判は形を変えた収用手続き

いちばん腹がたつのは、土地収用法が使えなくなったので代わりに農地法で取り上げる手口です。農地法を使うといっても最後の仕上げは強制執行なのです。賃貸借の解約は、実際には形を変えた強制収用そのものです。

判決は、空港会社の解約請求や、それに許可を与えた知事の決定は、あくまで関係を解消するためのものにすぎない、だから強制収用にはあたらないとペテンをふりまわしています。でも、解消して次に来るのは明け渡しです。拒否すれば力ずくで取り上げる。強制収用じゃないですか。

実際に空港公団は、かつて一度は土地収用法で親父の小作権を奪い取ろうと手続きしたことがあったんです。それができないまま公団は申請手続きを取り下げて、事業認定は失効した。空港公団・空港会社は土地収用法が効かなくなって行きづまり、どうしようもなくなって、農地法の貸借関係の解消で農地を取り上げようとしている。これが私の裁判です。

法を破り手続きを踏み外し、裁判所を収用委員会の代わりにしているのです。

こんな違法・無法な判決を絶対に認めません。これは、私の問題だけでなく、国や大企業の農業・農地つぶしに直面して苦労している全国の農家の問題につながっていると思います。負けてたまるか、取られてたまるか、ここは徹底的に闘ってやろう。そう腹を固めた私は直ちに控訴しました。【年表7】

＊耕作権裁判は、二〇〇七年二月の第一回から二〇一二年七月の第二四回まで裁判が開かれ、その後、文書提出命令事件の抗告審、差戻審、差戻後抗告審の審理が優先され本案の裁判は中断している。

＊＊農地法裁判は、二〇一一年一二月の第一八回裁判において、四名の敵性証人（戸井健司〔処分時の成田空港会社の担当責任者、証言時に用地部長〕、山﨑真一〔申請時の成田市農業委員会事務局長〕、渡辺清一〔処分時の千葉県農地課長〕、石指雅啓〔処分時の国交省成田国際空港課長、二〇一三年六月に成田空港会社取締役〕）と反対同盟の萩原進氏の五名の証人尋問と市東孝雄さんの被告本人尋問が決定し、二〇一二年五月から二〇一三年二月まで七回の期日に人証調べが行われた。
そして、二〇一三年三月の最終弁論を経て、七月二九日に一審判決が下された。判決の内容は明渡しを認める不当なものであった。市東さんは控訴し、東京高裁第一九民事

【年表7】

西暦	和暦	月	出来事
2006	平成18	10月	空港会社、市東孝雄に農地明渡訴訟提起①（民事2部係属。耕作権裁判）
		12月	駒井野一坪共有地の共有物分割請求事件を千葉県が提訴
2007	19	7月	市東孝雄、農地賃貸借解約許可処分取消請求事件を提訴（民事3部係属。行政訴訟）
2008	20	10月	空港会社、市東孝雄に農地明渡訴訟提起②（民事3部係属。農地法裁判）後に農地法裁判と併合
2009	21	4月	行政訴訟と農地法裁判が併合
2010	22	8月	市東ほか、成田市道の路線廃止処分取消等請求事件を提訴（民事3部係属）
		12月	市東ほか、成田空港の施設の変更許可処分取消等請求事件を提訴（民事3部係属）
2012	24	5月～	行訴・農地法併合裁判で証人尋問始まる（戸井→山﨑→渡辺→石指→萩原進）。
		10月	耕作権裁判で第一次文書提出命令
2013	25	2月	行訴・農地法併合裁判で市東孝雄被告本人尋問
		3月	耕作権裁判で東京高裁の差戻決定
		7月	行訴・農地法併合裁判で千葉地裁の一審判決
		12月	耕作権裁判で第2次文書提出命令（空港会社が抗告）
2014	26	3月	行訴・農地法併合裁判、東京高裁の第1回弁論（予定）

部（貝阿彌誠裁判長）における第一回裁判が平成二六年三月二六日に大法廷で予定されている。

4．空港による生活破壊

(1)　際限のない空港拡張

第二第三誘導路の建設・供用

空港会社は、暫定滑走路の北側延伸（二五〇〇ｍ化）の際に、東峰部落との公約を破って部落の入会地である「東峰の森」をつぶし、むりやり第二誘導路（東側誘導路）を造りました。二〇〇九年の七月に供用開始されましたが、滑走路の先端を横断するとても危険な誘導路なのです。結局東峰部落をズタズタにしながら二〇〇億円ものおカネをかけて造られた第二誘導路は一日に一〇回位しか使われていません。

さらに二〇一〇年四月、空港会社は、第三誘導路（西側誘導路）建設の申請を出しました。今度は「新たな誘導路が必要」などと言って第三誘導路を一二〇億円かけて造るというのです。

私の家の前（東側）には、すでに滑走路と誘導路がありました。もし家の西側に第三誘導路ができれば、私の家は東西両側から誘導路に挟まれ、完全に空港に取り込まれます。会社の目的は私の追い出しです。そもそも二五〇〇ｍの滑走路一本のために誘導路が三本なんて聞いたことがありません。昨年三月七日に第三誘導路は供用されました。私の家は両側を走行する航空機から常時騒音を浴びせられる状態です。

【写真⑦】

LCCの専用ターミナル建設

最近、空港会社は便数が増えたと発表しています。しかし実際にはＬＣＣ（格安航空会社）などの国内便が多少増便しただけで、国際便の方はあまり増えていないと思います。成田空港の貨物もずいぶん減っています。以前は畑から、昼間でも窓なしの貨物専用機を見ました。しかし今は全然見ません。

「年間発着回数三〇万回、二四時間空港」をめざすと言っていますが、そんなに成田が使われるのか。空港会社だって見通しなんかないんじゃないか。空港会社はＬＣＣの専用ターミナルの工事を始めていますが、ＬＣＣにしたって増える保証なんてない。

それなのに地元住民の生活を無視して、際限無く空港を拡張することが許されるのでしょうか。こんなやり方で、地元の理解が得られるはずはありません。実際に騒音や公害の悪化を心配する声が強まっています。この間、裁判所に提出す

【写真⑦】誘導路に囲まれる市東孝雄さん宅（2013年3月８日／千葉日報）

る農地取り上げ反対の署名をお願いして地域を回っていますが、私たちの意見に耳を傾け、共感してくれる人も増えています。

(2)　営農つぶし

市道封鎖

私の家の前の成田市道（通称・団結街道）は、作業場から南台の畑まで一直線で、毎日私は、この道路を使って畑に通い、農作業を行ってきました。小見川県道から十余三・国道五一号線に通じていましたので、廃止前は一日一二〇台位の車が走っていました。

ところが二〇一〇年、空港会社は第三誘導路（西側誘導路）の建設のために、市道の敷地の買収に動き出しました。成田市はこれを受けいれて廃道を決定し、空港会社にとんでもない安値で払い下げてしまいました。市道に接する住民が道路を使用している状態で、路線を廃止した例は今までありません。迂回路として指定された道路は、これまでより距離で三倍、時間で四倍も余計にかかり不便になりました。

不当逮捕

しかも、正式に土地の所有権が空港会社に移ってもいないのに、空港会社は、五月一七日に、「迂回のお願い」なる看板を私の家のわきに立てました。空港会社の余りの身勝手に抗議したところ、警察が私を不当に逮捕し、空港会社が告訴しました。農繁期の大事なときに、二三日間も警察署に拘禁されてしまいました。

私が逃げ隠れすることは絶対にありません。無意味な拘禁生活のあいだも、農作業の遅れを思うといてもたってもいられません。外から畑の様子を伝えてくれたことが慰めでしたが、ようやく釈放されると、すぐに畑にとんで行き、農作業の遅れを取り戻そうと懸命に働いたものです。

占有移転禁止の仮処分

二〇一三年二月二〇日の早朝、空港会社の申請で裁判所の執行官が「占有移転禁止の仮処分」のためにやってきました。仮処分の看板を、離れ、作業場、ビニールハウス、便所さらに二か所の畑に幾つも立てていきました。私は家にいましたが、全く気付きませんでした。この日は私が裁判所で被告本人尋問をやったわずか二日後でしたから、知って驚きました。

そもそも農業をやっている私が「占有移転」などするはずもなく、この仮処分はきわめて悪質な嫌がらせで、だいたい農作業の小屋や畑に立ち入るならば、執行官は私に立ち会うかどうかを確認するのが普通ではないでしょうか。毎度のことながら、権力を使った空港会社の汚いやり方です。

おまけに、その日は朝から夜まで警察が家の周りに張り付きました。私が怒って看板を取り外したら直ちに逮捕するぞと、まあ無言の圧力をかけてきている感じですね。【年表8】

＊約七年間にわたる裁判の過程は、同時に、市東さんや東峰部落の家と畑を空港施設の拡張によって囲い込み、追い出そうとする生活破壊との闘いでもあった。市東さんは反対同盟と共に、二〇一〇年八月三〇日に成田市道の路線廃止処分取消等請求事件を提起し、一二月三一日に成田国際空港の施設の変更許可処分取消等請求事件の訴訟を起こして千葉地裁民事三部で争っている。

【年表８】

西暦	和暦	月	出来事
2006	平成18	７月	北伸2500mB′滑走路の空港施設変更許可申請
		９月	国土交通大臣が空港施設変更許可
2009	21	７月	東側誘導路を供用開始
		10月	北伸2500mB′滑走路供用開始【への字誘導路の供用継続】
2010	22	３月	成田市議会で路線廃止を議決。成田市長が市道路線廃止を告示
		４月	第３誘導路等の空港施設の変更許可申請
		５月	空港会社、「迂回のお願い」の看板設置、市東孝雄を刑事告訴により逮捕（6/8釈放）
		６月	天神峰道路の封鎖措置を強行。第３誘導路等の空港施設の変更許可
2011	23	５月	天神峰現闘本部裁判の東京高裁判決。東京高裁庁舎内で市東孝雄ら反対同盟支援の50名不当逮捕
		８月	天神峰現闘本部撤去の強制執行

5．裁判闘争七年、今の思い

戻ってわかった親父の姿

一九九九年（平成一一年）に天神峰に戻って農業を始めてからというもの、それまで体験しなかったことばかりが続きました。

たしかに四九歳からの農業は苦労の連続でした。でも畑で野菜を作り、消費者に喜んでもらったりを繰り返すことを通して、農業がいかに欠かせない大事な仕事であるかを知るようになりました。充実感と生き甲斐を味わっています。

そのなかで農業を継ぎ、国が推し進める空港建設と闘いながら必死に農地を守ってきた親父の気持ちがわかるようになりました。天神峰で一番貧しい小作農の暮らしのなかで、最後まで空港反対を貫いた親父は偉かったと思います。

そういうこともみんな天神峰に戻って農業をやってわかったわけで、戻って良かったと心底思います。

農地を守るということ

空港会社が起こした裁判は私に農業をやめろというものです。私はそれと闘っています。でも気負うとか、そういうことはないんです。農業に喜びを感じて、もっと工夫していいものを作りたい、消費者に喜んでもらいたい、それだけなんです。空港との関係ではそれが闘いになっている。

多かれ少なかれ、いま農家は似たような状況に置かれているのではないでしょうか。大企業がつぎつぎに農業に入ってくる。四年前に農地法が変えられて一般企業が農地を借りることができるようになりました。そこから今度は、企業が農地そのものを所有できるようにしようと動き出しています。他方で、ＴＰＰで関税が無くなれば、全国の農家はもうやっていけない。農業では暮らしていけないようにしておいて、その結果増える休耕地を企業が買いあさる。全国規模の農地とりあげではないでしょうか。あきらかに、日本の農業（家族農業）はつぶれる方向に向かっています。農業を続けようとすることそのものが、もはや闘いなんです。

私の置かれた状態を「日本の農家の縮図だ」と言ってくれた人がいるのですが、私はそのことが分かってきました。

東日本大震災後、何度も福島に行きました。原発事故では農家・農地がことごとく打撃を受けました。飯舘村では、畜産農家が集まり休業（事実上の廃業）を決めたり、米は販売できなくなり、作ることすらできなくなったという涙ながらの話しを直に聞きました。

千葉の私達も、福島とは比べられないけど、原発汚染は深刻でした。隣の多古町のほうれん草が出荷停止になりました。シイタケのほだ木（原木）から国が定めた指標値を超える放射性セシウム（一三〇ベクレル／ｋｇ）が検出されました。成田市内のコープでシイタケから放射性セシウムが検出されて、流通していたことがわかりました。恐ろしいことです。私たちの産直でも消費者から心配の声があがり退会する人も出ました。私たちは出荷する野菜をすべて検査し、検査結果をケースに入れて消費者に届けました。

農家にとっての喜びとは、手塩にかけた作物が消費者のみなさんのもとに届き、美味しいと言って食べてもらえることです。それが福島では困難になりました。これは農家にとって絶望です。

私は毎年、慰霊の日に沖縄に行きます。沖縄では戦争のために農地が取り上げられています。那覇空港から読谷に向かう途中でも、平らできれいなところは基地でした。畑の様子を見ると、さつまいもを植えながらぽんぽん何か捨てている。石でした。基地の外れに農業が追いやられている。本当に驚きました。

福島と沖縄が、私にはここ天神峰と同じように思えてなりません。

農地は私たちの命です。耕す者に権利ありです。〝いのち〟の根本を支える農業を守るために、頑張る人たちとのつながりを求め広げていきます。

第1章

成田空港の「公共性」と農地・農業

成田空港とはいかなる存在か

鎌倉孝夫

はじめに

成田空港会社は、成田市天神峰で農業をしている市東孝雄氏から、農地法20条を根拠とする農地賃貸借の解約許可に基づいて、市東氏が小作耕作している農地をその意に反して取り上げる民事訴訟を起こしている。空港会社が千葉県知事に出した「農地法第20条第1項の規定に基づく許可申請書」によれば、空港会社は、市東氏が耕作している農地のために平行滑走路の効率的な運用が妨げられているので早急に農地を空港用地に転用することが必要であることを解約申し入れの理由に挙げている。

空港会社と千葉県が取り上げようとしている農地は、市東家が孝雄氏の祖父市東太郎氏から父東市氏を経て孝雄氏に至るまで三代にわたり営々と小作してきた農地である。市東氏が敗訴すればその農地を奪われ、営農継続は不可能となる。農地取り上げ裁判は、農家としての命がかかった裁判である。

市東氏は、空港会社と千葉県の農地取り上げに全面的に抵抗し、当該農地を耕作する権利と営農継続の正当性を主張している。他方、空港会社と千葉県は、もともと成田空港の建設・供用には公共性があるし、B′滑走路延伸や「へ」の字誘導路直線化にも同様に公共性があるとして、農地取り上げの正当性を主張している。

そこで裁判では、成田空港の建設・供用にはどのような意味で公共性があると言えるのか、また、そもそもわれわれが生活している現代社会の中で公共性という概念・領域はどのようなものとして理解されるべきかが重要な争点となってくる。

私はかつて、1974－75年大不況とそのスタグフレーションへの転化に焦点を当てつつ1970年代日本資本主義経済の動向を分析・解明した拙著『スタグフレーション』（1980年、河出書房新社）のなかで、章を割いて成田空港問題に論及し、とくに空港建設推進の意図から掲げられた成田空港の〝公共性〟について次のように批判した。

「たしかに国家財政支出である以上『公共』性が必要とされる。だがその『公共』性は、勤労国民や労働者の『利用』のためにはならない。交通機関も、多くの利用者が利用するという点で『公共』的だとされる。ところが実質は各種交通機関は、その迅速性にしても、大量性にしても、資本総体にとっての利益になるのであり、またレジャーにしても観光資本の利益追求に利用されているにすぎない」

「公共事業の中心を占める交通関係の投資は、現在では明確に軍需支出と同様、資本家的企業への需要つぎ込みによる景気対策の手段とされている。その点が直接の目的である限り、『利用』という点は、『公共』の名によって公共投資拡大を実現する口実であり、方便とされるのである。空港施設を先行させ、それが利用されるには道路も鉄道もパイプラインも必要ということで強権的に建設投資を拡大させ、その上にまた羽田空港拡張を図ろうというのも、実はここに本質がある」

「政府の公共投資―空港建設は、労働者・勤労国民の利用に目的があるのでは全くない。われわれにとってはそれは全くの無駄なのだ。しかも、空港の『利用』ということで、政府・公団は無駄に無駄を重ね、関連住民ばかりか、全労働者・勤労国民にさらに一層犠牲を強いている」（第三編第三章成田空港と総合交通体系）。

翻って、昨今の成田空港会社の行為をみると、「空港の『利用』」拡大を理由に「労働者・勤労国民にさらに一層犠牲を強いている」手法や構図に何らの変化もない。否、変わっていないどころか、むしろ成田空港が民営化されて「成田国際空港株式会社」に衣替えし、一義的に利益追求・確保を求められる営利企業に転換したことから、一民営企業の私的利益追求のために、民衆に「犠牲を強いている」姿が、いちだんと明瞭に露呈することとなっている。空港会社と千葉県が、滑走路の「効率的運用」という専ら空港会社の利益達成をはかる目的で、三代にわたり脈々と営農・耕作されてきた市東家の農地を耕作者の意に反して取り上げるという裁判は、成田空港がいまも現実的に、民衆に「犠牲を強いている」端的な事例というほかはない。

しかも、空港会社らは、市東氏からの農地取り上げをいまなお公共性の名において正当化する主張を行っているのである。

だが、言うまでもなく農地の耕作権は農民に安定した農業経営を保障していくための土台をなすものであり、絶対的に保障されなければならない人権―労働権である。だからこそ農地法はその基本理念の一つとして耕作権の保護を掲げているのであって、空港会社と千葉県が農地取り上げの根拠とした農地法20条は、その耕作権保護の立場から設けられた規定である。ところが空港会社と千葉県は、農地法の基本理念である耕作権の保護を真っ向から否定し、農地法20条の規定の趣旨を根本からふみにじって、市東氏から農地を取り上げようとしている。

このような空港会社らの策動は、経済学の認識によれば、農地・農業が社会的経済生活の不可欠の基盤を構成しているという根本原理を無視するばかりか、社会存立の基盤としての農業生産を破壊する行為にほかならない。しかも政府が積極的にこのような空港会社らの方針・活動を指示し指導しているのであるから事態は極めて深刻である。こうした行為が許されることにでもなれば社会生活の根幹を揺るがす事態さえ招きかねないのである。

また日本社会全体を見ると、近年、ダムや高速道路、新幹線計画等をめぐって公共事業の無駄が世論の批判にさらされ、あるいは福島第一原発事故の衝撃から、原子力発電所建設を国策的に推進してきたことへの国民的反省が高まるなど、従来の公共事業は抜本的にその〝公共性〟が問い直されつつある。こうした動向は、成田空港の施設・機能に無条件に極めて高い公共性・公益性を認め、その公共性の名のもとに農地・農業を一方的に犠牲としてきた従前の成田空港建設方針にも転換を迫るものといえよう。少なくとも成田空港の〝公共性〟を前提化し当然視するのではなく、経済学を含めた社会科学の認識を基準とする科学的で客観的な検証が必要である。

本稿では、上記のような基本的な視点と問題意識から次のように考察を進める。

第1に、成田空港の当面する整備計画、すなわち、平行滑走路の建設・供用の公共性について、まず空港会社自身が主張する内容を整理し、そこに現れている基本的な問題性を検証する。

第2に、上記の基本的な問題性が、そもそもの成田空港計画と建設過程に由来するものであることを、1960年代後期から1970年代における日本資本主義経済の要請にもとづきつつ刻印された成田空港の経済的性格をとらえることを通して明らかにする。

第3に、成田空港の上記性格と密接に結びついた、空港の地域社会に対する影響について論じる。

第4に、成田空港会社の現実の動向を強く規定している、オープンスカイと称される航空自由化のもとでの航空市場競争の状況、及び市場競争にさらされる民営企業としての空港会社が生き残りを賭して選択・推進せざるをえない方向について、具体的・現状分析的に検討する。

第5に、公共性概念の科学的規定が明確ではないことから同概念が国や行政機関による事業・政策を正当化するため恣意的に乱用され、公共性を問う議論は不毛に終わるケースが多い現状をふまえ、その反省に立ちながら、資本主義経済解明の学として成立した経済学がとらえる人間社会の経済原理に則して、公共性とは本来いかなるものかについて明らかにする。

最後に、上記で述べる筆者の公共性論の立場から、成田空港が推進しようとする当面の方向と、それを阻害するとして排除の対象とされている市東氏の農地と農業の公共的・社会的意義を比較検討することとしたい。

1. 空港会社による農地収奪の〝論理〟

(1) 経済成長に資するという成田空港の〝公共性〟

◆滑走路B´延伸の公共性・公益性

空港会社らは、「成田空港に経済的価値があり、滑走路B´を延伸する必要性や延伸の公共性・公益性があった」とするが、その理由について次のように主張している（これらの主張は、ほぼ石指雅啓氏［２００６年7月に成田空港がB´滑走路北伸延長等の施設変更許可を国交省に申請した当時の国交省・成田国際空港課長、現成田空港会社取締役］が農地取り上げ裁判で千葉地裁に提出した陳述書に依る）。

第1に、成田空港の整備促進は、国家的競争力と経済成長確保のために必要であり、これに貢献するものであるという。すなわち、①「経済社会のグローバル化が進展しており、国際的な競争力を有し、持続的に成長する経済社会を実現することが我が国の喫緊の課題となっていた」、②そのために国として、「需要の増大、ニーズの高度化に対応した交通ネットワークの整備」「等に取り組んでいた」、③その一環として、「我が国の国際航空輸送は、……年々増加傾向にあり、国際航空ネットワークの拡充は不可欠の状況にあったため、国際空港の整備……等を通じて着実にその推進を図ることが求められていた」――と述べる。石指陳述書は「増大する航空需要に対応するため、その基盤たる空港整備を促進し、国際航空ネットワークを一層充実させることは国民的要請」とまで断定している（傍点は筆者。しかし特権的に国民を代表する立場にない成田空港側がそこまでいうのであれば、「国民的要請」の根拠が明らかにされるべきであろう）。

第2に、東アジア諸国で進展する大空港整備に対抗するもの、と位置づけている。

すなわち、①「アジア諸国においては、巨大空港が続々と整備されており、これらの空港と比べれば、我が国の首都圏を始めとする……国際拠点空港の整備水準は」立ち遅れていることから、②「このままの状態が続けば、我が国の国際競争力が損なわれるおそれ」があり、③「我が国がグローバル化した社会の中で確固たる地位を確保するためには、大都市圏の国際拠点空港の強化が切実な課題となっていた」――というのである。

「国際競争力が損なわれるおそれ」を強調していることからすれば、結局はこれも競争力・経済成長貢献論を補強する主張といえる。

第3には、B´滑走路の延伸は、こうした「国際拠点空港」の整備・強化という国家的要請に具体的に応える措置である、とする。

すなわち、①「成田空港の発着回数」、「旅客数についても、……いずれの面においても更なる増加の傾向にあった」が、②「当時の成田空港の処理能力はほぼ限界に達し」、とくに「B′滑走路の距離は2180メートルであったため、B747型機等の大型の機材は制限され、離陸機の目的地についても、東南アジア周辺が限界であり、年間の発着回数にも限界があった」ことから、……B′滑走路を本来計画通り2500メートル化することは喫緊の課題であった」――というのである。③「更に増大する国際航空需要に対応するためには、

◆石指陳述の矛盾――小型化なのか大型化なのか

石指陳述書は、別のところでは、B′滑走路延伸から生じる騒音被害について、「世界的に航空機の機材の小型化が進んでおり、成田空港を発着する旅客便及び貨物便においても、機材の小型化が進んでいるから、大きく増加するものではない」旨を述べている。

一方では「B747型機等の大型機の発着を可能にする」ことこそがB′滑走路延伸の中心的な理由と述べていながら、他方では、大型機は減っているからB′滑走路を延伸しても騒音はさほど悪化しないというのである。空港会社らの論理は支離滅裂である。

さしあたり、少なくとも空港会社らのいう騒音悪化が軽微だとする見通しの根拠（＝「機材の小型化」）は、B′滑走路延伸の必要性（＝大型機発着の増大）自体を否定していることを指摘しておく〔表1「成田空港における機材構成比の推移」参照〕。

◆「へ」の字誘導路直線化（＝市東氏からの農地取り上げ）の公共性・公益性

B′滑走路の北伸延長・2500メートル化と一体的な関係で必要とされるのが、市東氏の農地取り上げに直結する「へ」の字誘導路の直線化である（位置関係は、図1「市東氏農地・自宅と空港の位置関係」参照）。石指陳述書は次のように述べる。

①「への字誘導路」が「市東氏耕作地を迂回する形状となっていることから、極めて非効率な運用を強いられており」、②「平成11年変更認可によって滑走路B′が設置された時から直線化の必要が生じていた」が、③B′滑走路の延伸による「同誘導路の交通量の増大、通行する航空機の大型化が見込まれていたため、従来にも増して、誘導路の直線化の必要性が高まった」。

以上のような空港側の論理に従えば、B′滑走路の延伸とは、「国際拠点空港」としての成田空港の整備・強化を図るものであり、成田空港の整備・強化――「国際航空ネットワーク」の拡充――を通して、「国際的な競争力を有し、持続的に成

表１　成田空港における機材（構成比の推移）

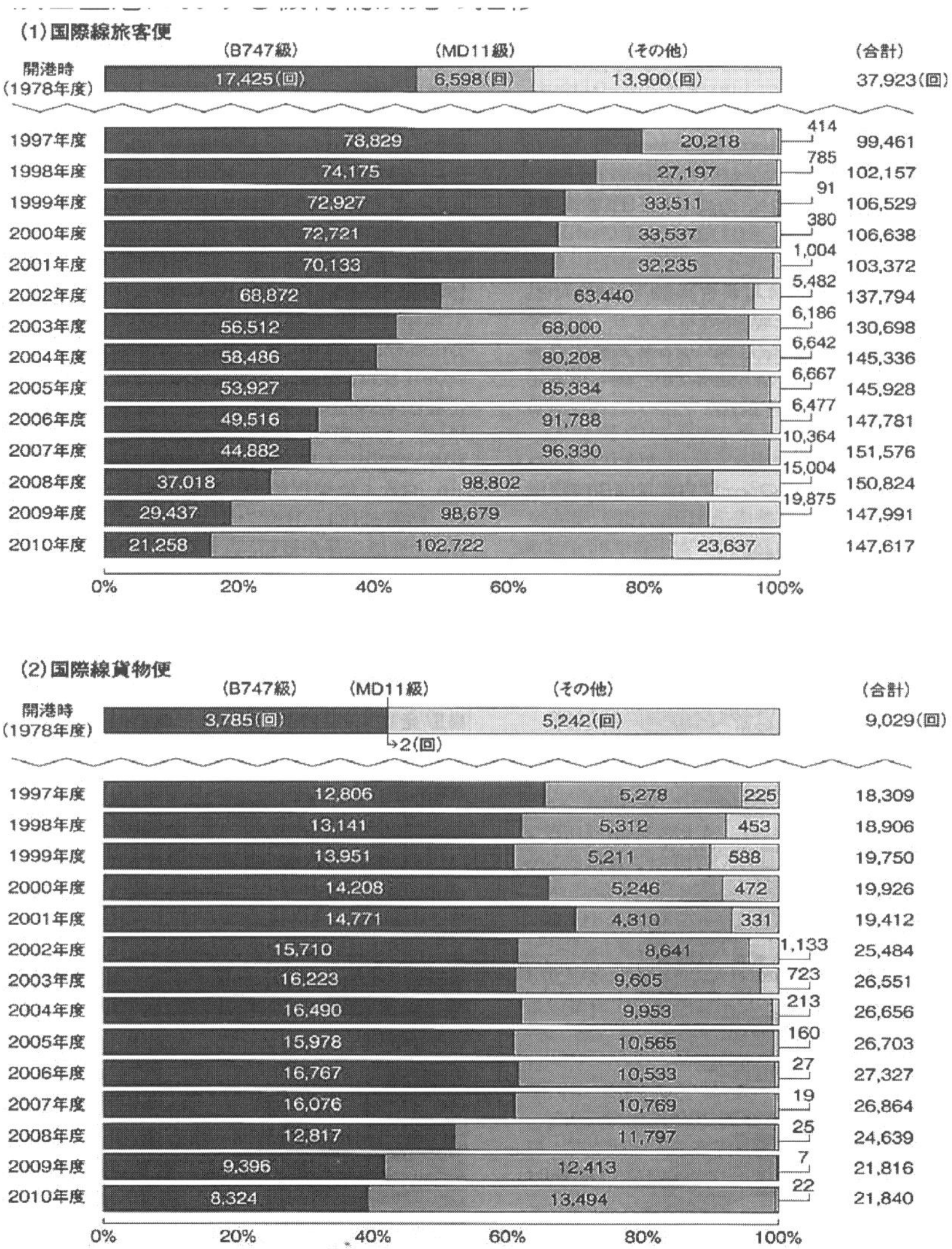

●B747級…B747、B747SP、B747SR、B747-400。2008年度以降はA380含む
●MD11級…MD11、A340、DC10、L1011、A300、B767、A310、B777（1996年度より）、A330（1997年度）、A320（1999年度～2001年度）等
●その他…A320（2002年度より）、B737、ヘリコプター他

出所：「成田空港～その役割と現状～2011」

図１　市東氏農地・自宅と空港の位置関係

出所：「農地法20条規定による許可申請書」添付の図面
市東孝雄氏が耕作中の農地Ａ・Ｂの場所（囲み部分）及び市東氏自宅（○印）は反対同盟顧問弁護団が記入したもの

長する経済社会を実現する」という「我が国の喫緊の課題」達成に資することになり、そういうものとして公益・公共性がある、という関係になる。

Ｂ´滑走路の延伸と一体になった「へ」の字誘導路直線化（＝市東氏の農地・耕作地の取り上げ）も、その公益・公共性の根拠は、結局、それが国際競争力と成長確保に貢献するというところに求められているのである。

(2)　Ｂ´滑走路延伸、「へ」の字誘導路直線化の現実的理由

◆Ｂ´滑走路延伸でも構造的な内需不振は打開できない

だが、はたしてそういえるのか。成田空港の整備・拡張が日本経済の競争力と成長確保に貢献するという関係は、現実に存在するのだろうか。

「失われた20年」と称されるように１９９０年代初めのいわゆるバブル経済崩壊以降の日本経済が、国際競争力の低下や経済成長の停滞に悩まされつづけてきたこと、それゆえ歴代政府が大同小異の「成長戦略」を掲げつづけざるをえなかったことは事実である。

根本的な原因は、資本主義世界経済の構造変化、とくに市場拡大の原動力が後進国に移行するという市場構造の激変にある。先進国市場の飽和化によって実体経済から溢れ出た資

金は、金融市場における擬制資本の投機的売買を繰り返すなかで膨張を遂げながら、資本主義後進国・地域に流入し、中国をはじめとする新興市場国家群の急速な経済成長をもたらした。

新たに出現した成長市場にむかって大企業の進出が世界的に加速し、なかでも、もともと外需に依存する傾向の強かった日本企業は雪崩を打って生産・輸出拠点の海外移転を推し進めた。そうなると、低賃金労働など安価なコストと成長市場を得た大企業は海外で稼ぎまくるが、一方で基幹製造業の流出によって国内産業の空洞化が進行し、内需を中心とする国内経済は慢性的な沈滞に陥らざるをえない。

成田空港にしても、こうした日本の内需経済の、世界的市場編成に起因する慢性的・構造的な沈滞・不振から自由であるというわけにはいかない。むしろ、そのあり方、業績を強く規定されることとなる。アジアの大空港が台頭しているのも、それらが成長市場の流通拠点に位置しているからであって、資本・大企業が新興成長市場に依存して利益を拡大する構造が転換されない限り、成田空港が320メートル程度、滑走路を伸ばしたからといってどうにかなるという関係ではないのである。

◆とりこめてはいない「増大する国際航空需要」

実証的にみてみよう。日本の実質GDPは2005年に入ってから503兆円〜524兆円の間を上下しており、2009年に延伸B′滑走路が供用開始されても、リーマンショックによる落ち込みが激しかった同年度の495兆円は別として、2010年度も2011年度も約511兆円にとどまって特段の動きはなく、したがって不振を払拭して「持続的に成長する経済社会を実現すること」はできていない［表2「日本の実質GDPの推移」参照］。最近、2012年の1−3月期の年率4・7％成長など、同年4−6月期まで2四半期連続のプラス成長が達成されてはいるが、これは震災復興投資の特需効果によるものである。

しかし、ことさらにGDPなどを持ち出すまでもなく、成田空港自体、B′滑走路の延伸や同時発着の導入等により空港容量が年間発着枠22万回に拡大したといっても、2009年以降の年間発着実績は18万回台〜19万回台にとどまっていて、「増大する国際航空需要」をとりこめてはいない［表3「成田空港の運用実績（年度）」参照］。AIC（国際空港評議会）の国際空港ランキングでも、成田空港のポジションは2009年から2010年にかけ、国際旅客数で一つ、国際貨物数では三つ、むしろ低下している［表4「国際旅客数・国際貨物量AICランキング（上位10空港）」参照］。B′滑走路の延伸とい

表２　日本の実質GDPの推移

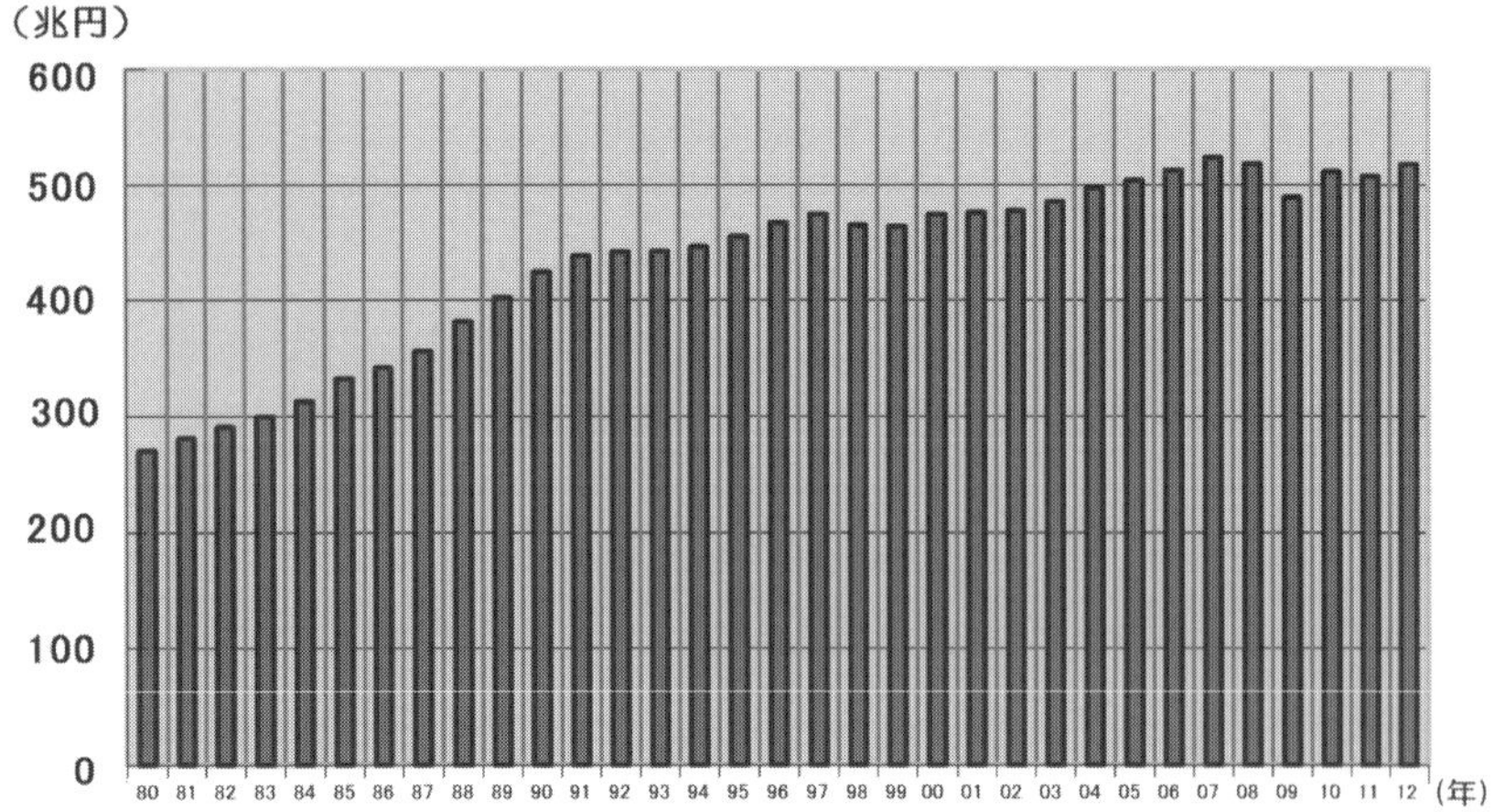

出所：内閣府国民経済計算から作成

表３　成田空港の運用実績（年度）

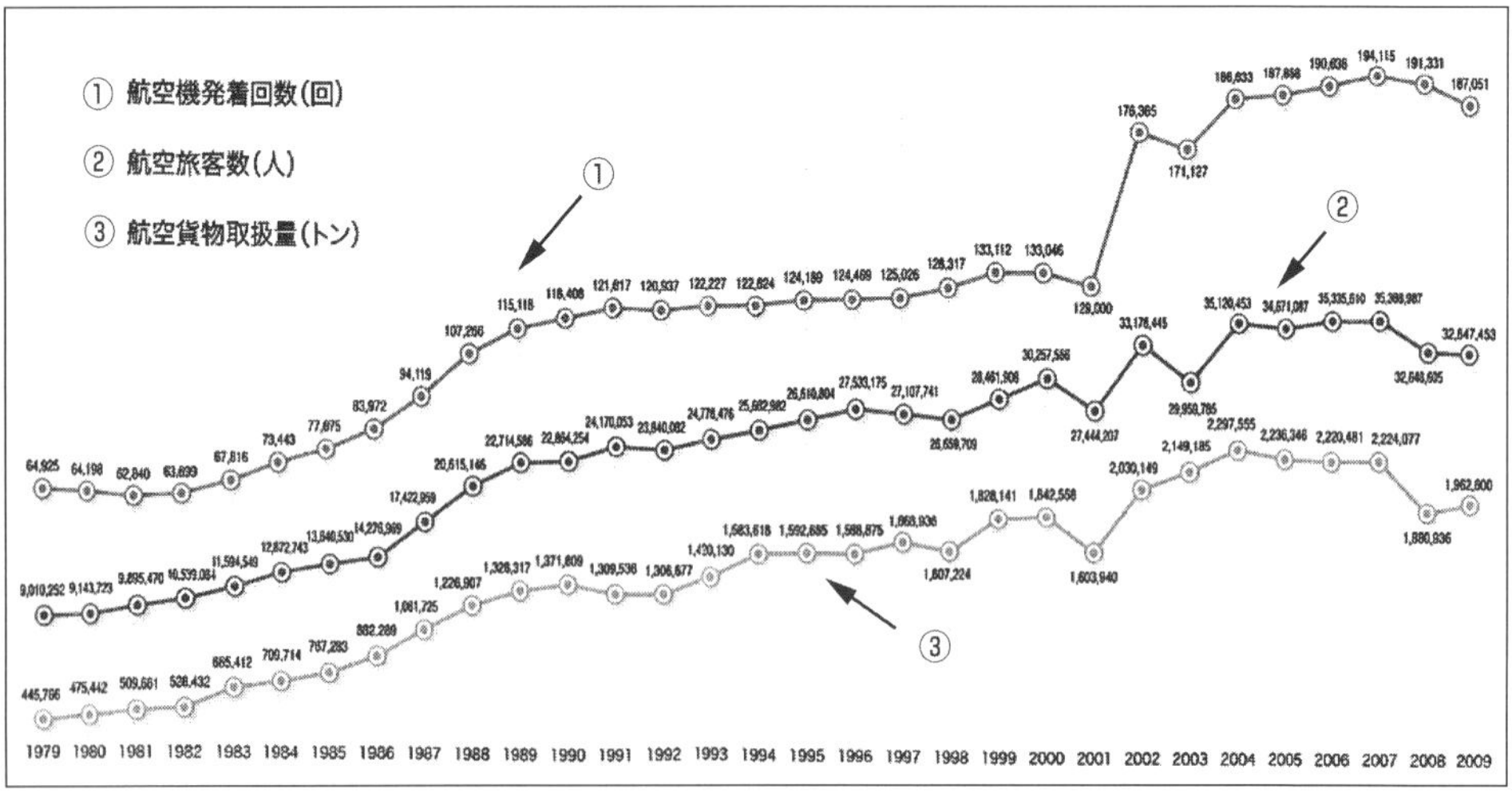

出所：「成田空港〜その役割と現状〜2010」

う「国際拠点空港」の整備・強化が、「増大する国際航空需要」、「需要の増大、ニーズの高度化に対応」するものであり、ひいては日本経済の競争力・成長確保に資する――だから公益・公共性があるという空港側の主張は、すでに現実によって否定され破たんしている。内外経済の動向と、そのなかでの成田空港の位置を客観的にとらえることができていないが故の主観的願望あるいは幻想にすぎないのである。

◆羽田への対抗――B′滑走路延伸の現実的必要性

じつは成田空港・空港会社が、B′滑走路延伸を強行し、運用効率化のためとして「へ」の字誘導路の直線化を急ぐ現実的理由は、別にある。2010年に羽田空港の第4滑走路がオープンし、32年ぶりに羽田の再国際化が行われたことである。

羽田国際化の直接の意図はどうあれ、その意味するところは、「日本の空の玄関」の地位を争うライバルとしての羽田の登場である。これにより成田空港としては、アジアの大空港の台頭を問題とするより以前に、国内最大の競争相手となる羽田再国際化の脅威に対抗しなければならず、そのさし迫る要請が、B′滑走路延伸と「へ」の字誘導路直線化に成田空港を駆り立ててきたのである。

それゆえ客観的・現実的には、B′滑走路延伸・「へ」の字誘導路直線化は、空港会社が主張する「国際的な競争力を有し、持続的に成長する経済社会を実現する」という公益・公共目的達成のためではなく、羽田空港に対抗して「日本の空の玄関」の地位を守るために発着回数を増やし業績拡大を成し遂げなければならないという成田空港の私的利益追求上の必要性から企図されたものなのである。この場合、公益・公共性なる言辞は、空港会社の私的利益追求を社会的意義があるかのように粉飾し偽装しようとして用いられているにすぎない（なお、国際競争力・経済成長確保が公衆の福利厚生を増進するもので公益・公共性があるとの観念については後に批判的に検討する）。

この粉飾を取り払って残るものは何か。それは、空港会社が自己の営利上の都合を一方的に押しつけて、いま現実に営農に従事する市東氏から、かけがえのない生活・生産基盤たる農地と耕作権を奪う生活破壊行為にほかならない。空港会社の利益確保のために、農地の保全や農業・耕作権の保護を本旨とする農地法をふみにじり、代を継いで育まれてきた豊かな農地を空港用地へと強権的に転用してはばからない農業破壊そのものである。

表４　国際旅客数、国際貨物量AICランキング（上位10空港）

国際旅客数

順位・年	2007		2008		2009		2010		2011	
	空港名	万人	空港名	万人	空港名	万人	空港名	万人	空港名	万人
1	ロンドン(LHR)	6209	ロンドン(LHR)	6134	ロンドン(LHR)	6065	ロンドン(LHR)	6090	ロンドン(LHR)	6468
2	パリ(CDG)	5490	パリ(CDG)	5582	パリ(CDG)	5303	パリ(CDG)	5315	パリ(CDG)	5567
3	アムステルダム	4769	アムステルダム	4734	香港	4497	香港	4977	香港	5275
4	フランクフルト	4708	香港	4714	フランクフルト	4452	ドバイ	4631	ドバイ	5019
5	香港	4630	フランクフルト	4670	アムステルダム	4352	フランクフルト	4630	アムステルダム	4968
6	シンガポール	3522	ドバイ	3659	ドバイ	4010	アムステルダム	4513	フランクフルト	4947
7	成田	3423	シンガポール	3628	シンガポール	3608	シンガポール	4092	シンガポール	4542
8	ドバイ	3348	成田	3232	成田	3089	ソウル(ICN)	3295	バンコク(BKK)	3500
9	バンコク(BKK)	3163	ロンドン(LGW)	3043	マドリッド	2906	成田	3216	ソウル(ICN)	3453
10	ロンドン(LGW)	3114	バンコク(BKK)	3010	バンコク(BKK)	2883	バンコク(BKK)	3141	マドリッド	3245

※成田は13位(2630)

国際貨物量

順位・年	2007		2008		2009		2010		2011	
	空港名	万トン	空港名	万トン	空港名	万トン	空港名	万トン	空港名	万トン
1	香港	374	香港	362	香港	335	香港	412	香港	393
2	ソウル(ICN)	252	ソウル(ICN)	238	ソウル(ICN)	226	ソウル(ICN)	263	ソウル(ICN)	248
3	成田	221	成田	205	ドバイ	184	上海(PVG)	234	上海(PVG)	226
4	フランクフルト	203	パリ(CDG)	201	成田	181	ドバイ	218	ドバイ	219
5	パリ(CDG)	199	フランクフルト	196	パリ(CDG)	178	フランクフルト	214	フランクフルト	208
6	シンガポール	189	上海(PVG)	191	上海(PVG)	177	パリ(CDG)	214	パリ(CDG)	204
7	上海(PVG)	182	シンガポール	185	フランクフルト	175	成田	212	成田	189
8	アンカレジ	166	ドバイ	174	シンガポール	163	シンガポール	181	シンガポール	186
9	マイアミ	161	アムステルダム	156	台北	134	台北	175	アンカレジ	168
10	アムステルダム	161	マイアミ	154	マイアミ	133	アンカレジ	174	台北	161

出所：「成田空港～その役割と現状～2011」（数値は千の位を切り捨てた）

2. 農地取り上げ・収奪の原点
——内陸空港建設の強行

(1) 大空港計画の挫折と三里塚への「不時着」

◆出発点から生活・農業破壊の空港

成田空港による農地・農業の破壊はいまに始まったことではない。成田空港はその内陸空港としての計画段階から、現に営まれている農業を中心とした人間・住民の生活を否定し破壊する存在として立ち現れたのであり、そうであるがゆえに空港建設を強行しようとすれば、それはカネと暴力とによる生活破壊の過程そのものとして推進されるほかはなかった。ここに空港運用効率化のためとして市東氏から農地を奪い、営農を破壊しようとする空港会社の行為の原点がある。いいかえれば、成田空港は、着工以来半世紀近く、開港から34年を経てもなお、その生活・農業破壊の空港たる原点をまったく払拭できてはいないのである。

もともと空港建設は、一般に広大な敷地が必要であることや、大気汚染や騒音・震動などの特有の公害を伴うものであることから、成田空港の建設・供用にあたっても人間生活を侵害することのないよう特段に慎重な配慮が要求されるのは当然である。とりわけ狭隘な国土に人口が集中する日本列島、なかでも市街地・農地・工業地をはじめとする高度な土地利用が行われ、生活圏が広がる首都圏とあれば、なおさらのことである。

◆富里闘争で内陸空港の無理が露呈

ところが成田空港建設は、富里案の当初より、この配慮を決定的・全面的に欠落させて推進された。

第1に、土地が高度に活用され生活が密集する首都圏内部に、地域・地元の生活上の必要性とは無縁なうえに広大な敷地を要し、それゆえ住民から生活の場＝基盤である土地を奪い、騒音・震動等の航空公害を押しつけることなしに現実化しえない国際空港を建設するという計画それ自体が、妥当性を欠いていた。内陸空港計画のそもそもの無理性である。

第2に、この内陸空港計画の無理を押し通すために、運輸省・航空審議会が〝富里空港ありき〟とでもいうべき答申を行なった。

池田内閣による「第2国際空港建設」の閣議決定を受け1963年12月に提出された航空審答申は、空港候補地として「(1) 千葉県浦安沖、(2) 茨城県霞ヶ浦周辺、(3) 千葉県富里村付近」を挙げる形式をとりつつも、事実上は、「諸種の条件を考慮すると千葉県富里村付近が最も候補地として適当」として富里案に絞り込む内容であった。

第3に、佐藤内閣が成立して富里空港案が動き出すや——

1965年11月、関係閣僚会議による富里案内定――地元、富里・八街では空港反対同盟が結成されて、竹槍デモ・物見櫓・五右衛門釜の警鐘など、戦前からの小作争議・農民運動や平民社社会主義思想の伝統に根ざす激烈な反対闘争を巻き起こし、これに驚き追い詰められた佐藤内閣は、急きょ三里塚案に転じることを余儀なくされた（1966年7月、三里塚案閣議決定）。まさに不時着である。富里闘争の爆発は住民の生活を直接的に侵害し破壊する内陸空港計画の無理性が現実に露呈したものであるが、その教訓に真摯に学び、破たんした富里案の代替プランを慎重に模索・検討した形跡はどこにもみあたらない。

だいたい、このとき三里塚では空港計画に先行し、千葉県が音頭をとる「シルク・コンビナート」事業の具体化が始まっていた。同事業は、製糸工場を誘致して桑から絹糸までを一貫生産する国庫補助事業であり、1965年春に皇族を招いた桑植え式を行ない、66年4月段階では186戸・1200ヘクタールが桑植えを済ませていた。そんな事情はおかまいなしの空港計画によって「シルク・コンビナート」は雲散霧消し、この時に植えられた桑の木が、わずかに名残りをとどめるのみである。

◆大空港の不要性示した三里塚案

富里で挫折した空港推進派が唯一学んだのは、土地が取り上げやすいかどうか、そのことの重要性でしかなかったようである。

およそ2000戸もの立ち退きが必要な富里案に対し、三里塚案の移転戸数は約325戸(※)、しかも空港用地のうち国有地（下総御料牧場）と県有地が32％を占める。これなら富里のような大闘争は回避できると安易に考えたのであろう。その反面、空港計画は著しく狭小化した。

航空審答申は、「思い切った大空港を首都附近に早急に建設する」として、その規模・能力について「少なくとも主滑走路2本、副滑走路2本、横風用滑走路1本の計5本は必要であり、」「主滑走路の長さは4000メートル程度のものとする必要がある」から「敷地面積は自から2300ヘクタール程度を必要とする」と述べている。対して三里塚案の敷地面積は半分以下の1064・92ヘクタール、滑走路は4000メートル、2500メートル、横風用3200メートルの3本にすぎない。〝土地の取り上げやすさ〟を優先した結果、「思い切った大空港」の適地ではありえない三里塚が選ばれ、また、そうなったことで、「少なくとも」滑走路5本を備える2300ヘクタールの「大空港」が現実的に必要とされるものではないことも明確となったわけである。

※空港敷地のみならず航空保安施設、騒音地域の移転地区を併せると実際の移転対象は1480戸にのぼる。詳しくは第4章「成田空港の農業破壊と闘う三里塚の農民」参照。

(2) 永続化する〝未完の欠陥空港〟状態

◆内陸空港案が必然化した欠陥空港性

しかし富里から三里塚に変更されたからといって、住民の意向を無視した空港建設が、厳しい開拓や争議・闘争を経ながら代々にわたって継承されてきた土地・農地を奪い、農業・農村共同体を破壊することなしには一歩も進展しえない現実はまったく変わらない。2000戸であれ325戸であれ、1戸1戸、一人ひとりにとっての生活・生産基盤のかけがえのなさには何の違いもないのである。だから〝土地の取り上げやすさ〟優先は大誤算となった。

成田空港建設は、構想当初から抱え続けてきた空港計画に本来必要な合理性・妥当性・適切性の欠如によって、富里闘争を引き継ぐ三里塚・芝山の空港反対闘争――生活・生存基盤を防衛する大抵抗闘争との対峙を不可避としたし、この闘争を弾圧して対峙をのりきろうとすれば国家を挙げた警察機動隊の投入、警察力に支えられた土地収用法の暴力的発動に頼るほかはなかったのである。

憲法が保障する平和的・安定的生存権を国家的暴力によってふみにじり、破壊しなければ成田空港は成立しえなかったのである。比喩ではなしに血まみれの姿でしか、空港は現れようがなかったのである。

成田空港がいまだに克服できずにいる欠陥―欠陥空港性は、生活破壊必至の内陸空港・富里案としての出発点において、あらかじめ必然化されていたというべきである。

◆成田空港史イコール反対闘争との対決の歴史

住民の生活・生存基盤破壊なしには現実化しえない首都圏内陸空港計画を国家暴力に頼って強行したことにもとづく欠陥性の第1は、富里闘争に跳ね返されて、規模半減以下の三里塚案に不時着せざるをえなくなったことである。

第2の欠陥性は、三里塚でも住民・農民の生活破壊が必須なことから地域ぐるみの空港絶対反対闘争を惹起させ、以来半世紀近くにわたり反対闘争との深刻な対峙・対決を抱える空港でありつづけなければならなかったということである。

二期工事のあと、いったんは成田空港シンポ・円卓会議の結論のかたちで、「平行滑走路のための用地の取得のために、あらゆる意味で強制的手段が用いられてはならず、あくまでも話し合いにより解決されなければならない」（1994年、隅谷調査団所見）ことに一部関係者が合意するなど、対決に区切りをつけようとする動きもなかったわけではないが、それは結局、反対運動の切り崩しに使われたにすぎなかった。しかも、この合意自体、空港機能拡張の動きのなかで空文化され、小作地解約攻撃に表れているように空港側は「強制的手段」をなお放棄していない。成田空港建設の歴史は、こんにちに至るまで、その全てが反対闘争に対する敵視・対決の歴史である。

その結果、なお空港用地内、とくに滑走路直近に空港反対派住民の耕作地・所有地・住居が存在し、農業等を営む住民の生活圏と空港が重なり合う前代未聞の事態がつづいている。だから、空港会社や国交省は年間30万回発着への空港容量拡大をめざすといっても、「本来計画の実現には空港用地に残る未買収地（敷地内居住者2戸）の取得が必要だが、見通しは立っていない」（2009年、航空局資料）と認めざるをえない。これが第3の欠陥性である。

◆開港から36年でも未完成

このような欠陥性に規定されて成田空港は、遅れに遅れた1978年5月のA滑走路一本による暫定開港以降、未完の永続化とでもいうべき状況を脱却しえないでいる。

B′滑走路の工事計画変更（位置変更、2180mに短縮）・2002年4月供用開始、2009年10月拡張B′滑走路供用開始など泥縄に等しい拡張工事が、B′滑走路上のオーバーランや鉢合わせ等重大事故をはさみながら進められてきたが、いまだに当初計画さえ未達成であり、横風用滑走路にいたってはほとんど白紙、見通しさえ立たない凍結状態である。

この状況で、24時間空港や滑走路増設による空港容量の拡充など、羽田がクリアしつつある空港競争力の国際標準にキャッチアップできようはずもない。都心とのアクセス問題では、日暮里・成田空港間を36分で結ぶ「スカイアクセス」が開通し格段に利便性が向上したようにいわれているが、スカイライナーは特急料金負担が必要であるし、一定の恩恵を受けるのは都心とその周辺の利用者だけで、羽田―成田の乗り継ぎ客の移動の不便は解消されない。そもそも、ほとんど空港利用者だけの利便性のために、つまりは空港の需要・業績拡大のためだけに、鉄道路線を運営するということが社会的に無駄なのである。こういう無駄に無駄を重ねて成田空港・空港経営が維持されていることを明確にとらえておく必要がある。

いずれにせよ成田空港が、その欠陥空港性に制約されながらアジア諸国の空港や羽田と競争しようとすれば、現にそうであるように、ひたすら発着回数拡大を追求する危険な過密空港の方向しか残されていないのである。

表5　公的固定資本形成がGDPに占める割合（名目）

年度	公的固定資本形成のシェア（%）
1956～1960	7.1
1961～1965	8.6
1966～1970	8.3
1971～1975	9.3
1976～1980	9.4
1981～1985	8.0
1986～1990	6.6
1991～1995	7.8
1996～2000	7.5
2001～2005	5.5
2006～2009	4.1

出所：内閣府「国民計算」。ただし、80年までは68SNA、81年以降は93SNAベース

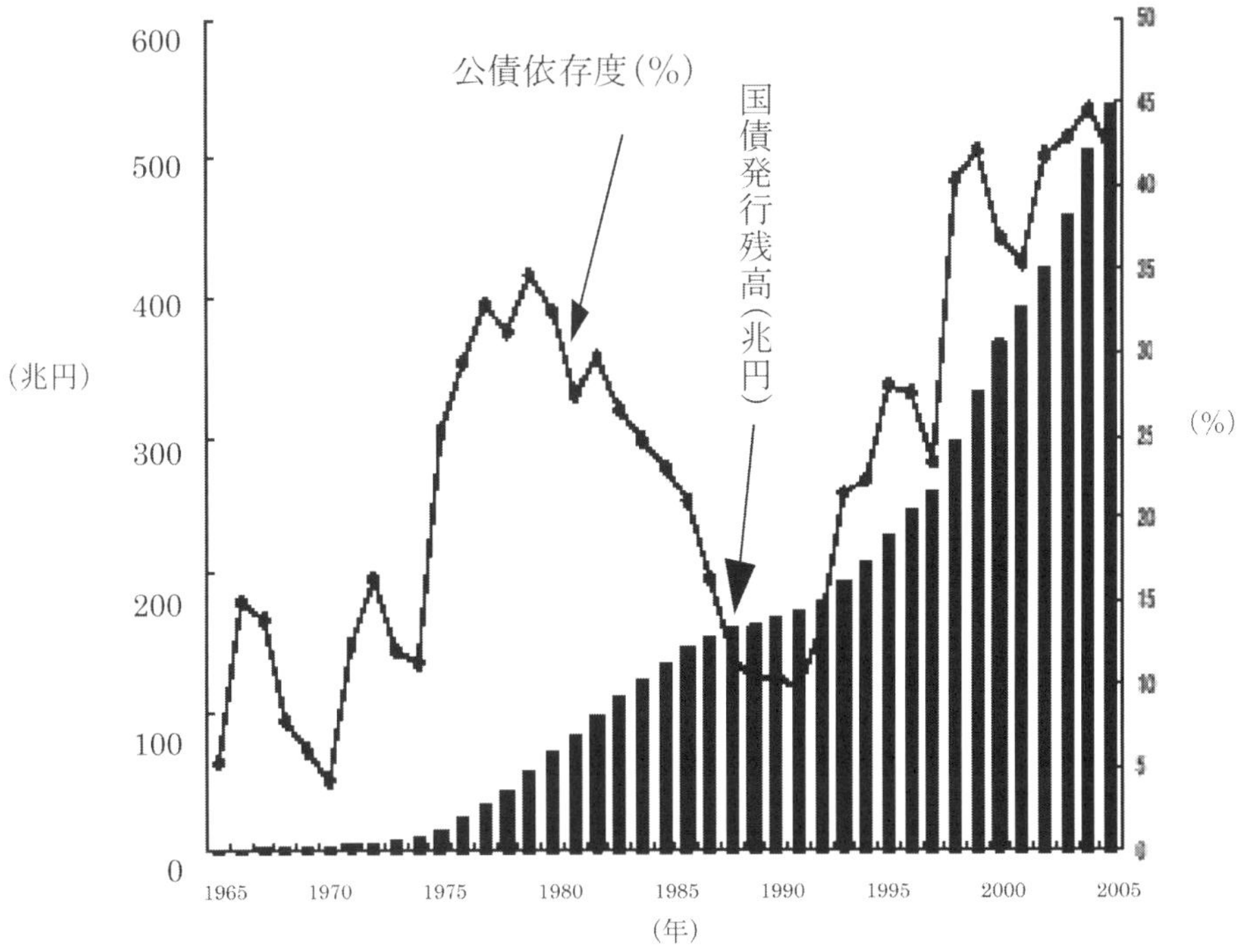

出所：財務省ホームページ「日本の財政を考える」

3．戦後高度成長終焉下に進められた成田空港建設の意味と性格

(1) 巨大公共事業の時代

◆なぜ空港建設を急いだのか

成田空港が〝未完の欠陥空港〟であり続ける事態を必然化させた無理無謀、拙速な空港建設は、なぜ強行されたのか。

航空審答申は、羽田の能力限界が差し迫り、また超音速旅客機の時代が到来しようとするなか外国で大空港建設が相次いでいる状況を挙げ、これに対処しなければ「世界の航空路における日本の地位は、東洋のローカル線の一ターミナルに転落する」から、「少なくとも」5本の滑走路を備えた2300ヘクタールの大空港を「早急に建設する」ことが必要だと論じた。

だが、この半分以下の敷地に滑走路一本でようやく暫定開港した成田で済んでしまったのであるから、航空審の求めた大空港は必要なかったことになる。その暫定開港も1978年、それまでは羽田で間に合っていたことになるから、羽田がパンクするのは「昭和45年頃と予想」した答申の見通しも正しくない。むしろ空港建設を急ぐための一種の誇大宣伝、情報操作として意図的に示された数字とみるべきである。

そうまでしなければならなかった事情は、じつは〝大空港の必要性〟とは別のところに隠されている。読み解くカギは、成田空港建設が戦後日本経済の最大の転換期に推進されたことにある。

日本経済における1960年代後期から1970年代とは、成田空港を含めた巨大・大型公共事業が、あたかも日本全土を掘り返す勢いで展開された時代である。

その象徴が、田中内閣（1972年7月～74年12月）による「列島改造計画」である。もとになった田中角栄の構想―『日本列島改造論』は、「工場の地方分散と道路・鉄道等産業基盤の整備、拡大を軸」とする「田中式高度成長政策」（鎌倉『スタグフレーション』）であり、新幹線網9000キロ超、高速道路1万キロ、石油パイプライン7500キロ等を建設するという、とてつもない大構想をぶちあげるものであった。

さすがにこの大風呂敷は、土地投機・買占めをはじめとする列島改造ブームに火を着けることで当時昂進しつつあったインフレーションに拍車をかけ、消費者物価上昇率が10％台から20％を超えるインフレの抑制をはかって金融・財政の引締め・総需要抑制策が採られるに至って頓挫した。

◆膨張する財政支出、国債依存

列島改造計画は頓挫したが、公共投資・事業依存に急傾斜する構造自体は、この時期の日本経済を一貫して支配した。

1969年策定の新全国開発総合計画（新全総）は、1985年を目標年次として7200キロの新幹線網建設など全国的な交通・通信網を整備する構想を打ち出し、これを受け1970年に全国新幹線整備法が制定された。新全総を挟んで1967年に山陽新幹線が着工、1972年には東北・上越新幹線が着工された。工業再配置のための大規模地域開発として、苫東（北海道）、むつ・小川原（青森）、西南地区（瀬戸内海沿岸）、志布志湾（鹿児島）の4大プロジェクトが巨費を投じて始動された。

結果的にこれらの開発プロジェクトは、西南地区を除いて失敗（苫東）に終わるか、成田空港と同様に計画変更を余儀なくされた。むつ・小川原は、いまなお稼動しない核燃料サイクル基地として財政を空費し、志布志湾は石油備蓄基地に転じている。

原子力発電所の建設が本格化するのもこの時期である。1974年の電源三法（電源開発促進税法、電源開発促進対策特別会計法、発電用施設周辺地域整備法）成立により、原発立地を財政面で支援する原発交付金制度が整備されたことなどから建設が加速し、1970年からの10年間で現在国内にある原発54基の半数を超える30基が着工されることとなった（原産会議『原子力産業実態調査報告』）。いまなお進行中の原発災害を引き起こした福島原発は、1971年3月に福島第1原発1号機が営業運転を開始している。

日本経済全体に占める公共事業の比重を示す公的固定資本形成の対GDP比をみると、近年2000年以降は4%～5%で推移しているのに対し、1971年～1975年は9・3%、1976年～1980年9・4%と二倍程度も高くなっている［表5「公的固定資本形成がGDPに占める割合（名目）」参照］。

公共事業拡大の費用を捻出するために国債増発を伴う国家財政の急膨張が行なわれ、財政投融資が動員された。いまでは考えられないことであるが、1970年代の一般会計当初予算の伸び率は14%～25%にも達し、それを賄う国債増発によって財政の国債依存度は1979年度の34・7%まで急激に上昇した［表6「国債の発行残高の推移と公債依存度」参照］。

(2)　資本主義的経済成長確保のための財政需要拡大策

◆戦後高度成長の終焉

日本経済の公共事業依存を引き起こした経済的要因は、戦後高度成長の終焉である。おおむね1960年代後期から1970年代にさしかかる段階で、高度成長の後期を主導した耐久消費財需要が一巡し、日本の重工業生産力の過剰が顕在化した。

さらに、ベトナム戦争での敗退や金・ドル交換停止を宣言したニクソン・ショック（1971年8月）として表われたように、日本資本主義の戦後成長を支えた世界体制的条件であるアメリカの経済と政治・軍事にわたる絶対的支配力（パックス・アメリカーナ）――それはアメリカが第二次世界大戦の事実上〝唯一の勝者〟となることで確立されたものであるが――が失われた。もちろんアメリカは依然として資本主義の最強国ではあるが、それはもはや相対的優位性でしかなく、ほとんどアメリカ一国の負担をもって当時ソ連邦を中心に形成されていた社会主義圏に対抗しつつ世界資本主義の体制を維持するということが不可能となったのである。

これによって主要資本主義国がアメリカの軍事・経済力に依存・従属しながら、その関係――なによりもアメリカの軍産複合体を軸とする独占体に利益をもたらす――に支えられて復興・成長過程を実現する展開に終止符が打たれ、ここから日本、欧州（こんにちのEU）各国、アメリカなどの資本主義各国が国を挙げた貿易戦・市場戦を通して資本家的利潤の確保・拡大をはかる、経済競争戦の段階に入っていくことになる。

1970年代の後半に国内産業界で推進された人減らし中心の「減量合理化経営」は、競争激化に対処する必要から生み出された戦後日本では初の本格的なコストダウンのとりくみであり、いわゆる新自由主義の先駆けであった。この減量経営によって日本資本主義は競争力の面で欧米に先手を取るかたちとなり、国際市場競争でひとまず優位に立った。

◆財政需要拡大で大企業の利益を保障

それはさておき戦後的な経済成長条件を喪失し、高度成長の終焉が突きつけられるなかで、日本経済が直面した課題は、いかにして資本主義的経済成長を持続し、成長（市場拡大）による利潤獲得―資本増殖・蓄積を自己目的とする資本家的大企業・独占体の存続基盤（営利基盤）を確保するのか、ということであった。

元来、日本は欧米に比べ公共投資の比重が高く、高度成長も公共投資が刺激となって、その需要効果が民間設備投資に波及し、投資が投資を呼びながら景気上昇を実現するという循環のなかで達成されたのであるが、市場拡大が一巡したことで重工業を中心に生産力過剰・資本過剰が現れ、さらにその過剰の対米輸出拡大による処理が制約されたことから、この循環が絶たれてしまったのである。成長持続にとって求められるのは、もはや景気の刺激策・呼び水としての公共事業ではなく、巨大な財政需要創出によって重工業生産力を吸収し、製造業で拡大する需給ギャップを埋め、大企業・独占体の利益を国家的に保障する方策――大規模事業の連続的・同時的な展開・拡大であった。

1970年代経済は、1971年8月のドル・金交換停止、第4次中東戦争に端を発した石油ショックによるインフレ加速と総需要抑制策が連動して、当時戦後最大・最悪とされた1974・75年不況に突入し、その後しばらくの間インフレと不況が同時進行する「スタグフレーション」に悩まされることとなる。その対策としてもさらなる財政支出と公共事業の拡大が要請されていったのである。

なお、この時期を通し、とくに1970年代中期を中心に公共事業の拡大とともに、医療、教育、社会保障策の拡充をはかる「福祉国家」路線が進められ、生活基盤確保を保障する国家の役割・責任が急速に広げられた。これには、やはり景気対策としての財政支出という面もあるが、中心的な性格は、戦後高度成長終焉のもとで、ソビエト連邦に代表される社会主義陣営に対抗して労働者民衆の国家的統合をはかるための体制維持策であり、当時の社会党・総評などの要求をとりこむかたちで具体化された社会主義的社会保障の部分的導入であった。このような財政支出膨張に支えられた需要創出・公共事業拡大と福祉拡充が相まって、戦後高度成長終焉後の日本資本主義を「日本型ケインズ政策」の手法で維持するかの如き様相が展開されたのである［表7「経済運営の基本的態度と予算」参照］。しかしそれも、スタグフレーション下の世界的市場競争戦激化への対処として、減量合理化によるコスト切下げ・競争力強化が推進されることとなるや、体制維持コストの増大をもたらすケインズ主義的福祉政策はもはや維持・継続しえないという限界を露呈した。

◆空港建設も国家的需要創出の手段

大規模公共事業の主導で高度成長終焉後の成長持続をはかった1970年代には、そのことの負担として深刻な経済・社会問題が表面化した。「列島改造」型開発の特徴は、大都市と都市近接の工業地帯に集中する高度成長期の投資が飽和化したことの打開策として、開発の焦点を、高度成長期の労働力供給地として過疎化が進む地方・地域へと移したことにある。新幹線整備・高速道路建設を典型的な手段とし軸としながら、開発の網が地方・地域へとはりめぐらされ、開発の地方化とともに乱開発による環境破壊と公害が全国に広がった。

農業・農村は急速に決定的に解体され、1965年にはまだ120万戸以上あった専業農家は1970年代を通して60万戸に半減した。農業の解体とともに、多くの地方が開発・ハコモノ依存に取り込まれ、地場産業など地域独自の経済基盤を切り捨て崩壊させていくことで地域の疲弊と衰退が進行した。電源三法交付金による原発依存は象徴である。そして公共投資拡大や不況対策で膨張する財政を国債増発で支

表7　経済運営の基本的態度と予算

	背景となる経済情勢	経済運営の基本的態度	予算編成方針と予算の内容
昭和47年度	・45年秋から急速な景気後退過程に入り，停滞続く ・46年8月15日，米国新経済政策発表，12月18日，円レート16.88%切上げ ・一連の景気拡大策がとられ，9月以降，補正予算中心に景気振興策を一段と積極化	・新通貨体制への適応を図りつつ，成長と福祉の調和にたつ新しい経済発展へ踏み出す第一歩の年 ・積極的な景気振興策の展開 ・政府実質GNP見通し7.7%	・財政規模の積極的拡大 一般会計伸び率対当初21.8% 財投伸び率　31.6% 公債依存度　17.0% ・平年度46億円の国税減税，航空機燃料税の創設 ・社会資本の整備 ・予算・財投の弾力的運用
昭和48年度	・47年初来着実な景気上昇 ・消費者物価は比較的安定，卸売物価は夏以降木材価格高騰，一部商品の海外市況高もありかなりの上昇	・福祉志向型経済の実現 ・物価の安定確保 ・国際収支の均衡化促進 ・政府実質GNP見通し10.7%	・安定的成長を保ちつつ，積極的に国民福祉向上の要請に応えうる財政規模 一般会計伸び率対当初24.6% 財投伸び率　28.3% 公債依存度　16.4% ・所得税減税平年度3,704億円 ・総合的物価安定対策の充実 ・予算・財投の弾力的運用
昭和49年度	・需給ひっ迫基調の下で根強い物価騰勢 ・48年10月，石油危機発生 ・総需要抑制実施	・物価安定確保が最優先の政策課題 ・石油をはじめとする物資需給の均衡化 ・国民福祉向上のための諸施策，引き続き推進 ・長期的視点からの資源エネルギー施策の充実 ・政府実質GNP見通し2.5%	・財政規模は厳に抑制 一般会計伸び率対当初19.7% 財投伸び率　14.4% 公債依存度　12.6% ・所得税減税平年度17,270億円 ・公共投資抑制 ・公共料金凍結 ・予算・財投の弾力的運用
昭和50年度	・総需要抑制策等の効果により，物価は鎮静化の方向へ ・個人消費，民間設備投資等を中心に停滞続く ・輸入価格の大幅上昇にもかかわらず輸出の好調によって国際収支は若干の改善	・物価安定確保（消費者物価の50年度中上昇率1桁を目標） ・生活環境施設の整備，社会保障の充実 ・資源エネルギー施策の充実 ・食糧の安定供給の確保 ・政府実質GNP見通し4.3%	・財政規模は極力抑制 一般会計伸び率対当初24.5% 財投伸び率　17.5% 公債依存度　9.4% ・所得税減税平年度2,400億円，相売税同2,980億円 ・酒税の税率引上げ，たばこの小売価格の改定 ・公共投資抑制 ・公共料金抑制 ・予算・財投の弾力的運用

昭和51年度	・景気は50年春は底入れしたが，その後輸出の不振，設備投資の減少等，最終需要が伸び悩み ・50年2月以来，4次にわたる景気対策実施 ・公定歩合は50年4月から10月の間に4回（2.5%）にわたり引下げ ・景気対策の浸透が若干遅れ雇用面等において厳しい情勢続く	・景気の着実な回復と雇用の安定 ・インフレ再燃防止 ・長期的経済発展基盤の培養 ・国民生活の安定と向上の推進 ・国際協調の充実 ・政府実質GNP見通し5.6%	・経済の動向に即した適度な予算規模 一般会計伸び率対当初14.1% 財投伸び率　14.1% 公債依存度　29.9% ・自動車関係諸税の税率引き上げ及び租税特別措置の整理合理化 ・総合予算主義による予算の編成及び執行 ・財政の改善合理化と財源の重点的，効率的配分 ・公共事業系統経費の充実及び輸出金融の拡充
昭和52年度	・景気は51年1～3月に大幅な伸びを示したあと夏以降回復のテンポは緩慢化 ・51年11月に公共事業等の執行促進等7項目の措置 ・52年1月に公共事業関係費の追加等を内容とする51年度補正予算の概算決定	・インフレなき経済発展 ・財政の健全化 ・世界経済の安定的発展への貢献 ・政府実質GNP見通し6.7%（修正見通し5.3%）	・財政体質の改善を図りつつ，景気の着実な回復に資するよう適度な予算規模 一般会計伸び率対当初17.4% 財投伸び率　18.1% 公債依存度　29.7% ・所得税減税平年度3,160億円 ・財政の健全化と財源の重点的，効率的配分 ・予算及び財投計画の執行の機動的弾力的運用
昭和53年度	・累次にわたる景気対策（4.19当面の財政金融政策の運営について．8.3景気の現状認識と当面の対策について．9.3総合経済対策）を反映して，政府投資は大幅に増加 ・しかし，民間経済の回復は緩慢なものにとどまっており，雇用面，企業収益面の改善が遅れている ・経常収支は大幅な黒字基調が続き，円相場は大幅に上昇	・物価の安定に配意しつつ内需中心の景気回復と国民生活の安定 ・対外均衡の回復と世界経済への貢献 ・財政の健全化 ・政府実質GNP見通し7.0%	○財政の節度維持にも配意しつつ，内需の振興のため財政が積極的な役割を果たす必要があるとの観点から，あえて臨時異例の財政運営に踏み切った．予算規模 一般会計伸び率対当初20.3% 財投伸び率　18.7% 公債依存度　32.0% ・一般会計予算を経常部門と投資部門に分割 ・酒税，有価証券取引税の負担の引上げ，石油税の創設，住宅取得控除の拡充，税額控除による投資促進税制の実施 ・5月分税収の年度所属区分の変更

1．『図説日本の財政』53年度版，337-342頁,52年度版

えたことから、赤字財政が慢性化した。いずれも21世紀の日本社会の存立基盤を脅かすこととなる重大問題であって、その根は1970年代経済を特徴的に支配した財政支出拡大・公共投資主導という日本資本主義の蓄積様式・成長構造によって埋め込まれたものである。資本主義的成長維持の代償として負わざるをえなかった社会的負担といえよう。

　こうして成田空港も、なにより資本主義的経済成長を持続し、大企業に需要を提供して資本の価値増殖を支える巨大公共事業として、1970年代に「早急に建設する」ことが必要とされたのである。「空港公団の経理部によると」、成田空港建設「工事には『大手の建設業界で加わらなかった企業はほとんど無かった』という」(本多勝一『貧困なる精神 第4集』)ところに、成田空港建設が国策として推進されなければならなかったほんとうの意味・利益が表われている。

　国家が一方的に決めた空港用地から住民を暴力的に追い出し、締め出しておいて、そこに巨額の国費が大企業に流れ込む仕組みの空港建設市場を形成していったことは、その暴力性とともに、あたかも資本主義生成期に推進されたエンクロージャー・ムーブメントに典型的な資本の本源的蓄積を思い起こさせる過程である。こうした大企業への需要創出効果に比べれば、羽田に代わる大国際空港としての能力・利便性、将来性―その検討を踏まえた合理性・妥当性の判断などは二の次、三の次どころか、どうでもよかったのではないだろうか。

　航空審答申から約2年を経た1965年11月に富里案が関係閣僚懇談会で内定されているが、この1965年末が、東京オリンピックの閉幕直後から始まり、当時「戦後最悪」の景気後退とされた1965年不況下にほかならなかったというタイミングもたんなる偶然ではない。その経緯には、1966年6月22日に成田市三里塚へ変更し7月4日に閣議決定された成田空港建設の真の性格が、はしなくも表出されているのである。

　同時に、1965年不況を契機に、日本の大企業は積極的な海外進出拡大にむかい、日本資本主義が帝国主義的対外進出を本格化させる画期が形成されるのであり、この帝国主義的対外展開の本格化ということに対応して、いわば〝一流の国〟としての態勢確立、そのことの対外的なアピールという点からも国際空港としての成田空港建設が要請されたのである。

4．大企業潤す空港建設の経済効果と地域に定着する空港依存

(1) 注ぎ込まれた膨大な国費

◆大企業に集中した空港建設の恩恵

財政支出によって創出された需要を大企業に流し込む水路として考えれば、成田空港建設はその役目を充分に果たした。まず空港建設と維持管理に膨大な資金が費やされた。

必ずしも全体像はつまびらかではないが、国交省や財政投融資関係の資料から試算すると、1966年の着工から1978年暫定開港までに新東京国際空港公団が支出した建設費と維持管理費だけで3700億円以上、これに国直轄で行なわれた建設関連事業67億円が加わる。他にも警備や関連事業・周辺対策にかなりの額が使われているはずであるが、1970年の国家予算（一般会計）が現在の十分の一以下、1975年でも五分の一程度の水準にとどまっていたことから考えれば、これだけでも充分に巨額である。

さらに暫定開港以後、費用は膨張の勢いを強め、1979年からB′滑走路が供用となった2002年の間の建設費と維持管理費が2兆円強で国直轄事業が568億円、2003年から2010年までで、それぞれ8000億円強と200億円強が投じられた。着工からこれまでの間に3兆2000億円以上が空港建設と維持管理に注ぎ込まれた計算になる［表8「成田空港・建設費と管理費の推移」参照］。

成田空港はこの巨費をもって、高度成長終焉に直面した1970年代日本資本主義経済を支える大型公共投資主導経済の重要な一翼を担い、その後も空港関連企業に莫大な利潤・利益をもたらしつづけている。「1機でも多く売りこもうという航空機会社や、1機でも多く飛ばそうという航空会社や、ひとりでも多く旅行させようとする観光会社や、土建、鉄鋼、機械などの関連業界や、そのあいだからわいてくる甘い汁がほしい政治家」「それに大量のジェット燃料が消費されてよろこぶ」「石油会社」（鎌田慧『靴をはいた巨大児』1981年、日本評論社）を潤しつづけてきたのである。

◆空港警備に年120億円

資金源は、主に国の財政（一般会計・空港特会）からの出資金と財政投融資であり、1990年代に入ると空港債の民間引受けなど民間金融機関からの融資も行なわれるようになる。現在も空港会社は5000億円～6000億円程度の長期債務を抱えているから、成田空港から流れる巨費は利払いを受ける金融機関の利益としても吸収されることとなる。

建設や維持管理だけではない。たとえば空港警備を名目に、「千葉県警察成田国際空港警備隊費」として年々120億円

表８　成田空港・建設費と管理費の推移

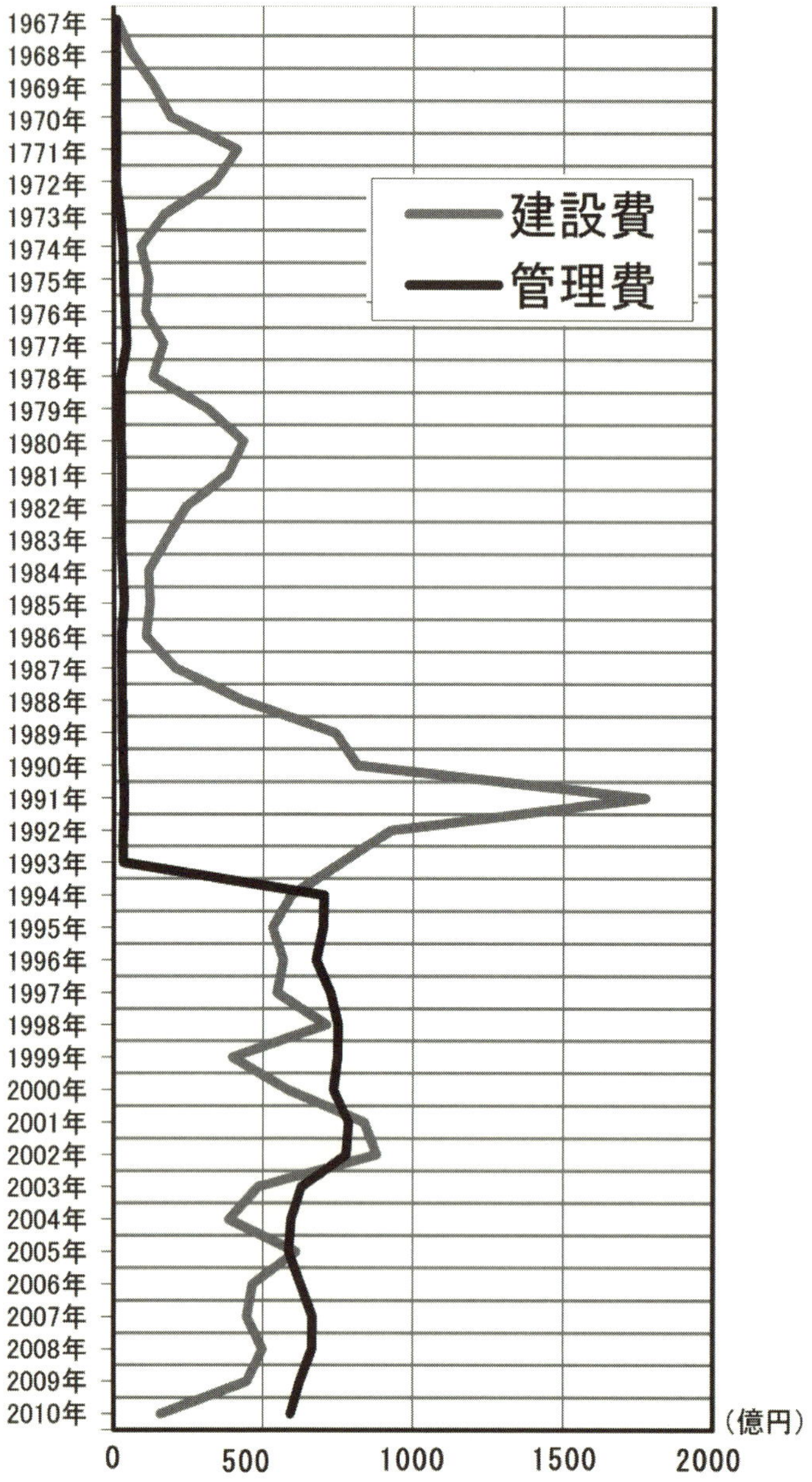

出所：2002年度までは財政投融資「資金計画」、2003年度以降は国土省資料により作成
※管理費の推移は、1993年度までは支出区分の「管理費」により、また1994年度以降は支出区分から管理費が除かれ、「業務管理費」と「一般管理費」が新たに計上されていることからその合計によって作成

以上が国費・補助金として支出されている。年間平均給与800万円の警察官1500人を空港と周辺にはりつける費用である。1500人といえば島根県警並みの規模であるが、県警規模の警察力が日頃何をしているのか、警備活動の内容はほとんど明らかではないし、その必要性が開かれた場で議論されたということも聞かない。「消費増税の前に国費の無駄を削るべき」との声も強いが、こういうところにも削るべき無駄が隠されているのではないか。

(2)　空港マネーと地域経済

◆地域に流れる〝空港マネー〟

成田空港を通してばら撒かれる〝空港マネー〟は直接、関連企業の懐に収まるばかりでなく、さまざまな形式・名目で地域・地元に流され、そこでも地方行政の事業等を通じて企業にとっての利益を生み出している。

成田財特法2条にもとづく総務省所管の「新空港周辺地域整備事業」は、千葉県、成田市、富里市など1県3市3町を対象に道路・鉄道、農地・土地改良、用水など農業施設、上下水道、学校・保育所・公民館などの整備を進めるものであり、いわば「空港と地域の共生」のシンボルとなる事業である。当初計画では1969年度〜1978年度の間に2167億円が計画されていたが、実際は延長を重ね、2010年度までで5562億円を費やして42事業を展開する巨大開発投資となっている。

その中身をみると生活基盤関連事業も多いことから、成田空港も地元・周辺地域の生活向上に役立っていると思われがちであるが、生活に不可欠な公共事業は、空港があろうとなかろうと社会的に保障・充足されなければならないはずの領域である。その整備を、「空港を受入れれば地域が潤う」ことを見せつけるショーウィンドーよろしく、空港マネーとしてばら撒くのは、それまでの生活基盤の貧困さを逆手にとり、足もとをみて地域に迷惑施設を受容させる卑劣な手法であり、社会的不公平を前提にしなければ成り立たない転倒である。

◆自主財源の4割以上を空港関連に依存

そのほか、「成田国際空港周辺対策交付金」が、千葉県と茨城県の10市町に配られ、1978年度〜2010年度計で968億円。同期間の騒音対策費・移転保障費が累計で220億円余り。地元自治体にとって空港民営化による税収も無視できない。2004年からの累計で空港会社が千葉県に納めた法人住民税・事業税が156億円、市町村には法人住民税と固定資産税が577億円入った。ちなみに市町村向けの約91％は成田市が受け取っている。

その成田市は2012年度予算の自主財源が297億円、

うち62・5%・185億円と最大の比重を占める固定資産税収入のうち120億円がホテルなどを含めた空港関連事業からのものである。自主財源の40・4%、固定資産税のじつに約65%を空港事業に依存しているわけである。〝空港マネー〟を通じた結びつきで、成田市と成田空港が〝運命共同体〟的一体化を深めている構図があまりにも明白である。

(3) 空港が奪う地域自立の基盤と空港依存

◆命・健康よりもカネを、という選択

これほど空港関連収入への依存が深まると、それが断たれることになれば人口12万の成田市の財政は現状では破綻する。この事例が示すように、〝空港で潤う〟という関係のなかでは、経済をはじめとする地域存立の基盤を空港に求め、地域の現在と将来を空港に委ねざるをえない状況が確実に強まり定着する。公共施設の整備など〝空港マネー〟で潤うようにみえて、じつは〝空港マネー〟にとらえられ、地域のあり方をしばられてしまうのである。そうなると騒音など航空・空港による公害・被害等の問題が起こっても、〝空港マネー〟の流れを途絶させることのない解決——空港の存続と発展に支障をきたすことのない解決をはかることにしかならない。生活基盤、命・健康よりもカネを、という選択がとられるのである。

年間発着回数30万回をめざすことが2009年12月、9市町に国・千葉県・成田空港会社で構成する「成田空港に関する4者協議会」で合意されたこと、さらに24時間空港さえ検討されはじめているとの報道は、この選択が現に行なわれていることを示している。

2006年8月、事業計画変更・B′滑走路延伸にかかわって開催された国交省の公聴会で、成田市選出の千葉県議、湯浅伸一氏は、「成田空港が国際航空需要の高まりとともに発展することにより、地域が栄え、関係自治体の財政も潤い、特に成田市については知らず知らずのうちに全国でも屈指の財政力を誇る自治体になっていったという経緯」があるのだから、「早急に平行滑走路の北伸整備と22万回までの発着回数の増加を行うべき」と、〝空港マネー〟優先を何ら隠すことなく延伸賛成を表明している。「知らず知らず」という表現が物語っているのは麻薬に等しい依存効果である。

また『毎日新聞』(2011年10月28日)が伝えた月岡孝夫・成田空港会社地域共生部担当の話によると、前年からの1年で「『自治体に空港を資産として活用し、共存しようという動きが強くなった』」、「それまでは空港成立の経緯や騒音、落下物問題などもあり、積極的な動きはあまりなかった」のに、「羽田再国際化に伴う危機感が『発着枠30万回受け入れのきっかけになり、この過程での議論が、今の動きにつなが

った』」という。原発立地地域の自治体関係者のなかから、原発マネーがなければ地域が成り立たないとして原発再稼動を求める声が上がる状況と何ら変わるところはない。

千葉県策定の総合計画「輝け！　ちば元気プラン」でも、「千葉県の飛躍拠点である成田空港の機能拡充」を打ち出し、空港依存によって千葉県の経済活性化を実現したいとする運命共同体願望をふりまいている。千葉県は、県・空港周辺自治体・地元財界による「成田空港緊急プロジェクト会議」が、空港と周辺エリアへのコンベンション施設誘致を提言したことを受けるかたちで、カジノなどが入った複合施設導入を検討し始めているとも伝えられる。〝空港が廃れては千葉は立ち行かない〟とばかりに、活性化のためには手段・質を問わない、なりふり構わぬ姿勢があけすけである。

◆「地域農業の振興」とは裏腹の過去と現在

空港と〝空港マネー〟に地域が依存せざるをえないのは、地域経済・社会の自立の基盤が成田空港によって奪われてしまったからである。

最も直接的には、三里塚・芝山地域で営まれていた農業が破壊され、日常の生活基盤そのものの集落が解体され、豊かな実りをもたらす農地がコンクリートで覆い尽くされた。

隅谷所見でさえ、「人間の営みの原点」と認めた「農」と、「農」を柱とする地域経済を解体することよって成田空港は誕生したし、存続しているのである。仮に百歩、千歩譲って、それは〝過去のこと〟であるとして、では現実はどうか。「エコ・エアポート」などといって「地域農業の振興」を口にしながら、そうであれば最も大事にしなければならない空港直近の隣人である市東孝雄氏の耕作地を――発着30万回にむけた空港効率化の邪魔だとして――奪い取り、市東氏らが精魂を傾けて築き上げてきた完全無農薬有機農業に大打撃を与えようとしているのである。

その市東家とは、どのような存在であるのか。孝雄氏の祖父・市東市太郎氏が、茨城県河内村から現在の成田市天神峰に移り住んだのが1912年、天神峰入植の先駆けである。以来100年、市太郎氏、東市氏、孝雄氏の3代にわたり、東市氏の二度に及ぶ「応召」などをはさみつつ、営々と地域の「農」を担いつづけてきたのである。いわば天神峰農業の歴史そのものなのである。だから孝雄氏から農地を取り上げるという行為は、地域とその歴史を抹殺する攻撃というべきなのである。

〝農業をつづけたければ同等以上の代替地を保障するのだから農業潰しではない〟との言い分は、代を継いで自然と関わり、対話し共生することによって成り立つ農業労働・農業生産特有の意義を、物と物との関係―商品交換関係に解消する資本家的論理から出るものにすぎない。

空港会社は、かつて成田空港問題シンポ・円卓会議を通して、「一方的な空港づくりの手法に問題があった」（「地域と共生する空港づくり大綱」１９９８年）ことを認め、自己批判した。住民の意向を無視してB´滑走路供用や〝東峰の森〟伐採を強行したことでは、〝人間の尊厳を踏みにじる行為であった〟旨、空港会社社長が謝罪した（黒野社長謝罪）。だが、すでに犯してしまった過ち、過去の行為への自己批判や謝罪が受入れられるとすれば、それは、そのような行為を二度と繰り返さないことが約束されるばかりか約束が未来永劫守り通されてこそなのである。

ところが空港会社らは、〝いかなる強制手段も用いない〟といったその舌の根も乾かぬうちに、農地法20条の規定を乱用する賃借権解約という「強制手段」を使って住民からの農地取り上げを画策した。空港会社の自己批判や謝罪とは、結局のところ、住民の意向を無視し、「尊厳」をふみにじって積み重ねた既成事実を既成事実として受容させる方便でしかないのである。そのことを空港会社自身の行為が繰り返し自己暴露している。しかも、そうした行為を空港会社の私的利益追求のためと率直に認めるならまだしも、公共性の名によって正当化しようというのであるから悪質であり欺瞞そのものといわなければならない。

◆地域をしばる空港依存

資本家的利益・大企業の利潤確保のために推進された巨大地域開発は、それぞれの地方・地域で伝統的に形成・維持されてきた地域経済をその基盤から根こそぎに破壊した。資本主義的経済成長維持の代償として、地域社会自立の経済基盤が失われたのである。

福島原発災害の被災者が容易に原住の地に戻れないのは、放射能汚染問題だけが理由ではない。原発が地域経済の中心に居座る〝原発城下町〟では、原発からもたらされる雇用や需要なしには経済生活が成り立たなくされてしまっているのである。〝空港城下町〟でも事情は同じである。

成田空港では、空港内関連事業合わせて４万８千人働いていた従業員が、リストラや合理化により２０１１年一年間でおよそ１万人も減少した。日本航空の破たん処理による影響が大きいが、空港会社によれば４万８千人のうち千葉県在住がだいたい４万人、成田市や周辺だけでも「市内各地区の住民を初めとして、１万５千人とも言われる空港内でお仕事をされている市民」（湯浅伸一・千葉県議）が存在するというから地域経済への打撃は深刻だ。

空港の生む雇用や消費が地元地域を活性化させる、だから地域にとっても空港は必要だとされるが、じつはそうであればあるほど、空港効果の地域に占める比重が増大すればするほど、私的企業にすぎない、そればかりか住民の生活基盤破壊によって成立した成田空港・空港会社の意向や動向に地域の生活・経済がしばられ、左右されざるをえない。空港との「共存・共栄」と相互没落とは紙一重である。

◆空港依存の活性化策と地域自立の芽

〝空港で潤う〟関係にすがりついていても、空港によって失われた地域経済の自立を回復することはできない。地域経済の活性化策として、コンサル頼みの「成田ブランド」や「グルメづくり」などがにわかに追求され、市職員を投入した「成田ソラガール」による苦肉の話題集めもはかられてはいる。しかし、そうした〝空港を生かしたまちづくり〟の方向は、成田空港が身を置く資本の市場競争・競争関係に地域を抜き差しならぬところまで巻き込み、自治体財政をはじめ地域の貴重な物的人的資源を資本の食いものにさせるだけである。

そもそも税金によって運営されている成田市のような自治行政組織が、私企業の営利追求に行政を挙げて協力するなどということは、地方自治の本旨に反する逸脱行為であり、あってはならないことである。しかも企業の資本活動によって破壊された地域の自立は、資本に依存し、取り込まれる競争的経済活動によっては回復されえない。

求められているのは、地域の社会的必要性――地産地消の循環、医療・介護、教育・保育、域内交通等々、人間的生活条件を充足していく基盤領域を人と人の直接の結びつき、ネットワークによって創造する活動である。市東氏らの有機農業生産は、このネットワークの結び目の一つとして、地域経済自立の可能性を胚胎した芽なのである。この貴重な芽を、地域経済自立の基盤・根拠をここまで解体した成田空港は、さらに潰そうというのである。

5．航空市場競争激化のなかで業績拡大を焦る成田空港

(1)　傾く「日本の表玄関」

◆期待できない右肩上がりの航空需要

過去のいきさつや様々な問題・欠陥はどうあれ、ともかくも成田空港は、「名実ともにアジアの拠点空港、日本の空の表玄関として、重要な役割を担っていた」(石指証人陳述書等)とし、「これまでも、これからも日本と世界をつなぐ扉。いわば〝日本の表玄関〟として、さらにアジア有数の国際空港としてその存在感を示してきた」(成田空港会社)という。だが、その「存在感」には、こんにち大きな翳りが生じている。

成田空港の運用実績は、大震災と原発災害で落ち込んだ2011年度を除いても、ここ数年ふるわない状況がつづく。

2002年4月のB´滑走路供用で発着回数は年間12万～13万回から18万～19万回に増加したものの、旅客数は2007年度に3538万8987人のピークを打った後、2008年～2010年度は3200万人台かそれ以下で停滞している。

貨物取扱量のピークは、2004年の229万7555トンで、その後は200万トン台を維持できるかどうかという水準だ（2011年度は発着回数18万7千回、旅客数2885万人、貨物量193万トン）。利用の停滞から、B´滑走路の2500メートル北伸や「同時平行離着陸方式」の運用により、2011年には年間発着枠を23・5万回に拡大させても、「早朝や昼間などピーク時以外では発着枠に余裕がある」（2012年2月24日付、『日本経済新聞』朝刊）のが実態である。

不振の原因として、一つは、2001年米同時多発テロ、2003年イラク戦争・SARS流行、2008年リーマンショック・大不況、2010―11年の中東政変、欧州金融危機等、主として現代資本主義に特有の問題が続発し、その影響で航空需要の乱高下や伸びの停滞が起こっていることが挙げられよう。日本航空元社長の大西賢氏は、「残念ながら、航空事業ではこのままいけばという言葉は当てはまらない。いろいろなことが起きるたびに需要変動する」（『週刊ダイヤモンド』、2011年11月19日）と語っている。金融投機がもたらす世界経済の攪乱をはじめ、金融資本が主導する新自由主義の矛盾噴出が相次ぐ現代資本主義においては、発着枠拡大・効率化推進が必要だというときの前提条件――航空需要の右肩上がりの増大がまったく期待できないということである。空港会社の見通しには、現代資本主義の現状分析に立脚した客観性が完全に欠如している。

◆台頭する東アジアの大空港

もう一つは、空港会社も強い危機意識を抱く東アジアの大空港の台頭である。「世界の工場」中国から周辺地域に波及する資本主義的経済成長のうねりが、人と物の流れの巨大な集中を生み出している。移動・流通の集中を需要として取り込むために航空企業が東アジアに群がるのは、資本主義としては自然の成り行きである。この波に乗って香港、上海、ソウル、バンコク、シンガポールなど主として1990年代後半以降に開港した東アジア諸国の国際空港が急成長を遂げている。取り残されたかたちの成田空港は、AICの空港運用実績ランキングで2010年は国際旅客数が世界9位、貨物量も世界7位に後退、成田の上位には香港、上海、ソウル、シンガポールの各空港がランキングされている。

これらの空港は、すべて成田を上回る滑走路能力を保有し――香港3800メートル2本、上海（浦東）4000メートル、3800メートル、3400メートル各1本、ソウル

表９　2011年における主要空港の空港使用料比較

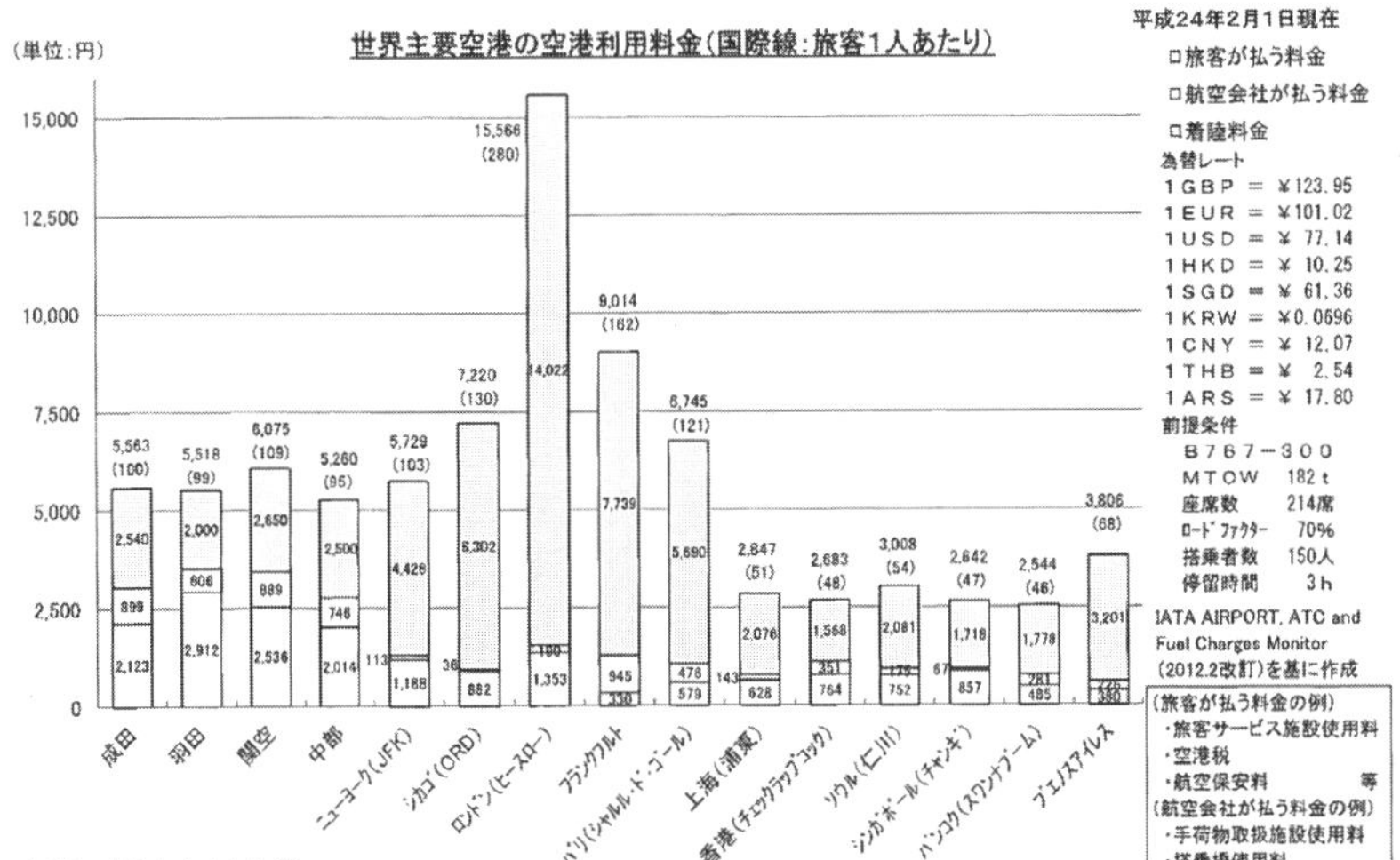

出所：国交省航空局

（仁川）４０００メートル１本、３７５０メートル２本、シンガポール（チャンギ）４０００メートル２本――、国際ハブ空港の要件とされる24時間空港であり、空港使用料も相対的に低く抑えられている［表９「２０１１年における主要空港の空港使用料比較」参照］。このような空港競争力の格差が日本の国際線市場にも影響を及ぼし、日本から海外に向かう際に国内地方空港からソウル・仁川空港を経由するケースも増えている。これをとらえて「日本にハブ空港がなく、仁川空港が日本のハブになっている」との発言（２００９年10月前原国交大臣）が飛び出したほどである。

その前原元国交相は前記発言と同時期、国際ハブ空港について、「日本にハブをつくらなければならない。ハブになり得るのは、まず羽田」と述べ、国際・成田、国内・羽田に分ける内際分離を撤廃していく意向を示した。このときは成田空港を抱える森田・千葉県知事や小泉・成田市長らの猛烈な反発があり、トーンを下げて成田と羽田を「一体的に運用」するという「首都圏空港」論で収めたが、東アジア大空港に対抗しえない――アジアの空港間競争で劣勢に立たされハブ空港たりえない成田空港の限界が、羽田の機能拡張と再国際化を要請し後押ししていることは間違いない。そしてまた、首都と直結した羽田の国際化進展によって「国際拠点空港」の地位を失い、さらなる業績悪化に追い込まれる事態を回避したいとする焦りが、農民から現に耕作中の農地を奪ってまでも「効率的運用」を追求する暴挙に、空港会社を駆り立てているわけである。

(2) オープンスカイで拍車がかかる市場競争

◆営利活動の自由広げる航空自由化

成長する東アジア大空港と羽田再国際化に挟撃されて存在感低下、地盤沈下に喘ぐ成田空港に追い討ちをかけているのが、加熱する世界的な航空自由化―オープンスカイ競争の重圧である。

オープンスカイとは、「航空自由化協定」を締結した二国間や地域内で、航空会社が空港発着枠や路線、便数を原則フリーに決められるというもので、経済グローバル化のなかで金融市場を中心に推進されてきた規制緩和・市場自由化の航空版である。その目的は航空市場における資本・企業活動の自由を一挙に拡大することだ。1944年締結の国際民間航空条約（シカゴ条約）を大枠とした航空輸送への国家的・国際的規制を撤廃し、航空市場を競争・市場原理に基本的にゆだねるものといってよい。

1978年にアメリカが国内航空の自由化（経済規制全廃）によって先行し、その圧力にも促されながらEU統合を背景に1993年には欧州域内の完全自由化が行なわれた。アジアへの本格的波及は2000年を迎えてからのことであり、2010年10月には日米オープンスカイ協定が成立している。日本はアメリカの他、韓国、香港、マカオ、タイ、ベトナム、マレーシア、シンガポール、スリランカ、ブルネイ、台湾などアジア諸国・地域を中心にオープンスカイを結んでおり（2010年11月時点）、アジア以外ではカナダと締結、イギリスとも2013年からのオープンスカイで合意（2011年1月）している。

◆競争が航空大再編を加速

オープンスカイがもたらした最大の動き、影響は、航空自由化・市場開放による航空会社間の競争激化であり、競争を通じた航空会社の大再編である。

それまでに、ボーイング747に代表される大型機の投入や、シェア拡大を追求する航空会社同士の買収戦などの過大投資、原油暴騰、航空需要の変動・低迷によって体力を消耗させていた大手航空会社では、2000年代に入ると自由化による運賃引き下げ―価格競争に耐え切れず、ノースウエスト、デルタ、パンナム、スイス航空、アメリカン、そして日本航空等、経営破綻が相次いだ。企業淘汰と併せて寡占化（寡占化による市場囲い込み）が進行した。有力航空会社を中心にアライアンス（航空連合）といわれる企業連合が国を超えて形成され、同一連合内での共同運航（コードシェア）やマイレージの共通化などを通じて利用者―市場の囲い込みを進めている。

なかでも、スターアライアンス（ユナイテッド、ルフトハンザ、ANAなど、1997年成立）、ワンワールド（BA、アメリカンなど、1999年成立、JAL2007年加盟）、スカイチーム（デルタ、エールフランス、大韓航空など、2000年成立）が世界の三大アライアンスとされ、その世界シェアは2010年時点で旅客51％、貨物58％、収入で66％に達する。三大アライアンスだけで、航空市場のおよそ6割を掌握していることになる。(※)

※三大アライアンスの筆頭はスターアライアンスであるが、大手航空企業の淘汰・再編がなお進行するなかで、アライアンスの勢力関係も流動的である。たとえば2013年12月に、ワンワールドに属する米航空大手アメリカン航空の親会社AMRと、スターアライアンスのUSエアウェイズが合併を完了し、旅客輸送実績で世界最大の「アメリカン航空グループ」が誕生したが、それに伴い当面、存続するUSエアは「アメリカン航空グループ」の一員としてワンワールドに加盟することになった。

◆安全性配慮よりコストダウン優先

オープンスカイの下、航空会社は何よりも競争に勝つこと、競争に勝ち抜いて利潤を拡大しなければ生き残れないことから、資本家的効率化・コストダウン徹底によって、安定した増収を期待しえない低運賃状況にあっても利益が得られる体制づくりを推し進めている。この体制においては、利益追求が最優先であり、それだけ、公共交通機関であるならば最低限要請される安全性と生活上の利便性への配慮は後退し、縮小される。したがって安全性確保の観点から課せられている航空規制に対しては、利益追求の自由を妨げる障害であるとして緩和・撤廃の圧力を強めることになる。

実際、国交省は国内航空13社からの251項目、重複を除いても129項目にのぼる安全に関する規制の緩和・撤廃要求を受け、国内航空会社への支援策として100項目の航空規制緩和を進めている。〝60歳以上のパイロットだけでも飛行可能に。客が機内にいたままで給油可能。副操縦士の昇格試験はシミュレーターでも認め、機長への昇格試験は航空会社でも実施可能に。事故時に備える発炎筒は短距離飛行なら不要。パイロット免許の即日発行〟等々である（2012年6月29日、国土交通省報告書「航空の安全分野における技術規制のあり方の検討について」）。

◆破たん後2年で最高利益更新した日航の大リストラ

このような業界からの自由化・規制緩和推進要求に、競争力強化の観点から積極的に応える国家の支援・バックアップを得て、安全コスト圧縮にしわ寄せされる航空企業のコストダウン経営は容易になり、人員削減と賃金・処遇の切下げ・非正規化、給油規制の緩和を含めた整備・点検の簡素化による機体稼働率の引き上げ、乗客の詰め込み、不採算路線からの撤退など路線編成の効率化等に、いちだんと拍車がかかる勢いだ。

コストダウン経営が如何なるものか、その実態は、2010年3月に2・3兆円という国内事業会社としては最大の負債を抱えて破たんした日本航空の再生策に明らかである。

日航再生とは、鉈で切り落とすような凄まじいリストラの過程である。破綻後に就任した稲森会長でさえ、〝解雇なしでもやっていける〟と見通していたにもかかわらず、4万8000人の従業員は3万2000人まで3割削減された。残った従業員の賃金も2割〜3割切り下げられた。運行面でも不採算路線からの大規模な撤退を進め、国際線56路線が47路線に、148あった国内路線は109路線に整理縮小された。このリストラのなかで日航は、客室乗務員84名を整理解雇する一方で、新卒・既卒合わせて200名以上の客室乗務員採用を再開した。事業再建を名分とした解雇権の乱用、労働者の権利侵害がまかり通っている。また路線カットによって定期便を失った広島西飛行場が、2012年度中に廃港となる。

258機保有していた航空機も、燃費の悪いジャンボ機など2割減らして212機とし、燃費改善を目的とする中小型機中心にシフトされた。こうしたリストラの効果によって、破綻時の2010年3月期に1兆5000億円あった売上が2012年3月期には1兆1900億円に減少するなかで、同期連結決算の純利益は過去最高を更新する1866億円に達することとなった。破綻時およそ1兆円の債務超過は2年足らずで解消され、逆に3600億円の資産（2011年12月）が積み上げられている。

短期再生ができたのは、会社更生法の枠組みのもとで政府が国家的な支援を注ぎ、リストラ推進に公認を与えたからである。公的資金注入が約7000億円、金融機関からの債務は5200億円カットされ、法人税の特例措置による減免は、2012年3月期だけで800億円にのぼる。財界・大企業は、日頃〝国は市場に関与するな、企業の自由にまかせた方が経済は成長する〟といっておきながら、銀行や東京電力がそうであるように、いざとなると税金投入を柱とする国家的支援策の発動を要求し、つまりは民衆に負担と犠牲を転嫁することで自身の利益確保・拡大をはかってきたのである。

日航への国の優遇ぶりは、2013年3月期まで2期連続の最高益更新を見込みながら利益規模でライバル日航の半分以下にとどまる全日空・伊東社長が「再建が適切であったか問いたい」（『日本経済新聞』、1912年5月18日・朝刊）といらだちを隠せないでいるほどである。その全日空も、利益拡大をつづけながらも航空会社のコスト競争力の指標となる「ユニットコスト」（一つの座席を1キロ運ぶための費用）が他社に比べて高いということから、さらなるコスト削減に躍起である。2012年5月17日に発表された経営計画によれば、2013年4月にはLCC（格安航空）2社を傘下に含める持ち株会社に移行し、2014年度までにグループ人員を1000人減らすなど運行コストを1000億円削減するという。

◆「LCC元年」で危惧される〝空の安全〟

コストダウン経営を突き詰めた末に生み出された業態が、低運賃・低価格を売物に需要を伸ばすLCCである。共通するのは、①操縦士・客室乗務員・保守要員の訓練コスト引下げ・有償自己負担化、中途採用や保守整備の外部委託の活用、②清掃など機内業務の客室乗務員による兼務化、③空きスペース切り詰めによる定員増、④搭乗時のタラップ使用、LCC専用ターミナル利用などによる施設使用料の低減化、⑤運行機種の統一、大量一括購入やリースによる機体保有コストの引き下げ、⑥燃費の良い中型機を使った中・短距離路線中心、⑦ネット予約やEチケット優先で販売手数料をカット――等の徹底したコスト削減で低価格を実現し、利用者を増やして利益を上げる経営手法である。

先の「ユニットコスト」をとると、全日空13円、日航11・5円に対し、アジア有数の独立系LCCエアアジア（マレーシア）はわずか2・9円であり比較にならない。日航系のLCCジェットスター・ジャパンの場合でも、この夏に成田空港を拠点に就航する国内6路線の最安値は――片道1円のキャンペーン価格は別として――大手航空会社の半額以下に設定されている。さらに同社は、「競合他社が最安値より低い場合に他社の10％引きで提供する独自の最低価格保障制度も導入する」（『東京新聞』2012年4月18日・朝刊）という。

すでにLCCが航空旅客数の3割程度を占める欧米では、過当競争による収益の悪化から、運賃引き上げや便数削減の動きも表われているが、日本でのLCCはまだ創生途上であり、国内LCC3社――日航系ジェットスター・ジャパン、全日空系エアアジア・ジャパン、ピーチ・アビエーション――が一斉に就航する2012年は「LCC元年」ともいわれる。だがコスト削減が可能にした低価格による需要の掘り起こし――いわば人為的ニーズ拡大で利益を得ようというLCCで〝空の安全〟は守れるのか。

◆企業の責任も〝削減〟

不断の運賃・価格引き下げ競争は、LCCの宿命であり生存原理である。この原理を貫いて生き残ろうとすれば、どこまでもコスト圧縮を追求する以外にはない。熾烈なコスト・ダウン競争のなかで利益を絞り出すためには、必要最低限の安全コストでさえ削減の対象になりかねないし、儲かる路線と儲からない路線が利潤原理で絶えず峻別されて進出と撤退が頻繁化することから航空路線が混乱し、安定的な利用という意味での利便性は低下する。

混乱は空路だけにとどまらない。国内の中・長距離鉄道輸送との比較でＬＣＣの価格優位性が形成されると鉄道利用が減少し、公共交通・輸送網維持に混乱が生じることになる。莫大な投資によって構築された鉄道輸送とＬＣＣとの競合は、鉄道輸送が圧迫されることで社会的な無駄を生み出すのである。国交省は２０１２年6月29日、凍結されていた整備新幹線三区間（北海道、東北、九州）の着工を認可した。２００4年以来8年ぶりとなる着工認可には、景気対策上の要請とともに、ＬＣＣとの競合・競争関係が激化するとの見通しが後押ししている。

ＬＣＣで日本に先行するアジアでは、タイやインドネシアのＬＣＣが死亡事故を起こし、運行を止める事例も出ている。利潤確保を至上命題とする資本家的企業の性格のゆえに、「激しい競争にさらされた企業は安全を軽視することがある。ツアーバス事故はそれを証明している」（元日航機長の日本ヒューマンファクター研究所所長・桑野偕起氏、『朝日新聞』、２０12年4月15日・朝刊）のであり、オープンスカイ競争のもとにある航空会社、とりわけ低価格が宿命のＬＣＣは、人命・安全軽視の危険性と隣り合わせで日本の空の支配を争おうとしているのである。

東京都消費生活総合センターは、航空会社スカイマークが、機内の苦情を消費生活センターに連絡するよう乗客向け文書に明記したことについて、消費者からの苦情に企業が責任を持って対処するよう定めた消費者基本法に反すると抗議した。苦情対応の要員・コストさえ利益を圧迫する無駄―冗費として責任回避をはかる航空会社に、〝空の安全〟を守る重大な責任が担えるのか。なおスカイマーク社は5月、安全を損なう6件のトラブルを起こして国交省から厳重注意を受けている（『朝日新聞』２０１2年6月6日・朝刊）。

(3) 空港会社がめざす「お客様に選ばれる空港」の内実

◆航空会社の利益拡大に貢献

航空市場・航空会社間の競争激化は、航空会社の利用に依存する空港にも厳しい生き残り競争を課すものとなっている。航空規制の緩和・撤廃で利潤追求の自由を拡大した航空会社は、企業本来の利潤原理にもとづき儲かる路線と空港にしか翼を向けない――利用しなくなることから、国際空港をはじめとする各空港は航空会社の利益確保への貢献を競うことで必死である。成田空港がやっていることも、結局はそれである。

成田空港会社は、「NAA中期計画Naritaエボリューションプラン（2010〜2012年度）」のなかで、日本にもオープンスカイ時代が到来したことで、空港がお客様を「選ぶ」時代から「選ばれる」時代に変わったとし、これからは「お客様に選ばれる空港」になっていかなければならないと強調している。「お客様」とは、いうまでもなく航空便の利用者ではなく、利潤確保のために航空輸送を展開する航空会社のことである。「お客様に選ばれる空港」とは、空港利用の効率化や利用コスト低減――空港使用料の引き下げ、通関事務簡素化、旅客・貨物の移動時間や燃料供給時間短縮、空港容量の拡大、都心とのアクセス改善等――を柱とする航空会社の要請に応じることで、その利益拡大に率先して協力貢献する空港の意である。

◆ねらいはLCCと富裕層の取り込み

空港会社が需要拡大をけん引する「お客様」として、とくに期待を強めている相手は、第1にLCCであり、2012年の夏に就航するジェットスター・ジャパン4路線を皮切りにLCCの利用拡大をもくろむ。その基盤整備として、2015年3月までに、第2旅客ターミナルビルに隣接してLCC専用ターミナルを建設する計画が発表されている。総事業費はおよそ200億円、完成後は年間発着5万回、約750万人の利用客を見込むという（『日本経済新聞』、2012年4月6日・朝刊）。

成田空港会社は、「低運賃のLCCがさらに浸透していくことで、今まで航空機を利用できなかった旅客が利用できる可能性が増える」と今後の見通しを述べている。生活圏を結ぶ他の交通機関と比べ航空運賃が高額なことから、「今まで航空機を利用できなかった旅客」が層として想定されるとの認識であるが、ここには①所得・収入によって利用者を限定・差別するということと、②日常生活のなかでの必要性の希薄さという面において、航空輸送の――とくに離島など一部地域を除く日本における――公共交通・生活交通としての限界が示されている。成田空港問題でも航空輸送の公共性は常識であるかのように前提化されているが、そのこと自体、検証が必要である。

第2は、「世界のトップエグゼクティブ等が利用するビジネスジェット」の利用拡大である。2011年中に専用駐機場を3スポット増設して18スポットとし、2012年3月31日には、ビジネスジェットの専用ターミナルが完成している。1回の施設利用料は25万円。専用ターミナルには、一般客か

表10　国際航空輸送実績

国際航空輸送の旅客数は、1,456 万人、633 億 5,238 万人キロで、対前年比それぞれ 5.3%減、5.7%減であった。

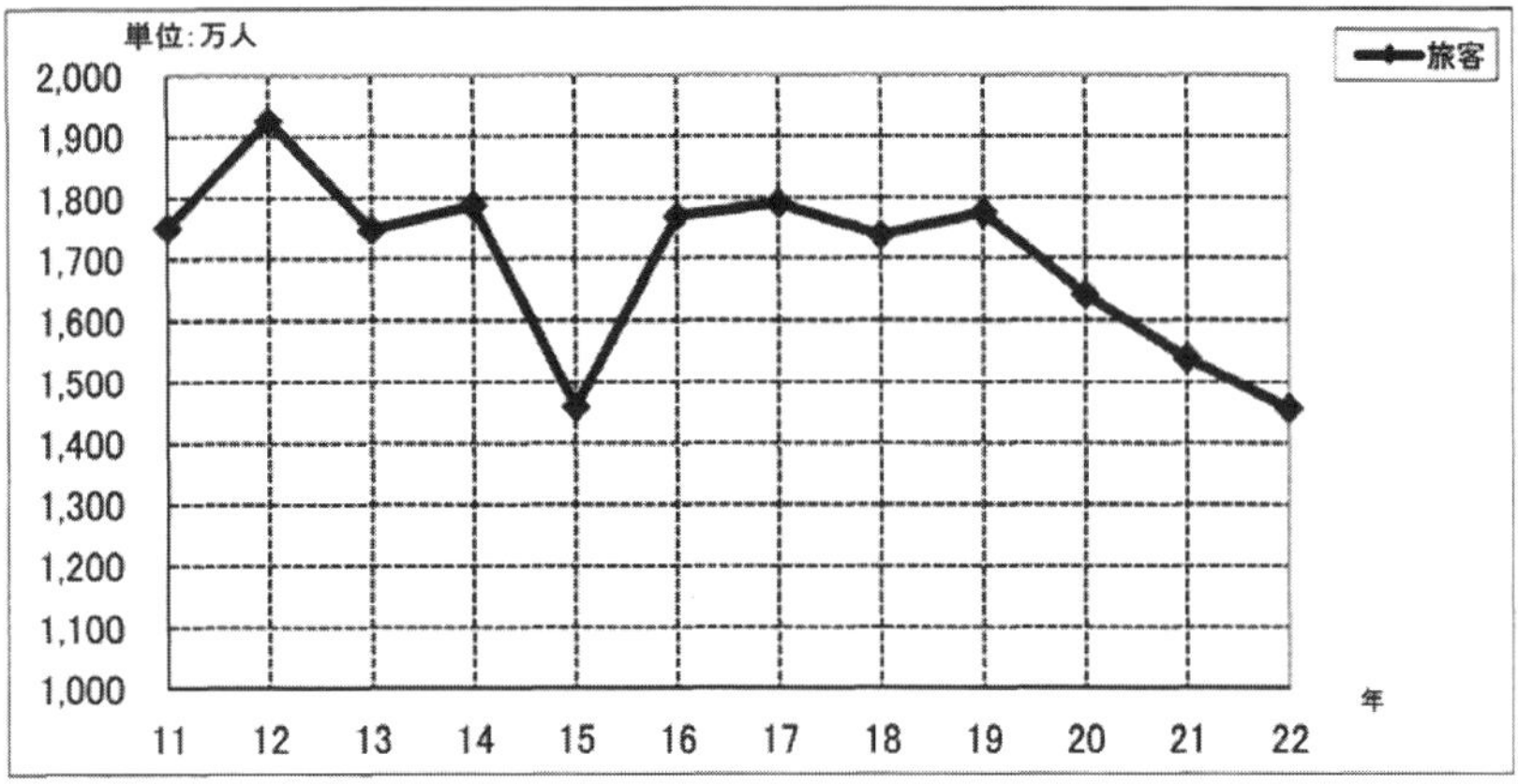

（2）　貨　物

国際航空輸送の貨物重量は、132 万 2,916 トン、66 億 5,800 万トンキロで対前年比それぞれ　13.5%増、9.8%増であった。

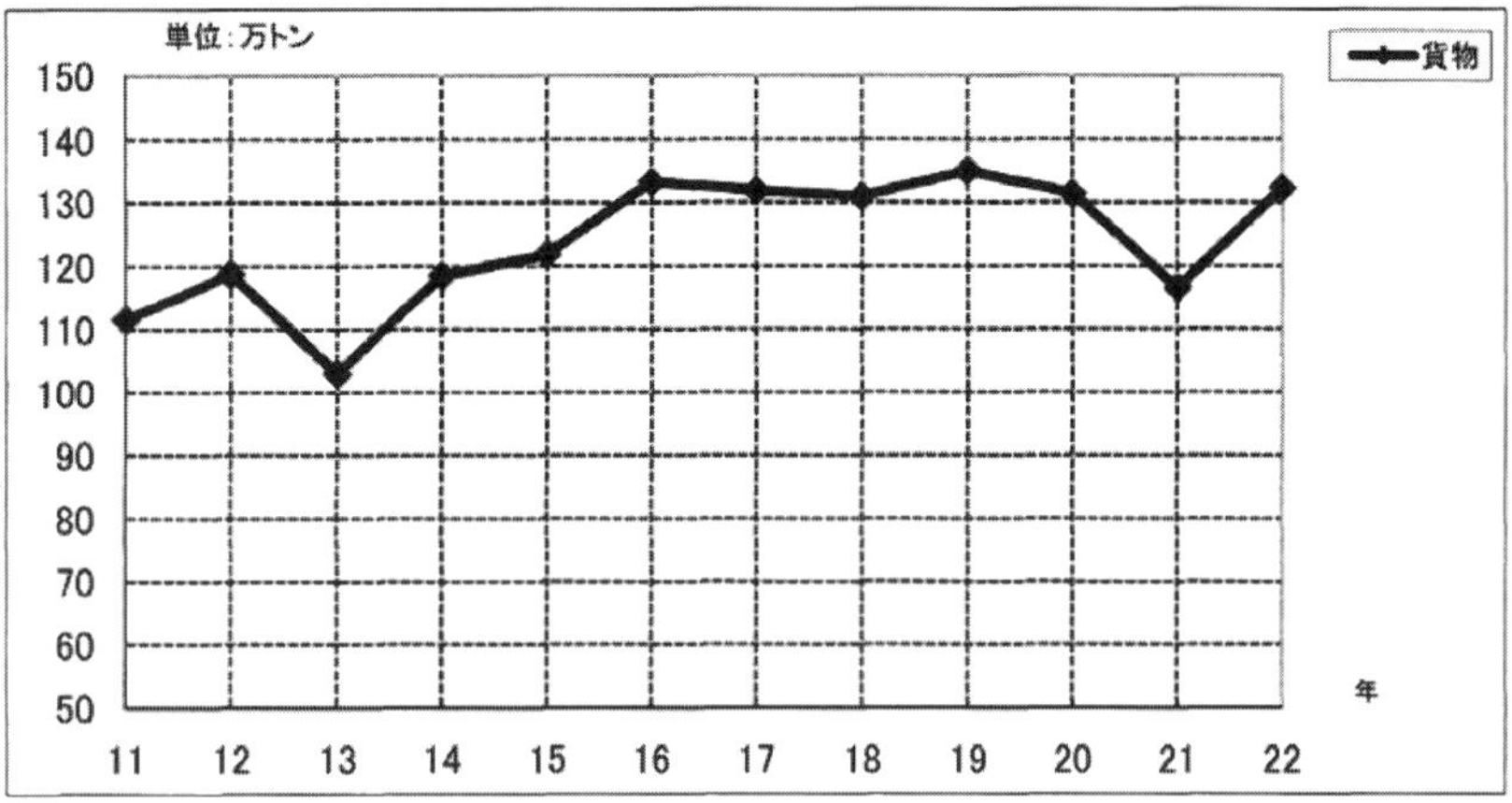

出所：国土省「2010年航空輸送統計速報」

らは遮断された専用のルートやＣＩＱ（税関、出入国管理、検疫）施設が設置され、利用者は出入国手続が大幅に短縮される。

「ビジネス」とはいうが、要する自社・自家用のプライベート機を保有し、約10万円の高級牛肉を買い込んだ成田から都内まで往復チャーターし、「タクシーを成田から都内まで往復チャーターしたオーナー」（『朝日新聞』、２００６年8月29日・朝刊）もいるような富裕層である。ビジネスジェットの数はアメリカの2万機に対し、日本籍は45機に過ぎないというから、成田空港がねらうのは欧米など海外の富裕層の需要取り込みである。

「今まで航空機を利用できなかった旅客」を低料金で誘うＬＣＣや、ビジネスジェットを駆使する海外富裕層の利用拡大に頼る成田空港は、現代社会の縮図とでもいうべき〝格差空港〟そのものである。だが、そうまでしなければ、そこに独自性を求めなければ、地盤沈下をくいとめ「国際拠点空港」としての生き残りをはかることができない。そこまで追い込まれているのが成田空港の現実である。

空港会社は、まず「国際航空需要の増大」があり、これに対処するためにB′滑走路を延伸し、平行滑走路の同時発着を導入し、「へ」の字誘導路の直線化をはかる、そして２０１４年度中にも年間発着30万回まで空港容量を拡大するというが逆である。じつは現状プラス10万回以上の年間発着枠をどう埋めるかに腐心し、埋めるために「国際航空需要の増大」への願望を見通しに転倒させつつ、拡張投資を重ねてきているのが実態なのである［表10「国際航空輸送実績」参照］。

◆空港公害撒き散らす危険な過密空港

もちろん、空港会社の思惑通りに利用拡大が進むとは限らない。むしろ欠陥空港から脱却しえないという制約に加え、金融資本が展開する擬制資本投機・投機マネーが世界経済を恒常的に、ますます激しく撹乱している世界経済状況にも規定されて、そうはならない可能性が客観的には高い。森中・空港会社社長（当時）自身、ＬＣＣが求める時間帯別着陸料設定に関連して、「ＬＣＣが本当に定着するのかを見る必要がある(※)」と語っている（『日本経済新聞』、２０１２年2月24日・朝刊）。しかし、実現する、しないにかかわらず、東アジアの大空港や羽田に対抗して生き残りをはかるという、たんに成田空港会社の私的利益確保のためだけに、住民の生活や住環境などに負担をしわ寄せする発着回数の無謀な拡大が強行されること自体が問題であり、誤りなのである。

第1に、空港容量拡大が発着回数引き上げに依存して進められることから、空港のさらなる過密化は避けられず、それだけ重大事故につながる危険性が増大する。リスクを低下させようとすれば滑走路増設が必要となり、周辺住民の被害拡大や暴力的な用地取得など〝内陸空港の無理性〟がさらに激烈に露呈する。

第2に、発着機が増えることで、騒音・大気汚染、航空機からの落下物など空港周辺の住環境を脅かす空港公害が確実に増大悪化する。

航空・空港騒音に関する成田空港周辺地域の学術的実態調査・分析は、騒音が住民の間に睡眠障害を引き起こしている事実を明らかにしている。睡眠障害について松井利仁教授（北海道大学）らは、「騒音による睡眠妨害はその頻度によっては『睡眠障害』と診断される『疾患』である。これは、騒音が『公害病』の原因となり得ることを意味する。さらに、睡眠障害と虚血性心疾患など各種疾患との間に因果関係があることも公知の事実である」「騒音という物理的環境要因は有害化学物質などと同様、『公害病』を引き起こす。また、そのリスクは決して無視できるような水準ではない。これまで放置されてきた高い健康リスクに対して、住民の健康を保護するための適切な環境基準の制定が早急に望まれる」と述べている（『騒音制御』Ｖｏｌ35、№５、２０１１年）。

第3に、成田空港の空港競争力強化には、航空会社が要求する空港使用料の引き下げが不可欠であるが、そのことで生じる航空収入の低下を非航空収入の増大と空港経営のコストダウンによって埋め合わせなければならないことから、労働強化、処遇悪化、人員削減など、空港内・施設で働く従業員・労働者の負担増が進む。

第4に、発着回数30万回にむけた「効率的運用」に邪魔だとして、「強制手段」を用いた市東氏の耕作地取り上げがはかられ、これが許されることにでもなれば地域農業の成果が蹂躙されるとともに、空港によって破壊された地域経済の自立を回復させる貴重な芽が失われる。空港会社が成田空港生き残りのために地域・地元に押しつける新たな負担・犠牲の始まりが、市東氏の耕作地取り上げである。

地域住民の犠牲のうえに自己の利益・目的達成をはかることは、地域との「共生」ではない。空港会社の利害、都合の一方的な押し付けである。「地域と共生する空港づくり」とは、これを受容させるために、空港会社の利害関係のうちに地域を運命共同体に統合する口実であり、手段として展開されたものにすぎない。そのこと、すなわち成田シンポ・円卓会議以降の「共生」路線の欺瞞的性格が、空港容量拡大―空港競争力強化に向けた動きのなかで、あらためて浮き彫りとなっている。

※「ＬＣＣが本当に定着するのか」という空港会社経営サイドの不安は、現実のものとなっている。「ＬＣＣ元年」から一年を経た２０１３年7月の時点で、国内航空旅客輸送に占めるＬＣＣのシェアは約３％にとどまり、５割超の東

南アジアはもとより欧米の2～3割にもはるかに及ばない。とくに目立つのは国内LCC3社のうち、成田を拠点とするエアアジア・ジャパンとジェットスター・ジャパンの不振である。全日空系のエアアジア・ジャパンは、経営不振をめぐる対立から就航1年を前にエアアジア（マレーシア）との合弁を解消するなど迷走が止まらない。不振の原因として挙がっているのは、発着規制や東京・羽田とのアクセスの悪さといった「成田問題」である。「成田問題」がある以上、羽田空港のLCC発着枠が限定されるなか、現状打開には横田基地の活用をはかるしかないという方向も浮上している。頼りのLCCにも見捨てられようとしている成田空港の整備・拡張とは、まさにカネの浪費以外のなにものでもない。

6．公共性を問い直す

――経済成長と国策の公共性論批判

(1)　公共性をどうとらえるか

◆競争力・経済成長の公共性自体を問い直す

ここまで、成田空港の当面の整備計画であるB′滑走路延伸や「へ」の字誘導路の直線化をめぐっては、それが①羽田空港との対抗などオープンスカイ下の空港間競争に生き残ることを意図した営利企業の私利益追求に過ぎないものであること、②その効果からいっても、資本主義世界経済・市場編成に規定された日本経済の不振を打開するものではないこと、③したがってそこに、日本の競争力・経済成長確保に資するという意味での公益・公共性は存しないこと、――を指摘してきた。

この指摘は、成田空港の平行滑走路整備計画に公共性があるという成田空港会社の主張を、その主張に即して現実的・内在的に批判するものといえよう。しかし成田空港の建設・供用の公共性を全面的に検討しようとするならば、その前提にある競争力・経済成長確保に公益性・公共性があるとする観点・意識―体制的常識自体を俎上に上げる必要がある。空港会社らは、競争力・成長確保は「国の喫緊の課題」（即ち国策）であり、それを達成するための成田空港の整備・拡張には公共的意義があると主張するのであるから、競争力や経済成長の公共性についての客観的な検証なしに成田空港とその公共性に対する全面的で根本的な批判は完結しえない。

キーワードは〝公共性〟なのである。これを人の主観や意図から解き放つには、社会科学による規定が行われなければならない。

◆人間社会存立の普遍的原理と公共性

周知のとおり現代社会は資本の私的利益追求が経済原理となる資本主義社会である。社会的経済生活の中心にある生産過程が、労働力の商品化を通して流通形態たる資本によって包摂されることにもとづき、経済活動の全体は資本主義に特有の経済法則——人間の経済活動によって生み出されながら、あたかも自然法則であるかのように経済活動自体を外的に規制する——に律せられ、支配される。しかし資本主義社会も人間社会である以上、人間社会としての維持・存続を支える共同社会的要件・基盤を欠いては存立しえない。この共同社会的要件・基盤は、利潤・利益の有無にかかわらず、人間社会が人間社会であるために必ず確保・充足されなければならないのであって、このことから共同社会的要件・基盤の確保・充足ということが、人間社会に本来的な意味での公共か、公共性という概念・領域を形成するものとなるのである。

では人間社会は如何にして成り立ちうるのか。根本にあるのは、人間・労働者が労働をもって自然に働きかけ、生活に必要な物質的・精神的富を産出していることである。企業や資本が現実に経済活動の主体となっている資本主義においても、人間労働が社会存立の絶対的根拠であり、資本主義もこの根拠なしには存立・発展しえない。経済学の科学的確立を基礎づけたカール・マルクスは、「労働過程」について、それは「人間と自然とのあいだの物質代謝の一般的条件であり、人間生活の永久の自然条件であって、この生活のいかなる形態からも独立したものであり、むしろ、人間の一切の社会形態に等しく共通なもの」であることを明確にしている（『資本論』第一巻三篇五章一節「労働過程」）。筆者はマルクスのこの認識をさらに発展深化させつつ、「労働自体によるその生存維持の物質的根拠の自己実現である生産活動は、人間社会を維持してきた普遍的関係であり、これが欠ければ人間社会もありえないという意味で、人間社会の実体をなす関係、過程である」ととらえる（『資本主義の経済理論』、１９９６年、有斐閣。第1編3章3節）。

まさしく労働こそは社会経済活動の存立・発展根拠としての実体なのである。そのことからすれば社会存立の根拠・実体を担う主体は、国家でも企業・資本でもなく、あくまでも人間・労働者なのである。

したがって、この主体としての人間の社会的生活・生存基盤を確保することが、「人間社会の維持・存続に必要不可欠な共同社会的要件・基盤」のうちでも最も重要・高度な意義—公共性を有することになる。政策・制度やそれにかかわる為政者や行政者の選択・恣意ではなく、人間社会の普遍的存立原理が、生活・生存基盤の確保を最優先の公共的課題に据えるのである。日本国憲法が基本的人権を保障する25条で「すべて国民は、健康で文化的な最低限度の生活を営む権利を有する」「国は、すべての生活部面について、社会福祉、社会保障及び公衆衛生の向上及び増進に努めなければならない」と規定し、平和的・安定的生存権を社会的に保障すべきとしているのは、このことの法的反映にほかならない。

それゆえ人間社会の存立原理に従って生活・生存基盤確保を最優先することは、社会的経済活動の公共性を測る客観的基準となる。

この客観的基準にもとづくならば、現代社会にあって公共性の上位を形成するのは、日々の人間的な暮らしに欠かすことのできない水道、電気、ガス、通信、廃棄物処理等、いわゆるライフラインとされる領域である。福祉、医療・介護や人格形成のための教育、さらに人間性を高める文化・芸術活動も、利益の有る無しにかかわらず生活要件として維持される必要がある。日常の生活圏を結ぶ鉄道・バス等交通機関の公共性も高い。

ただし、私的企業・資本の利潤追求運動のうちに社会的経済生活（経済原則）が維持される資本主義経済では、利潤確保が優先されることで生産・経済活動自体に、資本主義経済特有の歪みが生じる。ライフラインのように公共性の高い領域でも、営利企業が参入し利潤確保の手段・市場とされる場合には、利益を生まない部面・事業が放棄・縮小されるなど、やはり歪みが免れえない。例えば、開発利権・利益確保のために社会的必要とは無関係な道路が造られたり、経済・地域に対する活性化効果を煽って巨額の費用が新幹線建設に投じられる一方で、地域の暮らしを支えるローカル線が廃止され、生活基盤が損なわれる事態が生じる。

「クリーンエネルギー」による温暖化防止効果や電力の安定供給を謳い文句に推進された原発建設が、じつは「原子力ムラ」の利権構造を際限なく膨らませながら、人と環境に致命的な危険を撒き散らす、まさに私利私欲まみれの反社会的事業にほかならないことを福島原発のメルトダウン事故災害は明らかにした。中南米では、水道事業を欧米の「水メジャー」が買収・掌握したことから、貧困地域への水供給が途絶される事例もある。公共面が資本家企業的に利用・歪曲されると、生活基盤そのものが解体されかねないのである。

◆民衆・労働者に負担集中する大企業の利益拡大

公共性基準に照らして、では日本の国際競争力・経済成長は、人間・民衆の社会的生活・生存基盤の確保・充足をもたらすのか、実際にもたらしているのか。現実を直視しよう。

第1に、２０００年代を迎えてからリーマンショックまでの8年間、法人大企業は利益を拡大しつづけ、この利益拡大によって日本経済は一定の成長軌道を維持したが、逆に民衆の賃金・所得は下降線をたどり貧困率が増大した〔表11「民間勤労者・年間平均給与の推移」・表12「相対的貧困率の推移」参照〕。大企業が、円高回避と低賃金労働力を求める海外進出や、進出にともなう国内製造拠点の整理、雇用の非正規化

表11　民間勤労者・年間平均給与の推移

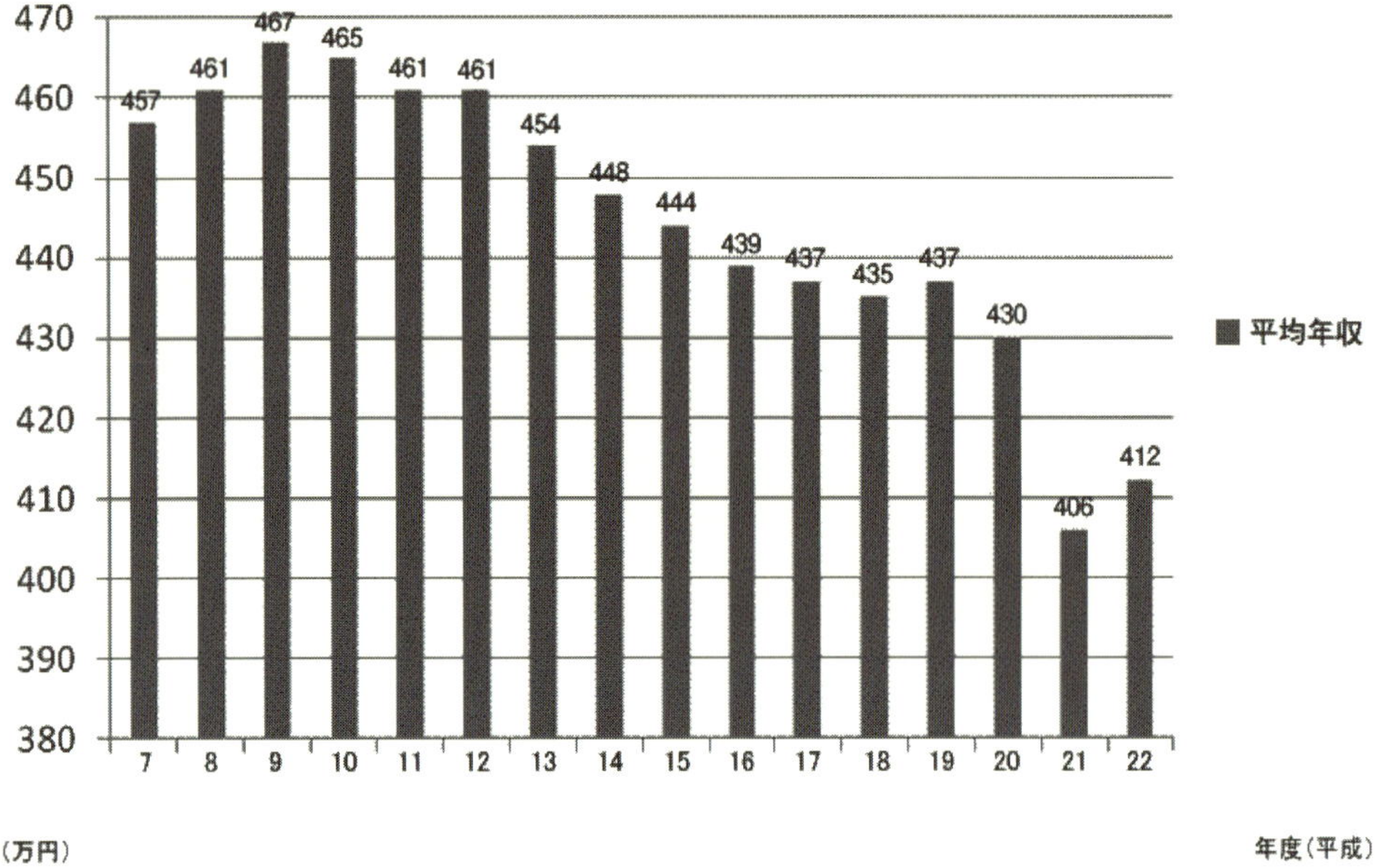

出所：国税庁民間給与実態調査結果

表12　相対的貧困率の年次推移

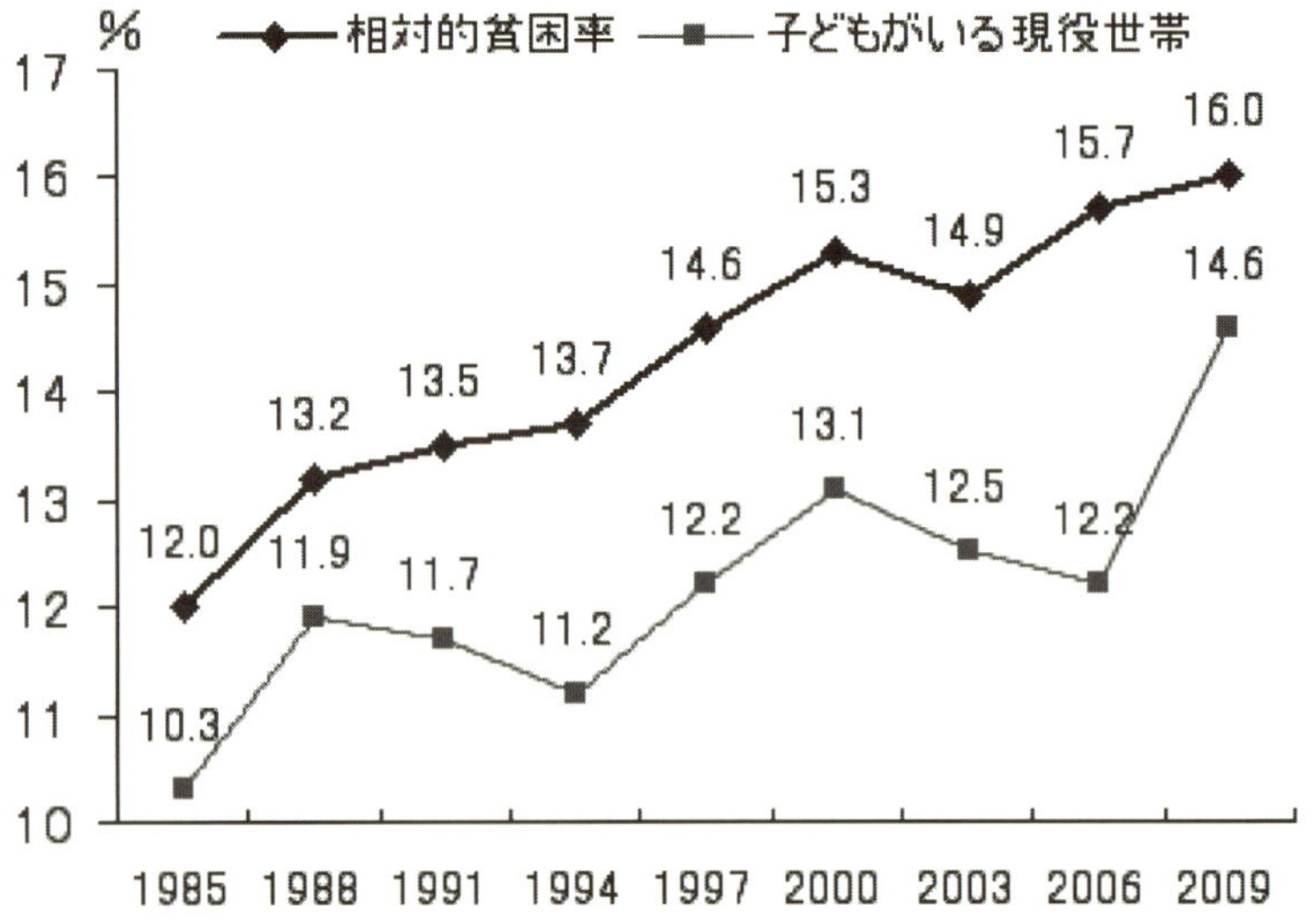

(注)子どもは17歳以下の者、現役世帯は世帯主が18〜65歳未満の世帯
(資料)厚生労働省「平成22年国民生活基礎調査の概況」

など経費削減・コストダウンを加速したからである。民衆・労働者に負担を集中することによって、企業競争力の強化と利益拡大が達成されたのである。

だから独占的大企業が空前の利益を謳歌し、200兆円を超える内部留保を溜め込む一方で、農漁業の解体には歯止めがかからず、中小零細企業は疲弊の極に追い込まれ、地方を中心に商店街は軒並みシャッター通りと化していった。賃金・所得の減少と併せて、社会保障・福祉のカットと負担増、医療崩壊、公的年金の実質切下げが進行し、民衆の間には、自殺者急増や生活保護の増大として示される生活難・生活破綻が広がるとともに格差社会が到来、定着した。そこから脱け出したければ競争して勝てば良いという風潮が煽られることで、人間的連帯の競争関係による解体も進行した。

◆国内経済犠牲にした外需依存拡大

第2に、これは一時的あるいは特異な現象ではなく、日本資本主義経済に定着する構造要因——日本経済を現実的に支配する独占体・大企業が、利益確保・資本蓄積の重心を海外市場・外需に移行させていることからもたらされた状況であり、リーマンショックを挟んでこの構造はさらに深く日本経済をとらえることとなっている。

そのメカニズムの詳細についてここでは論じないが、海外進出を加速させる世界経済的条件は、金融・投資の自由化によって主導された資本主義経済のグローバル化、とりわけ中国を筆頭とする資本主義新興国の急激な経済成長である。グローバル経済・新興国市場の膨張を利益として取り込もうとサプライチェーンを含めた企業・生産拠点の海外移転がラッシュし、その中心となる大企業の多くはすでに多国籍企業である。

成長市場を求め、また市場競争に勝ち抜く競争力強化・コストダウンをめざした日本企業の海外進出によって、アジア諸国などの低賃金労働との競合関係に立たされた国内労働者の処遇や中小企業経営は慢性的に悪化し、製造業をはじめとする国内産業の空洞化にも歯止めがかからない。すでに、加工型製造業の海外生産比率は30％に近い。かつての組立て加工中心の海外進出の場合は、進出拡大にともなう装置・部品輸出の増大によって国内生産を刺激する面もあった。しかし部品供給拠点をも海外に配置する近年の海外生産では、海外生産向けの輸出が減るとともに、安価な海外生産製品が国内市場向けに逆輸入されて国内生産を圧迫し、貿易の赤字化をもたらす。

この傾向に大震災の影響——東北に展開された輸出産業基地の被災、液化天然ガスなど原発停止にともなう燃料輸入の増大など——が加わり、2011年度の貿易・サービス収支は現行の統計方式で初の赤字となったが、国際収支統計（財務省）の経常収支全体としては15年ぶりの低水準となる約7兆8000億円にとどまったとはいえ黒字を維持した。貿易赤字を埋めたのは海外直接投資からの投資収益であり、それほど資本の海外進出が拡大しているということである。

海外で稼ぐ大企業は、海外市場確保の代償として農業はじめ対外競争力が劣位にある国内産業を切り捨て、その市場を外国資本・企業に開放する志向を強める。このようにして獲得される海外進出の利益は、さらなる市場と利益を求めて海外に投資されるだけであり、国内経済には還元されない。内需経済を犠牲にして、外需依存企業の利益拡大・競争力強化が達成されているという関係なのである。

◆外需依存の経済成長に公共性はない

しかも第3として、経済の公正・公共性を確保すべき立場にある政府が、こうした状況を是正しようとしないばかりか、「新興市場の成長を利益としてとりこむ」とする財界・大企業の外需依存を追認し、後押しする政策展開を拡大している。

経済成長持続の方策として時々の政府が打ち出す「成長戦略」や「再生戦略」は、衣装において多少の違いこそあれ、重点を海外市場の確保・拡大——企業の海外進出支援、原発・港湾・空港・ライフラインなど産業・生活インフラ輸出の国家的推進など——に置くなど方向性はほとんど同様である。

他方、国内面では、競争力強化・活性化のためとして農漁業や公共領域のさらなる規制緩和がはかられ、生活基盤領域における営利企業の参入—市場化が政策的に奨励、推進されている。これら内需面の規制緩和・自由化・市場化は、海外市場に依存する大企業の利益拡大と引き換えに、国内経済全体が外国資本にも利潤拡大の自由を保障する市場として対外的に開放されるという性格を有している。

したがって大企業の海外展開・多国籍化に主導されて定着した日本資本主義経済の対外依存構造が転換・解消されないかぎり、国家・企業の経済競争力や経済成長が確保されたとしても、その成果は大企業・富裕層が独占的に手中に収めるだけであって、民衆・労働者の所得・賃金の上昇や福利厚生の向上にはつながらないし、内需を柱とする「国民経済」の安定的確立もありえない。成長がつづき経済が繁栄すれば、〝雇用が広がり、所得も増大し、生活は豊かになる〟という1960年代初頭の池田「所得倍増」内閣時代から繰り返し語られてきた命題は、少なくとも現代日本の経済社会において現実性を喪失している。もはや幻想であり、成長神話にすぎないものということになる。

かくして海外市場・外需依存の経済成長とそれを達成する

ための競争力強化は、民衆・労働者の生活・生存基盤の充足をもたらさず、むしろ低賃金・雇用不安、貧困化・生活難の拡大、生活基盤領域の解体を不可避的にともなうことから、そこに何らの公共性も認められない――というより公益・公共性に対立する方向というほかはない。したがって、こういう競争力・経済成長確保に資する、すなわち「我が国の成長に貢献する航空政策」（国交省成長戦略）の一環として推進される成田空港の整備・拡張にも公共性はないのである。

(2)　国家の公共性

◆国家が公共性を代表する条件

とはいえ、競争力・経済成長確保は、「国の喫緊の課題」であり国策的要請であるから、その内実や効果は別にして公共的目標でありうる、公益・公共を代表する国のやることであるから当然、公共性がある、という議論も成り立たないわけではない。国策イコール公共性論である。

しかし、この議論の難点は、国家それ自体を公共的存在ととらえ、国家の為すことすべてに公共性があると前提しなければならないところにある。現実には、かかる前提に反して、国家がいつも、つねに公共的存在であるわけではないのである。

すでに述べたように、人間社会における公共・公共性とは、何よりも生活・生存基盤の確保を最優先としながら、人間社会の維持・存続に必要不可欠な共同社会的要件・基盤をもって形成される独自の領域である。戦争や内戦・内乱が生み出す「失敗国家」の例が示すとおり、国家がどうあれ、公共性が充たされない社会はそのことによって存続が困難となる。だから国家は、公共領域の確保・充実を自己の責務として担うかぎりにおいてのみ、公共性を代表する存在となりうるにすぎないのである。

◆新自由主義国家による公共性の解体・解消

国家・公的機関が、いつでも公共性を代表するわけではないことは、社会的経済生活のすべてを市場原理・競争を基盤として私的企業・資本にゆだねるとの理念を現実化させる新自由主義経済政策によって、公共領域に何が起こり、どうなったのかをみれば、直ちに明らかになることである。

財政赤字対策を理由に英サッチャー政権や米レーガン政権などによって主唱・推進された新自由主義政策は、日本ではこれに同調する中曽根政府によって採り上げられ、「民間活力の活用」を呼号する「臨調・行革」路線が推し進められた。その柱となったのが、国鉄労働運動の解体をねらって強行された１９８７年の国鉄解体―分割民営化である。この路線を引き継ぎ、とくに労働市場の規制緩和・自由化―非正規雇用拡大を中心に徹底化させたものが、小泉・竹中「構造改革」であった。

福祉、医療、教育など公的分野への営利企業の参入を促進する市場開放・民営化・規制緩和が進められることで、国家による公共分野の切り捨て――公共性維持の責任放棄が行われるとともに、公共分野を市場化した私的企業の営利追求活動を通して公的領域自体の変質と解体が進行した。公共性は利潤原理のうちに歪曲・解消され、医療や教育、さらに介護のような福祉的便益でさえ商品経済的売買を通してしか享受しえない関係が一般化しつつある。こうした公共性の解体化が社会の存立を危うくする現状にあるからこそ、その評価は別として市民社会のネットワークに支えられた「新しい公共」の創出が求められてもいるのである。

◆国策イコール公共性論は根拠を失っている

こうして国家はつねに公共性を代表する存在ではないというだけでなく、現実にも、公共領域の民営化・規制緩和、市場化を進める新自由主義路線を採用、推進することによって、公共領域維持の責任を大きく後退させ、国家自体の公共性を希薄化させている。財界・大企業に譲歩を迫り、利益を一定程度圧縮し再分配に振り向けることで――それはもともと労働者の組織的闘いによって実現されたものであるが――民衆の生活の安定を維持するという側面を放棄しているのである。

同時に、その一方で実際には、巨額の税金が経営破たんした日航や東電の救済に投入されてその存続を支え、銀行への資本注入や株価維持を通して金融資本に莫大な利益をもたらしている。競争力を損なうからと大企業の社会的負担軽減・優遇策が採られ、法人税や資産課税も抑制される。国による大企業支援の負担は、結局、財政難を理由とする社会保障カットや増税のかたちで民衆・労働者の負担に転嫁され、処理されるものでしかない。

ナオミ・クライン著の『ショック・ドクトリン』が確証するように、いまや国・政府自体が、〝利潤のために国を食いものにし、食い尽くす資本〟の私的利益代表の性格を急速に強めている。現代の資本主義国家において、「国の喫緊の課題」―国策だから公共性があるとする根拠はまったく失われているのであり、空港会社は「国策的要請に応える」というところに自らの行為の社会的正当性・公共性を主張する拠り所を求めることはできないのである。

7. 社会的経済生活の発展に必要な市東孝雄氏の農地・農業

◆〝農業潰し〟としての成田空港問題

以上の検討で成田空港の建設・供用に公共性が認められないこと、とくに、滑走路B′延伸及び「へ」の字誘導路の直線化の建設・供用には公共性が認められないことを明らかにし得たと考える。最後に、これらの公共性論の検討を深化させる観点から、農業・農民問題をどう捉えるべきか、市東氏の農地・農業が持っている意義について言及しておきたい。

成田空港は、国（政府）と空港会社が一体となって、〝国家暴力とカネ〟を使って、地元住民の農業を破壊し、また農民の生活基盤である農地を奪い取ることによって建設されてきた。現在でもなお、成田空港会社は、このような従来の建設方針を継承・拡大させて、羽田空港に対抗して生き残るための業績向上・利用拡大をはかろうとしている。すなわち、営利企業の私的利益達成をめざす意図から、市東孝雄氏の農地・農業に打撃を与えようとしている。

他方、市東氏は、国及び空港会社・千葉県の敵対的圧力や空港によって農地・住宅を包囲・分断されるなどの様々な嫌がらせをはねのけて抵抗の闘いを続けている。

ここから成田空港会社の行為が、市東氏ら地元農民の生活・生活基盤破壊であり、農業潰しにほかならないという関係は明白である。国及び空港会社・千葉県による市東氏の農地取り上げは、日本国憲法が保障する人権としての生活権・耕作権の侵害・蹂躙であり、また市東氏が築き上げてきた無農薬有機農業を破壊する攻撃である。筆者は、ここに成田空港問題の本質があると考える。

◆農業は健全な経済活動確立の柱

社会的経済生活の発展とは、本来、民衆・労働者の生活・生存基盤の確保・充足をもたらすものであるべきである。日本経済がそうであるためには、海外市場に依存した大企業の利益拡大を国策として推進する日本資本主義の経済構造が転換されなければならない。生活必需物資の需給関係を軸に、生産・分配・消費において均衡のとれた内需経済を、過不足を輸出入によって調整しつつ形成し維持する健全な経済活動が確立されなければならないのである。その主要な柱の一つとなる産業が、基礎食糧を産出する農業である。

現状の日本農業は、高度成長にともなう農業人口の流出、1960年代後期以降、急速に推進された大規模開発・乱開発による農地喪失・農業破壊と農業保護政策の後退、安価な海外農産物の輸入拡大等によって産業としては壊滅的危機にある。GDPに占める農業生産の比率は1％を割り込み、農

表13　専兼業別農家戸数の推移

年次	農家戸数(千戸)					農家総戸数に対する割合(%)			
	総数	専業農家	兼業農家	第1種	第2種	専業	兼業	第1種	第2種
1906	5,378	3,820	1,559			71.0	29.0		
10	5,498	3,771	1,727			68.6	31.4		
15	5,535	3,828	1,707			69.2	30.8		
20	5,573	3,904	1,669			70.1	29.9		
25	5,549	3,880	1,668			69.9	30.1		
30	5,600	4,042	1,558			72.2	27.8		
35	5,611	4,164	1,447			74.2	25.8		
40	5,480	3,771	1,709			68.8	31.2		
41	5,499	2,304	3,195	2,040	1,155	41.9	58.1	37.1	21.0
44	5,537	2,068	3,469	2,118	1,350	37.3	62.7	38.3	24.4
46	5,698	3,056	2,642	1,667	974	53.6	46.4	29.3	17.1
50	6,176	3,086	3,090	1,753	1,337	50.0	50.0	28.4	21.6
55	6,043	2,105	3,938	2,275	1,663	34.8	65.2	37.6	27.6
60	6,057	2,078	3,979	2,036	1,942	34.3	65.7	33.6	32.1
65	5,665	1,219	4,446	2,081	2,365	21.5	78.5	36.7	41.7
70	5,342	832	4,510	1,802	2,709	15.6	84.4	33.7	50.7
75	4,953	616	4,337	1,259	3,078	12.4	87.6	25.4	54.7
80	4,661	623	4,038	1,002	3,036	13.4	86.6	21.5	65.1
85	4,376	626	3,750	775	2,975	14.3	85.7	17.7	68.0
90	2,971	473	2,497	521	1,977	15.9	84.1	17.5	66.5
95	2,651	428	2,224	498	1,725	16.1	83.9	18.8	65.1
2000	2,337	426	1,911	350	1,561	18.2	81.8	15.0	66.8
05	1,963	443	1,520	308	1,212	22.6	77.4	15.7	61.7

1940年までは，生業として農業のみを営む農家を専業農家とし，1941年からは，農家の世帯員の中に農業以外の職業につくものがあるか否かで兼業と専業の区分をしている。第1種兼業は農業を主とするもの，第2種兼業は農業を従とするもの。1910-41年と75年以降は沖縄を含む。

農林省・農林水産省『農林省累年統計表』『農林省（農林水産省）統計表』より作成。1990年以降は販売農家で，自給的農家（2005年で885千戸）は含まない。

出所：近現代史経済史要覧

表14　日本の食糧自給率の推移

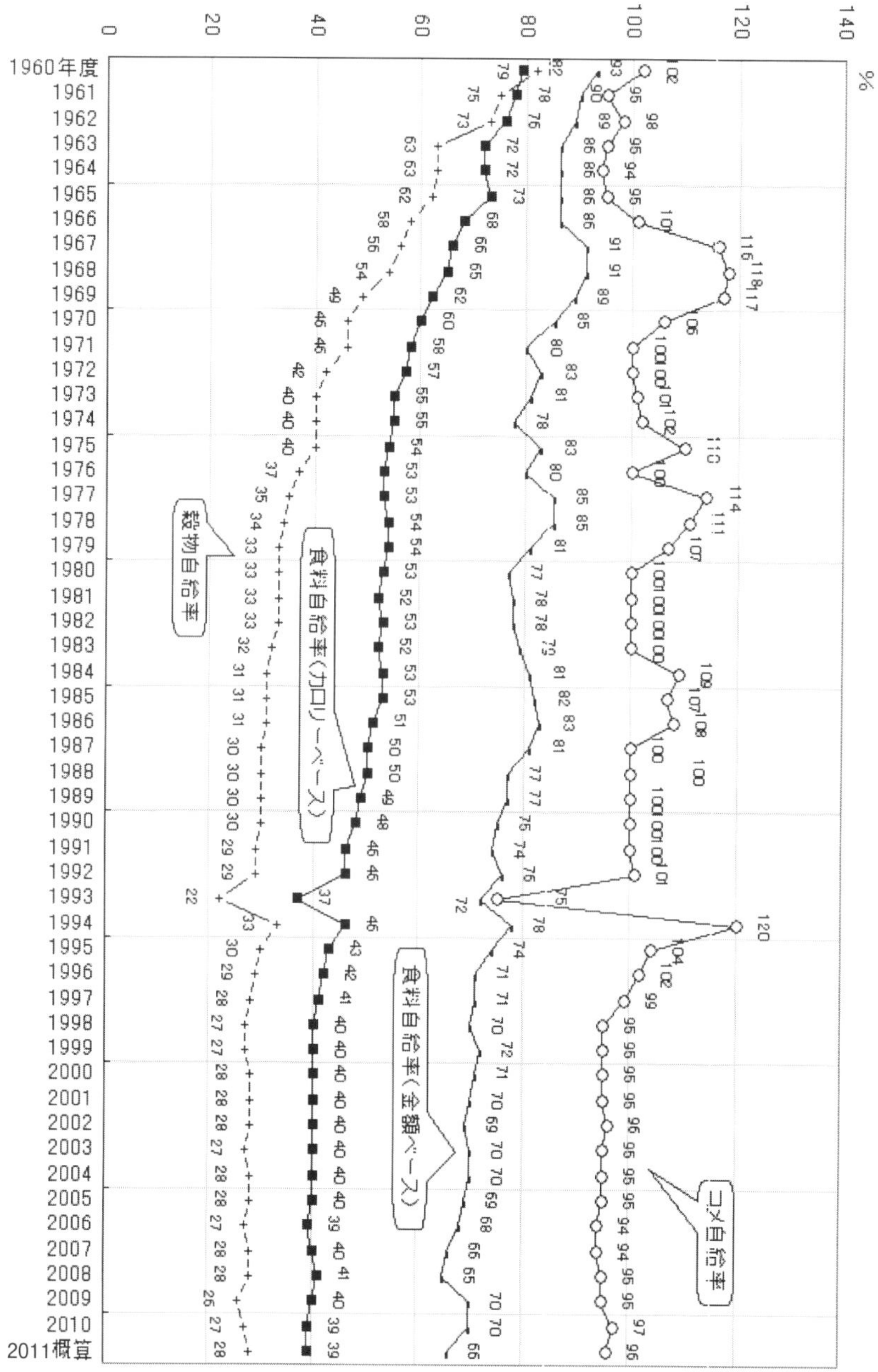

出所：農水省「食糧自給表」

業就業人口は就業者全体の4％に満たないところまで減少している［表13「専兼業別農家戸数の推移」参照］。1965年にまだ70％台を維持していた食糧自給率（カロリーベース）は、先進資本主義国中でも最低水準の40％台以下にまで低下した［表14「日本の食糧自給率の推移」参照］。〝安全・安心な食糧・農産物〟を求める声は高まっているとはいえ、その願いに反して国内で必要とされる食糧の60％を海外に依存せざるをえないのが現実なのである。しかも追い討ちをかけるように、福島原発災害による放射能汚染の影響によって東日本一帯の農業生産が大きな痛手を被っている。

◆農業切り捨てる〝資本の論理〟

ここからの農業の再生が、健全な経済活動確立の要件となっていることは明らかであるにしても、それはこんにちの社会的経済生活を支配する利潤・競争原理に委ねてなしうることではない。とくに外需依存で利益を得る日本の資本・大企業にとって必要なのは、〝安全・安心な食糧・農産物〟でも食糧自給の達成でもなく、対外競争力強化のための国内の低賃金・低所得を支える安価な食糧であり、農産物だからである。国家的な農業保護策などは、財政の無駄であり、自分たちの利益を圧迫する余分なコストにすぎないとされる。これが資本の論理である。

海外市場における利益拡大と引き換えに、農業は切り捨ててもかまわないということである。この方向のなかで国内農業が存続しようとすれば、大資本・商社が関与する大規模モノカルチャー的生産によって供給される海外農産物と市場競争して勝ちぬくほかはないのであるが、特殊な輸出向け産品など一部企業化される分野を除き勝負にはならない。

◆空港会社の営利追求に優先する市東氏の農地・農業の公共的意義

したがって日本の農業が、国内の食糧需要を充たす基幹産業分野として再生する基盤は、資本家的競争関係の内部には存在しない。逆に、人間を分断する競争関係からの脱却を進め、競争が生み出した中央一極集中への依存を転換すること、つまり、人と人とが生産者を中心に直接結び合う連帯関係を、産地・地域に根ざして創造していくことが、日本農業再生の主体的基盤を形成するものとなる。その努力や成果は、農薬・化学肥料漬けを脱却する無農薬栽培や有機農法、在来品種の復活などのとりくみとして、全国各地で着実に展開され、一定の広がりを実現している。

この連帯のネットワークの一角に位置し、日本農業再生の拠点たるべく奮闘をつづけているのが市東氏による完全無農薬有機農業である。この事実からすれば、市東氏の農地・農業が、たんなる私的営農活動にとどまるものではなく、そこに日本の農と食を守るという生活・生存基盤充足に直結した公共的意義があることは明白といえる。空港会社による農地取り上げは、市東氏らの成果と希望を破壊する反公共的・反社会的行為なのである。

こんにち原発をめぐって「カネか命か」が社会的な広がりをもって問われている。原発産業や電力会社が脱原発に憎悪を隠さず、原発再稼動から再度の推進を策しているのは、原発輸出を含め原発政策を維持することによる利益を優先させる「命よりカネ」の資本の論理にとらわれ、執着しているからである。成田空港会社が、「国際拠点空港」であり続けるための業績確保を焦って、空港周辺環境の悪化や危険な過密運用を辞さず、なによりも農を担う市東氏の農地を奪って「年間発着30万回」にむけて空港容量拡大を急ぐのも、「命よりカネ」の論理にもとづく行動である。それは営利を目的とする空港会社による私利私欲の追求にすぎない。

このような空港会社の行為に対決して抵抗の闘いを続け、安心できる作物の生産と供給によって人の命（人間自身の再生産）を支えている市東孝雄氏の農業が、空港会社の私利私欲に優先する意義を持つとするのは、人間中心・生活優先の公共性論の観点からは当然の客観的結論である。

国と空港会社・千葉県による農地取り上げは、経済学が解明した人間社会存立の原理と、この原理を根拠に要請される公共性維持の絶対的必要性に対立する反公共的・反社会的行為であり、到底認めうるものではない。

参考文献・資料

◇財政金融統計月報／財政投融資特集・各年度版（財政総合政策研究所）
◇貧困なる精神　第4集（本多勝一　1976年　すずさわ書店）
◇靴をはいた巨大児（鎌田慧　1981年　日本評論社）
◇第23回原子力産業実態調査報告（日本原子力産業会議　1982年）
◇日本財政要覧（武田隆夫・林建久・今井勝人編　1983年　東京大学出版会）
◇大阪空港公害裁判記録1（大阪空港公害訴訟弁護団　1986年　第一法規出版）
◇現代と朝鮮・上（社会科学研究所編　1993年　緑風出版）
◇大地の乱　成田闘争（北原鉱治　1996年　お茶の水書房）
◇現代日本経済論・新版（井村喜代子　2005年　有斐閣）
◇成田国際空港の施設変更及び同空港について指定した延長進入表面等の変更に関する公聴会議事録（国土交通省　2006年8月）

◇成田バッシングの急先鋒 日中制覇に動く〝怪物〟空港（週刊東洋経済２００８年7月）
◇日本の空港沈没が現実に（木下達雄　ＳＰＡＣＥ２００８年8月）
◇農地収奪を阻む　三里塚農民怒りの43年（萩原進　２００８年10月　星雲社）
◇首都圏空港の現状と課題（国土交通省航空局　２００９年9月）
◇近現代日本経済史要覧（三和良一・原朗編　２０１０年　東京大学出版会）
◇鳩山三党連立政権の社会民主主義的総括（自治創造研究会・地域と政策　２０１０年12月）
◇航空輸送統計速報（国土交通省総合政策局　２０１１年3月）
◇成田国際空港株式会社・有価証券報告書（２０１１年6月）
◇日本再生のための戦略に向けて（閣議決定　２０１１年8月）
◇ショック・ドクトリン　上・下（ナオミ・クライン　２０１１年9月　岩波書店）
◇成田空港～その役割と現状～２０１１（成田国際空港株式会社　２０１１年11月）
◇「世界の空」大争奪戦エアライン&エアポート（週刊ダイヤモンド２０１１年11月19日号特集）
◇騒音による高頻度の睡眠妨害は睡眠障害という「疾患」である（松井利仁、平松幸三、山本剛夫　騒音制御：Ｖｏｌ35、№５、２０１１年）
◇新潟県内5市への就労等に関わる避難者アンケートによる実態分析と課題（新潟県自治研究センター　２０１２年2月）

＊

◇スタグフレーション・新版（鎌倉孝夫　１９８０年　河出書房新社）
◇国鉄改革を撃つ（鎌倉孝夫　１９８６年　緑風出版）
◇国家論のプロブレマティク（鎌倉孝夫　１９９０年　社会評論社）
◇資本主義の経済理論（鎌倉孝夫　１９９６年　有斐閣）
◇株価至上主義経済（鎌倉孝夫　２００５年　御茶の水書房）
◇『資本論』で読む金融・経済危機（鎌倉孝夫　２００９年　時潮社）
◇金融・財政危機から国家の危機へ（鎌倉孝夫　社会主義２０１２年5月・6月）

（１９１２年8月、千葉地方裁判所民事3部に提出された農地取り上げ裁判の「鎌倉鑑定意見書」に加筆・修正）

第2章

資本主義と公共性

新自由主義が投げ捨てた公共性は農民・労働者が担う

鎌倉孝夫
（インタビュー構成）

■資本主義批判の根拠――宇野先生の実体論

鑑定意見書[1]で触れていますが、僕は『スタグフレーション』（1980年、河出書房新社）のなかで成田空港について論じています[2]。最初は『技術と人間』に書いたものだったと思います。そこでは原発・兵器、それから空港というのは、資本家的大企業の利益拡大のために無駄を承知でカネを使う産業・事業であって、基本的に同じ中身、意図をもって進められていること。公共性という口実をくっつけて推進してきたけれども、カネ・財政を浪費するばかりで、ほとんど社会的生産性効果はないこと。――そういう特徴を指摘しておきました。

資本主義批判の観点からの成田空港論ですが、それが客観的に妥当しうる議論であるためには何より資本主義に対する批判の理論的根拠を確定することが重要だと思います。批判の根拠は『資本論』の実体（＝社会存立・発展根拠としての労働・生産過程）論です。

『資本論』の読み方として、よく商品・貨幣・資本の形態論は熱心にやるのだけれども、その根拠にある実体論の意味・意義が明確にされていません。いわゆる宇野派のなかでも、宇野先生[3]以外はないのです。むしろ実体も形態化してしまう、つまり商品・貨幣関係に解消されてしまうような理解になっています。実体を含めて全部、商品関係に解消され尽くすというとらえ方です。実体論を位置づけようとする考えがあったのは岩田弘[4]さんくらいだった。ただ岩田さんの場合は実体が資本運動のなかに包摂されているという理解がないのです。資本運動の外部に置かれる。実体が外部ですから、革命の拠点も資本主義が包摂しえていない外部にしか存在しないということになります。

現実には資本主義社会のなかでも、生産協同組合や生産農民が直接経営を行うことがあります。もちろんその場合にも、社会的には商品・貨幣関係に包摂されています。

（注）

(1) 市東さんの農地取り上げ裁判で2012年8月、千葉地裁民事3部に提出された鎌倉孝夫鑑定意見書「成田空港の『公共性』と農地・農業について」。内容については本書第1章を参照。

(2) 『スタグフレーション』第三編 スタグフレーション下の政策 第三章 成田空港と総合交通体系。

(3) 宇野弘蔵（1897年―1977年）。マルクス経済学者。①資本論を基礎に確立される経済学原理論、②原理論を基準に確定・明確化される資本主義の世界史的段階規定（段階論）、③段階論をふまえた現状分析――による資本主義解明の方法（宇野三段階論）を示した。原理論は、資本主義経済の純化の傾向を客観的基準として確立することを明らかにするとともに、同時に純化の限度が原理論による現状分析の限度を示すものとし、現状分析の展開は原理論を基準に形成・確立される段階論をふまえるべきとした。宇野はこれを、経済学の対象ばかりか方法さえも客観的に与えられる「方法模写」ととらえ提起した。主著『経済原論』『経済政策論』『経済学方法論』（鎌倉孝夫『資本主義の経済理論』1996年、有斐閣による）。

(4) 岩田弘（1929年—2012年）。経済学者。資本主義は、その外側に非資本主義的な関係を前提し、それに外部的に浸透する世界市場過程として以外には存在しえない、という「世界資本主義論」を展開。その世界資本主義の世界市場過程・編成を「内面化」するものが原理論であるとして、「世界革命」を唱え、1960年代～70年代前半の新左翼運動にも一定の理論的影響を与えた。

■実体を担う労働者・労働運動との関わり——理論の確証

実体は資本の運動のなかにある。しかも実体は人間社会が存立する基盤そのものですから資本運動によっては決して解体されません。この実体こそが私たちの生活と運動の根拠なのです。資本主義に代わる次の社会を形成・確立する根拠でもあります。実体を担う主体は労働者です。この主体—労働者を完全に物にしてしまうことは資本主義においてもできません。こういう実体論こそ、宇野さんから僕が最初に学んだことです。それが良かったと思います。『唯物史観』[1]が1965年に復刊したとき、その復刊1号に「資本論の労働過程論」を書きました。マルクスが「労働過程論」で言っていることは、実際の運動のなかに生きています。実体の担い手が主体として運動するということです。三里塚・成田空港反対闘争も、まさにそうですね。このかんの市東さんの闘いとの関わりを通じて、「労働過程論」の真髄が見事に実証されていると受け止めています。

最近はあまり言わなくなっているかもしれませんが、マルクス主義の決まり文句として「理論と実践の一致」ということが強調されていた時代がありました。でも理論と（組織的）実践は違います。融合したり、どちらかに解消されるものではありません。理論を基準として実践活動が展開され、実践の展開を通して理論が確証されるという関係です。僕は労働運動では、主に国労・日教組と関わってきました。中心的なテーマは国労が公共交通、日教組は人格形成教育・主体形成です。いずれも主体—労働者が担うことによって発展させなければならない実体確立の運動・活動です。理論研究者としては自分のつかみとってきた理論的な内容、成果を、運動との関わりのなかで実証・確証をするという関係です。そういう関わりの一環として、三里塚・市東さんの闘いに連携・連帯をしましたが、そうすることで僕としては理論の確証ができたと考えています。

その確証で、とても印象的なのは、実体の担い手の運動というのは虚飾がない、自然体だということです。自分の日常的な行動が即そのまま生きる根拠になっていて、それを基盤に据えているからです。闘いがほんとうに生活そのもの、その根ざしている土台の基本は自然―土《つち》の改善・改良からですから、人間と自然との直接的関係が基盤となっています。2013年11月24日の市東さんの会のシンポジウムのときにも、市東さんは「農業も闘いも自然体です」と語っていました。すごいことだ、と思うのです。

(注)

(1)『唯物史観』は1947年に河出書房から創刊された大内兵衛・向坂逸郎の共同編集による労農派マルクス主義の理論研究誌。1948年の第4号で休刊となったが、1965年に社会主義協会系の学者・研究者によって復刊され、1990年の36号まで続いた。

■暴力しか為す術がない国家・資本

それにたいする国家や資本の側は滅茶苦茶ですね。理論も何もあったものじゃない。成田問題や市東さんの生きる根拠にもとづく抵抗に対し、国家は、土地を取り上げる暴力、生活基盤を破壊する暴力、そういう暴力を振るう以外に為す術がない。そこを公共性のヴェールで覆って、何か全体の利益、国民の利益になるかのように装ってやってきたわけだけれども、ところが自ら展開してきた新自由主義のもとで、国や資本の掲げる公共性論に何らの根拠もないことが露呈してきてしまっている。市東さんの裁判の千葉地裁判決でも成田空港の公共性を主張できない、成田空港の整備・拡張のために市東さんの農地を奪う行為の正当性、その根拠を示すことが、まったくできていません。判決文を読むとわかりますが、ただただ空港会社の主張を一方的に認めているだけの代物で、そのことを正当化する詭弁をごちゃごちゃとこねまわしているにすぎない。「空港会社が敷地だと言えば、そこは空港の敷地だ」とか、「空港敷地外の土地も小さくて袋小路になっているから、どうせ農地としても使えない。取り上げても問題ない」とか、あげくのはてには「農地法を使った強制収用で憲法違反というが、こうして民事訴訟で平等に争うことができるのだから一方的な強制収用にはあたらない」なんて、よくもまあ恥ずかしげもなく書けるものです。

そもそも民事訴訟では、市東さんも空港会社も同じ民間人で立場に違いはないはずだ。それなのに裁判所は空港会社の主張ばかり認めて、市東さんの正当性は何一つ認めようとしない。こんなことはありえない。そう弁護団の先生たちも言っています。まさしく暴力的裁判であり暴力的判決です。暴力によって推進されるということでは、新自由主義の突破口となった不当労働行為による国鉄の分割民営化強行と同じです。新自由主義とはそういう本質をもつものであることを私たちは認識しなければならない。

■本来の公共性──人間の生きる根拠

資本・大企業の利益利害を民衆に暴力的に押しつけるしかない新自由主義は、口実、ヴェールとしても公共性という言葉を使うことができなくなっています。公共性は、国策や資本の利益確保に民衆を協力させる、あるいは人権抑圧を正当化する決めゼリフとして使えなくなっています。このことが何を意味しているのか。そもそも公共・公共性とは何なのか、その社会における位置・意義をどうとらえたらよいのか。──こうした問題について新自由主義に対抗する論理の獲得のために、差し迫っては農地取り上げ裁判控訴審の重要な論点として、体系的に整理しなければならないと考えています。

市東さんの問題や裁判との関わりのなかでまとめてみたことを要点的にお話しします。

第一は、本来のというか、我々の言う公共性とは何かということです。そこは意見書でも比較的はっきりと示しました。それは人間が人間として生きる根拠にもとづいて万人の人権を尊重するということです。それ以上の公共性はありません。公共性を考えるにあたっては、このことをまず確定しなければならない。

その基本になるのが人間と自然のかかわりです。労働生産活動です。そして、それを基盤とした人間的生活の維持。人間的生活というのは個別的な生活だけではなく社会的な生活です。社会的生活ということになれば福祉と教育が基本です。それを公共性概念の基本におくこと、しかも日本の憲法はその基本的公共性─福祉や教育の確保を国家の責任において保障するとしていること、これが大事です。

■資本のもとでの公共性、その歪み

第二は、「資本主義と公共性」という問題です。これはなかなか難しいのですが、論点整理としてはまず資本主義における公共性について原理的にとらえておく必要があります。資本主義社会の確立のなかで、いま言った本来の公共性を資本はどのように位置づけているのかということが基本です。それとかかわって「資本主義と公共性」の2番目として、国家（資本主義国家）イコール公共とする観点について、どうとらえたらいいのかということを基礎理論的に整理しておかなければならない。

資本の社会的成立と公共性の関係をきちんと整理するには、まず資本は本来の公共性を根拠にしなければ、それ自身成立しえないということを押さえておく必要があります。人間と自然の関係、労働過程を商品経済的に包摂することによってしか資本主義は成立することができません。だから資本の支配のもとでも、人間の生きる根拠・基盤確保を中心とする本来の公共性があるのです。そこのところが重要ですね。

ところが資本のもとに包摂された本来の公共性の領域としての労働・生産過程は、資本にとっては価値増殖手段なのです。だから、そのことによるさまざまな歪みが出てくる。たとえば技術開発、生産力の発展の歪み。資本主義における生産力の発展は価値増殖目的ということから、兵器開発や核・原発に典型的なように人間社会に破壊的に作用することもありうる。あるいは労働者を資本が使いやすくする素材として活用できる、それにふさわしい機械を開発する。また資本のもとでも必ず労働力を使わなければいけないから、そうすると価値増殖を担う労働力を発展させていくためだけの教育――資本のための人材教育が要請されます。

資本主義の教育についてマルクスは、ちょっと理念的に語り過ぎています。資本主義は実践的・技術的教育と学校教育を結びつけた、それを初めて実現させた社会だというのです。この教育を通して人間の能力を全面的に発展させうるし、したがってそれが社会主義の基盤になるというとらえ方をしています。資本主義の発展のなかに社会主義の基盤が形成されるという側面を強調したものですが、資本主義のもとでは教育も価値増殖の手段とされているのです。資本にとって使いやすい人材形成の手段とされている。そこには資本主義のもとでの教育の特有の歪みがあるのです。

■資本主義発展期の社会保障問題

福祉については、原理論[1]的には景気循環で吸収していた領域です。不況期の失業者形成と好況期の失業者吸収・賃金上昇、この循環を通して現実的に解決されていたとみることができます。そのなかでは大人・一家の主人だけでなく子どもたちも就職して家族みんなが賃金労働者になれば、父親が失業しても子どもの収入で何とか食いつなぐことができる。『資本論』には、そういうことまで書いてある。第7篇・第23章 蓄積論の第5節の例証のところです。そこからわかるのは、資本主義が順調に発展していた時期においては、失業者の救済策という社会保障は基本的に無いし必要もなかった。景気循環による自動的な失業とその吸収、これで現実的に解決・処理していたのです。

この問題にかかわって資本主義の確立・発展期の労働者は失業したときに、どうやって生活していたのかという議論がありました。馬場宏二[2]さんあたりは、資本主義はその始まりから社会保障がなければ成り立たない、社会保障・福祉なしに労働力の確保はできない、と主張していました。ところが好況期の賃金上昇で一定の貯蓄をして、失業時にはそれを取り崩して食べている。そういうことをマルクスは『資本論』の何箇所かで指摘しています。景気循環論の理論的展開として、失業時の賃金低下と好況時の賃金上昇、それをならして価値法則が貫徹していると言っています。

（注）

(1)原理論は、自立的に展開される資本主義の機構と運動法則を、資本の論理に即して解明する、それ自身に完結した理論体系。この「経済学の原理論は、資本主義経済の純化の進展を現実の基礎として形成されたのであるが、しかし純化傾向自体に即するのでは完成されず、純化傾向の限界が示され、純化傾向の歴史性が認識されて、はじめて完成されうる」（『資本主義の経済理論』）。

(2)馬場宏二（１９３３年―２０１１年）。経済学者。第一次世界大戦までを古典的帝国主義段階、それ以降を現代資本主義という新たな段階ととらえた。現代資本主義の最終的様相として「過剰商品化、過剰効率、過剰富裕」を「三位一体」とする「過剰富裕化論」論を展開、地球環境の負荷を超える生産力の過剰な発展によって資本主義は限界を迎えると論じた。

■帝国主義段階が福祉・社会保障の出発点

このように資本主義の発展期は、資本は労働力を自律的に包摂しえていました。しかし帝国主義段階以降になると慢性失業の問題が出てくるし、小農業・中小企業の停滞も現れます。それに対して、どうやって一定の生活を保障するのかということが体制の問題として問われてきます。資本主義の福祉・社会保障は、ここからなのです。この問題をめぐって労働組合はもとより、社会民主党のような政治的組織による圧力も形成され強まってきます。

ところで『資本論』は景気循環による失業問題の処理のあり方を明らかにする一方で、直接には労働時間を規制する工場法制定[1]を、労働運動からの圧力によるものと強調しているところがあります。労働時間の短縮は、婦人労働・児童労働のように、自立しえない者の雇用に対する規制なのですが、それを労働者の闘い、組合運動、そうした抵抗が資本に対して人間破壊的な長時間労働を規制するととらえています。日本共産党はそこが好きで、いつも引用します。労働者は社会的規制によって労働時間の一定の制限を勝ちとってきたと。けれども、さっき言ったように原論的には、そこの問題は折り込み済みで景気循環で処理してきた。ところがその処理がし切れなくなり、その過程で労働組合運動や政党の運動が出てきて資本に対して規制をかけるようになってきた。それで労働組合や社会主義政党の圧力に対処する社会保障策の出発点として、ビスマルクによる社会保険[2]が始まるわけです。ここは非常に重要で、解明には段階論的なアプローチが必要になってきます。

（注）

(1)イギリス工場法。産業革命期の健康破壊的な労働、とくに児童・女性労働を規制する目的で１８３３年に制定された。中心は、９歳未満の児童労働の禁止、９歳～18歳未満の労働時間の週69時間以内への制限、工場監督官の配置の義務化。１８４４年の改正では、女性労働者の労働時間を18歳未満の若年労働者なみに制限することが盛り込まれた。

(2)段階論は、重商主義・自由主義・帝国主義という資本主義の世界史的発展段階の特徴を、原理論を通してとらえることのできる各段階の支配的資本の性格を中心に解明する方法。段階論的解明を要請したのは、19世紀終盤以降に現れた資本主義経済の純化傾向の限度であり、この状況下で『資本論』を現状分析にどのように適用するかに関するいわゆる修正主義論争のなかで成立した。「R．ヒルファーディングの『金融資本論』（１９１０年）とB・イレーニンの『帝国主義論』（１９１６年）は、……内容的には19世紀末から第一次世界戦争に至る資本主義の国内的、国際的特徴を、この時期に支配的な資本としての金融資本を主軸とし、同時にこの時期を資本主義の最高の発展段階として位置づけるといういわば段階論として解明する方法を提示した」（『資本主義の経済理論』）

■国家によるインフラ整備の公共性

福祉や教育のほかに、資本と公共性の関係で問題になるのはインフラですね。道路、鉄道、海運、銀行なんかも初めはそうですね。銀行というのはもともとは国策で半官半民のかたちで始まるわけですが、確立した資本主義のもとでは純民間になり、資本主義の信用・金融機構が成立します。ただ資本主義が発展しても、資本家的・市場的に処理・確立し切れない部門が、どうしても残るのです。そこは国家が関与し、引き受ける。国有ということで、たとえば後進の資本主義国では必要な道路、交通の整備はほとんど国の仕事です。日本の場合も最初からそうなっています。そのように国の役割を引き入れながら、資本全体にとって必要なインフラ整備を進めた。これが資本主義のもとでの公共性のあり方です。

その資本にとって都合の良いインフラ整備のなかに、じつは生活にとって必要不可欠な基盤も入ってくる。直接には資本の体制を維持する、蓄積を維持するために行われるインフラ整備が、人間生活の必要性を充たす生活基盤形成の側面も備えていたという関係があったということです。

■資本主義の法治の基盤は商品経済ルール

このことをふまえたうえで、「資本主義と公共性」の二番目の問題となる国家についてです。

国家の公共性をどうとらえたらよいのか。これも〝国家イコール公〟であると当たり前のようにいわれていますが、その根拠はいったい何なのか。これは国家論を確立しないと明らかにはなりません。マルクス主義国家論は階級国家論です。国家は支配階級の権力であると、それで片付けようとした。議会が成立して労働者の要求が出てきて、その要求が一定程度法律に反映されるようになると、いったいこれはどうとらえたらよいのか、階級国家論のもとではその位置づけができないのです。

資本主義は法治国家です。その法の根拠は何なのでしょうか。僕は『国家論のプロブレマティーク』（1991年、社会評論社）で書いたのですが、ルソーからカント、ヘーゲルの国家論を追ってみるとブルジョア国家論というのは全体が法論なのです。その法論の基盤は商品経済のルールです。もともとは市場の慣習です。商品経済のルールとは、等価交換を守りましょう、自分の権利を主張するなら相手の権利も同時に認めましょう。相互の権利を保障しましょうと、これなのです。この商品経済ルールを基盤にしながら法ができた。等価交換というのが資本主義のルールで、それを法的に確認しようということなのです。市場のルールを法によって確認する――これがレヒト（Recht、正義）です。ところがレヒトだけでは済まないのです。

■商品経済ルールに対する人間的反発・抵抗の必然性

なぜレヒトだけでは済まないのか。そこには資本主義におけるイデオロギーの一元的支配ができないという問題が絡んでいます。資本主義はレヒトだけで動こうとするのだけれども実体を包摂していますから、その実体からくる商品経済に解消できない要素に基づくイデオロギーが形成される。しかも商品経済が時には失業を引き起こす、つまり市場から追い出された労働者をつくってしまう、しかし失業者でも人間として生きる権利がある。そうすると資本主義は実体を包摂するということから当然のこととして、一つのイデオロギーで、市場のイデオロギーだけで社会を一元化することができません。これは面白いですね。必ず抵抗を引き起こしてしまう。

それも市場のルールにたいして意識的に抵抗しながら出てくるイデオロギーだけではなくて、それこそ仕事をサボるとか、カネがないから強盗でもしようというのも含めて、必ず資本主義のルールに対する反発・抵抗が、いろいろな形で出てくるのです。イデオロギー的一元化ができない。できない状況のなかで、しかし資本主義を維持するにはイデオロギー的統一をふまえた社会的秩序の統一が必要なのです。それが〝法律・ゲゼッツ（Gesetz）〟です。法から法律へ、レヒトからゲゼッツへという、ここのところの展開をとらえないと資本主義国家は解明できないと思っています。

法律は国家がないと成立しません。ルソーの場合は社会のルール＝法ですから国家はいらない。ところがカント、ヘーゲル、とくにヘーゲルになると厳然と国家がなければならない。ヘーゲルの場合の国家の基盤は倫理共同体です。倫理ということを持ち出すのです。倫理・人倫的関係。マルクスのいうところの実体です。それが絡むものだから国家はたんなる市場のルールだけではない実体的関係を含めて、人倫的共同体のいわば大元締めとして存在するものとされます。国家論はここを活かす必要があります。

■〝職場主人公論〟の意義

〝国家イコール公〟ということの意味は市場のルールの一般化、規範化です。そのルールのなかに労働者も包摂しているととらえなければなりません。商品経済のなかで生きようとすれば、労働者であってもその法を守らなければいけない。同時に、たとえば労働者が盗難に遭えば被害の補償を受ける権利がある。一面では労働者の利益にもなる。そこのところが現代になってくると、ものすごく重い意味を持つものとなっています。商品経済・市場のルールに埋没して実体を見失うと、労働者であってもカネ、私的利益を追求するという方向に行ってしまうのです。

そうならないために労働運動が重要なのだけれども、市場のなかでただ労働力の売値を高くするという運動だけだと、カネを追求する方向を促進することにしかなりません。だから国労などが頑張っていた反合理化、反合闘争は、非常に重要な意義があったのです。我々労働者こそが職場の主人公であるという職場主人公論、だから安全輸送は我々自身が担うという意識と行動の確立。動労千葉が、ここにとことんこだわったのは、すごいことだと思います。これを教育の現場にも生かしたいですね。教育をやるのは教師なのだから教師自らの考え方を子どもたちに教える。どんなに状況が悪くなっても、教科書で規制されても我々はやるんだ、ほんとうのことを教えよう、それは必ずできると。教育への政治介入、国家的管理・統制が強められる一方のいまだからこそ、職場主人公論を生かさなくてはならないし、教師の団結を確立することができれば、それは可能だと確信します。

■金融資本と戦争、祖国防衛論

そして3番目が「現代資本主義と公共性」です。この議論は、ほんとうは帝国主義段階をふまえなければいけないのですが、現代資本主義における公共性とは、いったい何なのかということです。それは資本が金融資本になるということと、その金融資本がもたらす矛盾は結局、戦争によって解決するしかなくなってくるということにもとづいてとらえなくてはなりません。

金融資本と戦争という問題、これは現在までをも貫く問題ではないかと思いますが、ここでの公共とは、まさに国家の戦争をする力、安全保障ということになってきます。それがベースです。金融資本が主導する帝国主義段階の戦争は国家総力戦です。まさに国家による安全保障です。実際、第一次世界大戦においてヨーロッパの社会民主党は、ほとんど祖国防衛という方向に吸収されていきます。国家が勝たなければ、祖国が勝たなければ、我々の生存・生活はありえない。最初に言った本来の公共性―生きる基盤、それを維持するためにも、国家が勝たなければいけないという意識です。もちろん流されなかった勢力もいました。ドイツの場合にはローザ・ルクセンブルク[1]をはじめとする社会主義者が、毅然として、これは帝国主義戦争であり対抗しなければいけないという立場を明確にし、祖国防衛主義と闘いました。しかし例外的でした。第一次大戦とともに浸透した祖国防衛主義は、国家による安全保障が国民の生命・財産を守るために必要不可欠だというイデオロギーとして、国家の軍事化・軍事力増強、紛争・戦争挑発行為を正当化し、そこに民衆を統合・動員するために基本的に現在も使われています。このイデオロギーが国家イコール公共性とみなす観念の根っこにあると思います。ですから、現代資本主義における公共性を考えるときには、戦争が国家総力戦としての帝国主義戦争になり、総力戦ですから戦争に労働者全体を吸収し巻き込むことが必要になる、その際に形成されたイデオロギーをまずとらえておかなければならない。これがひとつです。

(注)

(1)ローザ・ルクセンブルク（１８７１年―１９１９年）。ポーランド出身の革命家。ポーランド王国社会民主党の創設に参加したのちドイツに移住しドイツ社会民主労働党（後のドイツ社会民主党―ＳＰＤ）に入党、ベルンシュタインら「修正主義」派との論争を展開した。第一次大戦が勃発するとカール・リープクネヒト、クララ・ツェトキン、フランツ・メーリングら党内左派の一員としてスパルタクス団を組織、ＳＰＤの祖国防衛主義に反対して反戦闘争を展開した。スパルタクス団はＳＰＤを脱退したカウツキーらによって結成された独立社会民主党（ＵＳＰＤ）との合流を経て、１９１８年11月の「労働者・兵士協議会（レーテ）」が主導するドイツ革命の激動のなかローザらを中心にドイツ共産党（ＫＰＤ）を創設したが、反革命義勇軍フライコールの武力弾圧によって壊滅的打撃を受け、ローザはリープクネヒトとともに虐殺された。

■大不況期、体制危機に直面した国家の公共政策

「現代資本主義と公共性」をめぐる第2の論点は１９３０年代の大不況[1]です。大不況期における公共性とは何かという問題です。

30年代不況のなかで国家による不況対策が展開されます。それはたんなる不況対策ではなくて失業対策でもありました。アメリカなどでは最低賃金制だとか農民保護政策とかも入ってくるわけです。社会保障の政策というかたちで、人間生活

の一般的安定をはかるという本来の公共性維持を大不況期、体制の危機に直面して国家が展開せざるをえなくなったのです。

資本主義国家を体制維持のための社会保障政策にむかわせた大きな要因は、国内労働者階級の圧力です。しかし、それだけではない。国内労働運動の背後にあるソビエトの存在、社会主義のインパクトが決定的に効いていたのです。そこのところを押さえながら、国家が労働者の生活保障をやらざるをえなくなった、つまり本来の公共性の維持を国家の政策を通してはかるというあり方の現実化として――その方向がいわゆる国家独占資本主義(2)といわれるけれども――体制危機に直面した国家と、そのなかでの公共性の関係を位置づけておかなければなりません。

その場合に問題となってくるのがケインズ主義(3)です。ケインズ主義の二面と考えていいかどうか難しいのですが、ひとつはアメリカ、イギリス、フランス型のケインズ主義。これは基本的に生活保障の側面が中心で、そういうものとして現実化したことについては労働組合、労働者の意識と運動の影響が間違いなくあります。日本、ドイツ、イタリーはファシズムですね。ファシズムの体制の下で展開された体制維持策ということになりますが、その体制維持策自体から戦争が引き起こされていくわけです。ですから、第一次大戦後の、とくに体制危機に陥ったもとでの国家による公共性維持の表れ方には、ファシズム型といわゆるケインズ・社民型の二面がある。そのそれぞれにおける公共性の位置づけを整理しておかなければならないでしょうね。

（注）

(1)30年代大不況――1929年10月24日に起こったニューヨーク・ウォール街の証券取引所における株価の大暴落（「暗黒の木曜日」）に端を発した世界的大恐慌と、その後の長期不況のこと。世界不況は1929年から1933年にかけての5年間におよんだ。背景にあるのは第一次世界戦争後に現れた農業を中心とするアメリカの生産力過剰（農業恐慌）と、そのもとで過剰化した資金が投機・株式市場に殺到することによって形成された株バブルである。ニューヨーク市場のダウ平均株価は5年間で5倍に上昇し、暴落直前の1929年9月3日には史上最高値を記録した。バブル崩壊の影響は、第一次戦後アメリカ経済への依存を急速に深めるヨーロッパなど資本主義各国を直撃し、第一次大戦の敗戦国ドイツ・オーストリアや1929年2月に金本位制に復帰したばかりの日本をはじめ大手銀行の破たんが相次ぐ金融パニックが拡大した。この大不況期を通すなかで帝国主義各国は一国経済優先に急傾斜し、管理通貨制のもと自国輸出競争力強化のための為替ダンピング戦、経済ブロック化による市場独占―国際関係断絶の方向を推し進めていくことになった。

(2)国家独占資本主義という規定を最初に使ったのはレーニン

である。レーニンは、第一次世界戦争を通じて資本主義が帝国主義＝独占資本主義の段階から国家独占資本主義に移行したとみなすとともに、国家独占資本主義を「社会主義への直接の入り口」ととらえた。レーニンほど率直明快ではないが、社会主義東ドイツの学者・ツィーシャンクやその影響を受けた日本の構造改革派系の学者・研究者も、国家独占資本主義を〝国家の介入による資本主義的生産諸関係の最高度の社会化〟と位置づけ、したがって国家独占資本主義のうちに社会主義の生産関係が準備されるとする主張を展開した。しかし、30年代不況のなかで現実化した国家独占資本主義的方向の基軸は、管理通貨制のもとでの財政支出拡大を手段とする国家・公共投資の増強、国営化推進、社会保障拡充であり、その本質は、不況下の労働運動の圧力やソビエト社会主義の〝インパクト〟に抗して資本主義体制崩壊の危機をのりこえるための体制維持策にほかならなかった。

(3)ケインズ主義は、近代経済学者ジョン・メイナード・ケインズ（１８８３年―１９４６年）の理論にもとづく政策理念。ケインズは１９３６年に新古典派の雇用理論を批判して主著『雇用・利子および貨幣の一般理論』を発表、政策論としては、完全雇用のための国家による有効需要創出、遺産相続税や累進課税を活用する所得再分配――平等化政策など、経済を資本の自由に任せない修正資本主義の主張を行った。ケインズ主義の流れは１９７０年代まで資本主義各国の政策に反映され続けるが、それは必ずしもケインズの主張をストレートに具体化するものではなく、一般的には、管理通貨制と赤字財政による公共投資拡大を通した有効需要創出策、社会保障拡充、資本活動への一定の規制などがケインズ主義的特徴をもった政策として展開された。

■いま30年代への復帰なのか?

両者には共通項もあります。ケインズ・社民型もファシズム型も体制維持策であるとともに、その体制維持策が管理通貨制(1)のもとでの一国主義、一国体制として展開されたということです。国際化とグローバリゼーションではなくて、一国体制をどう維持するかに集中しなければなりませんでした。ここに30年代型体制維持策の決定的な特徴があります。

ナショナリズムと対外緊張を煽る安倍政権の動向などから、いまの状況を30年代への復帰とみる人たちもいますが、情勢認識としてどうでしょうか。現状と当時の状況は相当違っています。日本にしても欧米にしても、もちろん一国の利益・国益を強調・追求してはいますが、あくまでもグローバル競争戦を通じてのことであり、自国利益を貫徹するために国際関係を断絶できるかというとできません。断絶できないなかで一国の利益を追求しなければならない。だから競争力強化・コストダウンに血道をあげて経済戦争・市場競争に勝つことが求められるのです。30年代は違いますね。30年代の場合は植民地分割と防衛、戦争による自国経済圏の形成・拡大です。この違いを明確にしないで安易に現在を30年代にアナロジーするのは理論の怠慢であり、情勢の見通しを誤ることにもなりかねません。

（注）

(1) 管理通貨制――国内的には、一国の通貨供給量を中央銀行金準備量等の制約から切り離して、通貨当局の管理のもと経済状況に応じて操作できるようにする制度。しかし一国的な管理通貨だけでは自国経済を優先させた通貨操作による為替ダンピング合戦や経済ブロック化、ブロック化による国際関係断絶と戦争化を回避できない。そこで第二次世界戦争後、ブレトン・ウッズ協定（１９４４年）にもとづいて戦後資本主義の〝絶対盟主〟となったアメリカのドルを基軸通貨―国際決済通貨とし、この関係を加盟各国の協調で維持するＩＭＦ（国際通貨基金）が創設され、国際通貨管理制度が成立した。したがって現代の管理通貨制は一応、ＩＭＦ体制による国際通貨管理のもと、その構成国それぞれが国内的な管理通貨制を維持する構造となっている。

■スタグフレーションはケインズ主義の限界露呈

第3の論点としてケインズ主義の終焉、スタグフレーション[1]のもとでの公共性の問題を挙げておきます。ここのところは成田空港や原発を含む、現代的な「公共事業」の問題がみんな関わってきます。

そもそもスタグフレーションがなぜ起こったのか。一言でいえば資本主義における改良の限界です。１９６０年代後半からや１９７０年代にかけて世界的に植民地が独立を果たし、植民地の分割戦と一方的な領土支配ができなくなっていくなかで、その状況にも規定されつつ世界市場競争戦が全面化します。後発国をも巻き込んだ資本主義国家間の競争―市場競争戦の本格的な展開です。その一方で、景気対策としてケインズ主義による物価の引き上げをやったことから労働者の賃金が押し上げられ、それが資本にとっての持続的なコストアップ要因を形成します。賃上げだけではありません。この時期、公害・環境対策、オイルショック[2]をはじめとする資源問題の圧迫も、すべてコストアップ要因となって資本の競争力を削ぎとりました。そこからスタグフレーションが引き起こされていきます。だからケインズ主義の限界露呈なのです。

僕はそこで資本主義の体制的終末みたいなことを言ったわけですが、いま考えても体制の終末という見方は間違っていないのではないか。国家を使ってケインズ政策を駆使しても、うまく資本主義体制を維持できなくなったという証拠がスタグフレーションなのです。では、ケインズ主義の限界を戦争―植民地分割の帝国主義戦争でのりこえる、解決することができるかといえば、もはやできない。「熱い戦争」ができない。帝国主義戦争に代わる戦争が経済戦争であって、経済戦争に勝つかどうかが、資本主義体制を維持できるかどうかの分かれ目になってしまった。この認識が現在をとらえるうえで、すごく大事になっています。

（注）

(1)スタグフレーションとは、「戦後最大最悪」とされた1974―1975年世界不況を契機として世界経済を覆った〝インフレと不況・景気停滞の同時進行〟現象。不況は78年3月に一応底打ちし、公定歩合の連続的引き下げや、公共投資の拡大を軸とするインフレ財政再開による景気浮揚がはかられたが、にもかかわらず「物価は上昇するのに、景気は一向に回復せず、企業の倒産は続き、失業者は増え続ける」（鎌倉孝夫『スタグフレーション』）状況が長期化した。とくに従来、常に景気回復をリードした民間設備投資は冷え込み続け、自動車・電機等の輸出産業以外の製造業設備投資は、1975年から1978年にかけて減少ないし横ばいと、まったく停滞した。そうしたなか原発推進を柱とする電力投資の政策的急増が行われたが、そのことは当時の原発政策が電力・エネルギー需要を充たすというインフラ整備の要請からよりも、不況対策・産業対策の性格を強くもって推進されたことを示している。なお、日本資本主義は欧米に先駆けてスタグフレーションから脱却したが、それを可能にしたのが減量経営を柱としたコストダウンによる競争力強化であり、その競争力をもってする対米輸出の洪水的拡大であった。

(2)オイルショック――1973年10月、OPEC（アラブ石油輸出国機構）は第4次中東戦争をめぐって原油禁輸から、ほぼ4倍となる価格引き上げを断行した。原油価格引き上げは、国際的インフレ下での原油価格低落への対抗であり、資本主義先進国による資源収奪にたいして一定の制約を課すものといえる。オイルショックは1974―1975年世界不況を誘発する直接の要因となった。

■競争と暴力の新自由主義へ

スタグフレーションのもとで資本主義として生き延びていくために、資本主義体制を維持していくために何が必要かといえば、結局、競争力の強化しかないのです。競争力の強化には減量経営[1]、コスト切り下げが絶対的に要請されます。それは「供給の経済学[2]」が全面的に現実化されることを意味します。同時に、国家自身が新自由主義的方策を展開していかなければならない、ということになり、このことが1970年代後半以降の国家の政策を規定していきます。具体的には1980年代に明確になる国鉄分割民営化の動向であり、中曽根中教審の教育自由化であり、民間中心の原発推進という展開にも絡んできます。

ということでスタグフレーションを契機として国家の政策の新自由主義的転換が進行します。これに対応して、空港問題とも関連にしますが、新自由主義の推進には必ず暴力がともなうこと、国家暴力の必然性が現れます。レーガン、サッチャー、中曽根――新自由主義の国家権力はすべて戦闘的労働組合を叩き潰す攻撃を強行しました。この攻撃なしには新自由主義の導入、展開はありえなかったのです。ナオミ・クライン[2]が、そのあたりのことを詳細に実証しています。

では競争と暴力の新自由主義推進で、公共性はどうなっていくのか。もう競争しかないわけですから、口実にすぎないにしても競争力強化、競争に勝って成長を維持するということを公共性の基本に据えざるをえない。成長だけが国民生活の安定を実現するというわけです。それで1970年代の後期あたりから国家目標としての経済成長ということを意識的に言い出します。経済成長至上主義ですね。その結果が、経済成長を追い求めることの限界として現れたバブル経済とその崩壊です。

(注)

(1)コスト上昇を伴う製造業の生産力過剰が解消されないスタグフレーションのなか、企業は生産拡大にむけた投資意欲を減退させ、むしろ〝省エネ、省資源、省力化〟を柱とするコスト削減のための合理化推進による利益確保をはかった。これがいわゆる減量経営である。不況下の減量経営の広がりは、国内的にはさらなる設備投資の停滞を生み出したが、減量―コストダウンを達成した日本の製造業大企業は、自動車、電機、鉄鋼などを中心に対外競争力を飛躍的に高め、1970年代後期以降の急激な輸出拡大を主導していくこととなった。

(2)供給の経済学は、経済の長期的・持続的成長を確保するにはケインズ的な需要創出よりも、労働生産性の向上など資本家的効率性を高める供給サイドの革新が有効であるとする考え。米・レーガン政権（第1期）の経済諮問委員会委員長であったフェルドシュタインらが唱えた。政策の中心は、税や貯蓄をめぐる富裕層優遇、規制緩和、競争促進で、現在のアメリカ経済へと続く格差拡大や投機過熱に道を開いた。近代経済学の潮流としては新古典派・マネタリズムと同根。

(3)ナオミ・クライン（1970年―）。カナダのジャーナリスト。代表作は2007年刊行の『ショック・ドクトリン』（邦訳『ショック・ドクトリン―惨事便乗型資本主義の正体を暴く 上・下』岩波書店、2011年）。同書はミルトン・フリードマンらシカゴ学派の市場原理主義を「ショック・ドクトリン」と名づけ、その最初の適用例とされる1970年代ピノチェト軍部独裁下のチリで行われたことを暴露・検証するなど、実証的に批判・告発している。そこでリアルに描かれているのは、戦争や経済危機に加え、台風・地震・大津波という自然災害さえ利潤拡大に利用する「惨事便乗型資本主義」の恐るべき実態だ。

■世界に先駆けた日本の新自由主義

新自由主義導入の中身をみると要点はふたつだと思います。ひとつは規制緩和・撤廃です。もうひとつは国家がケインズ主義のもとで担ってきた公共事業、そのなかには教育、福祉、交通なども入りますが、それらの民営化です。公共事業・インフラ整備の民営化。新自由主義はその2点、規制緩和と公共・公的事業の民営化が柱で、その2本柱で走り出した時期は、それを推進する際の暴力とともに1980年代だったと考えています。

ちなみに新自由主義を批判する人たちは、日本の新自由主義は小泉「構造改革」からで、レーガンやサッチャーから一周・二周遅れで始まったとみるのがほとんどです。僕はまったく逆で、日本は世界に先駆けて新自由主義と同じ内容の政策を展開していた。スタグフレーションの克服策として推進された1970年代後半の減量合理化というのは、まさに新自由主義なのです。まず民間中心の減量合理化があり、それを公共交通解体・国鉄分割民営化として第2臨調が引き継いだ。ここに日本における新自由主義展開の画期があるととらえなければなりません。また、そうしないと1980年代、1990年代の政治・経済過程を現状分析として解くことができません。

■「ケインズ主義の復活」という時代錯誤

新自由主義国家の特徴として、「安上がりの国家」というスローガンは掲げながら、労働者民衆に対しては福祉や教育の民営化を通して自己負担化が強要されて、財政支出をどんどん切り詰めていきますが、民間資本にたいしては「安上がり」どころではないですね。完全に民間資本主導・優遇型の財政支出です。とりわけ1990年代以降、この性格は徹底して明確になってきます。アメリカでもどこでも共通です。

アベノミクスを評して新自由主義とケインズ主義のミックスであるという人たちもいますが、そうではありません。ケインズ主義は、少なくとも労働者民衆に対する改良的側面がある。日本でも失業救済などをかなり大胆にやっていました。日本の場合は軍事産業中心ですが、それにしてもファシズムのなかに農民や失業者を吸収していきながら、資本に対して圧力をかけるという側面がありました。そこがいまあるのかといったら、ないですよね。この面でも30年代といまの状況、問題を区別しなければならない。

いまは新自由主義が基本なのです。その新自由主義をリードしているのが、一握りの金融資本であり、その金融資本のための自由の展開が新自由主義なのです。新自由主義追求に国家を最大限利用する、自分の競争力強化、自分の利益追求のために国家を使うというのが新自由主義と国家の関連であって、たんに新自由主義とケインズ主義のミックスではない。そのことをはっきりさせておかないと、すでに限界が明白となったケインズ主義の復活だなんていう時代錯誤に陥ることになる。

■新自由主義の国家は公共性を投げ捨てた

「現代資本主義と公共性」の第4の論点は、まさしくいま現在の問題で、新自由主義の矛盾がまさに現実に噴出している——新自由主義によって国民が統合できない、少なくとも経済的統合が不可能になった時点における「新自由主義と国家」の関係です。

民主党政権、とくに新自由主義を批判しながら成立した鳩山3党連立政権は、資本の利害に対抗し社会民主主義的政策を導入することを通して新自由主義の矛盾を一定程度緩和しようとしました。しかし、新自由主義の基盤にあるグローバルな競争戦、金融資本の支配については規制も何も採れない。そのなかで社会民主主義的改良はほとんど現実化しえないまま挫折してしまいました。いまの安倍政権は、新自由主義、競争原理で何が悪いと完全に開き直っています。資本・財界の優遇を全然隠さないし、日本帝国主義のセールスマンよろしく原発やインフラを売り込む国際セールスに勤しんでいる。

第一次安倍内閣もかなりの開き直りでした。あのときの彼がやったのは教育基本法の改悪です。これがいま活きてしまっている。憲法違反の教育基本法を作って現場に押しつけ、そのことを通して国民の意識をどんどん変えていこうということですから、すさまじい統制ですよね。憲法違反の統制をやっている。法的には憲法違反なのだから正統性は何もない。国家を愛するのは当たり前だと言って愛国心教育を義務づけ、これを盛り込まない統制違反の教科書は最初から認めない、というところまできている。教育現場はたいへんな状況です。憲法違反の統制に従わない教科書を使うようなら弾圧・排除ですから。君が代を歌わなければクビでしょ。それを安倍はやったわけです。それと防衛庁の防衛省化。これもひどいが、そこまでやってしまった。こういうことも大きくは、新自由主義の矛盾噴出に対する国家の対応とみなければならない。

新自由主義の国家は、すでに口実、みせかけとしても公共性を投げ捨てています。支配層・権力者自身がさんざん使ってきた公共性概念、例えば経済成長が国民の利益だと言い続けてきたけれども、では成長がほんとうに国民の利益になったかといえば、なってはいない現実が暴露されている。大企業が巨額の利益を稼ぎ出し溜め込む一方で、失業と貧困が拡大し、生活保護者はどんどん増える。成長が国民的利益だとするごまかしが、いつまでも通用するはずがありません。

■すべてを他者の責任にする思考パターン

だからこそ、とにかく国家に従えという強制が出てくるのだけれども、安倍首相のやり方は靖国参拝でも現われているように、自分のやったことについての反省は何一つない。自分は「不戦の誓いをやった」なんて言っている。それに対して中国・韓国が怒り、アメリカまでもが露骨に「不快感」をみせると、「認識不足」だなどとうそぶいている。「前提を付けないで話し合いをするといっているのに、それに乗ってこない」のが悪いと批判するけれども、自身の行為によって前提を作っているのは安倍の方です。

　新自由主義を徹底させて大衆のなかに浸透させていけばいくほど、競争のなかで労働者民衆がバラバラにされてしまうわけですから統合できなくなってしまう。それを公共性がない、公共意識がないと言って労働者自身の責任に転嫁して押しつけ、公共意識復活のために道徳教育が必要だ、愛国心教育が必要だと、こうもってくるわけですから、たまったものではありません。安倍という人間は自分が生み出した問題を自分の責任だと受け止めないで全部相手の責任にしてしまっています。それで最後はオレに従えとなる。

　新自由主義の基本的考え方は、これなんですね。要するにオレの言っていることにみんな従わない、反発するからうまくいかない。オレの言うとおりにすれば万事うまくいくはずなんだ、抵抗勢力が悪いのだと。こうなのです。シカゴ学派[1]の連中に共通する考え方、思考パターンです。竹中平蔵だって成長しないのは自分の政策が悪いからではない、規制があるからだと居直りまくっています。しかし、そんな考えに引きずられてしまう部分が民衆のなかにもある。そこに開き直り、居直りの安倍たちを支える大衆的基盤があり、どう変えていくかが主体の側の課題として投げかけられていると感じています。

（注）

(1)シカゴ学派は、1920年代から米シカゴ大学を拠点に継承されてきた近代経済学の潮流。現代における中心的存在はミルトン・フリードマンで、その市場原理主義は1980年代以降の資本主義の展開を特徴づける新自由主義推進のイデオロギーを代表している。

■戦争しか残らない、ただし…

いずれにせよ新自由主義の矛盾噴出のもとで国家の公共性とはいったい何なのか、何が残るのかと言うと戦争しか残りません。戦争に対処する——それしか残らない。ただし、その戦争はどういう戦争なのか。アメリカと戦争するのか。絶対にできません。むしろアメリカの戦略に従って反テロ戦争に協調・参加するのが精一杯のところです。中国とはどうか。ほんとうに戦争を構えることができるのか。紛争は起こすかも知れません。しかし正面切って自分で戦争を仕掛けることは、とてもできない。アメリカが支えてくれるから尖閣についてだって、あれだけ大胆なことが言えるのです。

　戦争ということを考えたときに、現実に起こりうる戦争は何があるのか。アメリカが戦後やってきた戦争、とくに19 90年代以降の戦争、湾岸戦争、朝鮮にたいする戦争の危機挑発、アフガニスタン、イラク、それに現在のシリア、イランなどですが、これはアメリカの支配・統制に対抗して自主を守ろうとする国・勢力を潰そうという戦争です。その延長上に中国を相手にした戦争をアメリカがやろうとしても、力関係からも経済関係からもできない。日本がいくら戦争したくとも、アメリカが一緒でもない限り日本は絶対にできません。だけれども戦争を挑発し、けしかけるだけけしかける。

日本はアメリカに対して自立できない帝国主義です。自立できない現実があるがゆえに安倍には強烈な帝国主義願望があり、その願望が戦前の明治天皇体制に復帰したいという志向となって噴出しています。さらに明治天皇体制のもとで日清・日露戦争に勝ち、第一次大戦にも勝って大国化の道を進んでいたのに、第二次大戦で敗北し、帝国主義として挫折したという強烈な屈辱感もある。安倍を支配しているのは明治天皇体制への憧れと第二次大戦敗北の屈辱感だろうと思います。

■自立できない帝国主義の自立願望

しかし安倍首相は自立帝国主義志向を強烈に抱きながら、アメリカとの関係でアメリカ帝国主義に従属せざるをえない。ドルとの関係、軍事力からはもちろんですし、対外的な資本の進出からいってもそうです。こんどの国家安全保障戦略[1]をみると、アメリカの戦略に対して「より積極的に協力する」と明言しています。安保体制の質、量の強化です。それがどういうかたちになるのかですが、アメリカは国防予算を削らなければならないこともあって、少なくともアジア太平洋地域において大幅に日本の軍事力に期待をかけています。アメリカの戦略を維持するために日本にカネだけではなく、自衛隊の本格的出動を含めて――これなのですね安倍のやりたいことは――協力させる。このアメリカの戦略に同調し協力し従属しながら、アメリカ帝国主義と同質の帝国主義としての実を示したいというのが、安倍のめざす自立できない帝国主義の「自立化」の構想なのです。そのときの敵は、まず朝鮮であり、そして中国となってくる。

最近、策定・公表された安倍政権の国防戦略―安全保障戦略のなかに「安全保障情勢の動揺」とか「激動」とかの表現が入っています。どういうことかというと、朝鮮が小型核兵器を開発しミサイルに搭載して日本を狙っている。中国は日本の2倍以上の国防費を使いながら海洋国家をめざしている。制空は防衛識別圏で支配しようとしている。東シナ海どころか南シナ海まで支配しようとしている。それが日本にとって、差し迫った脅威である、としています。それに対抗する軍事力を形成しなければいけない、という話になっている。その軍事力の中身をみると全部、先制攻撃を遂行するというものです。中期防衛計画に出ているのは自衛隊の海兵隊化です。アメリカに倣って海兵隊をつくり、それに陸・海・空が協力してどこに攻めていくのか、どこを防衛しようというのか。尖閣列島を攻めるのに水陸両用車52両も必要ありませんね。あれは何をめざしているのでしょうか。ほんとうは朝鮮に攻めていくと言いたいのでしょうが。

　とにかくたいへんなおカネを使って先制攻撃の軍事力を増強し、どこと戦争をするつもりなのか。アメリカの戦争に従うということは明確ですが、では日本が独自に戦争を仕掛けるつもりなのかといえば、そうは言わないで狙われているからというだけです。脅威だ、近隣に脅威がある。では、その脅威を生み出したのは誰なのか。アメリカであり自分たち自身ではないか。何一つ答えられないはずです。ここでもごまかしです。ごまかす以外にやりようがなくなってしまっている。

（注）

(1)「国家安全保障戦略」は安倍政権が2013年12月17日に発表。「わが国の安全保障環境と課題」では「グローバルな課題」として、①パワーバランスの変化。②大量破壊兵器拡散の脅威。③在留邦人やわが国の権益が被害を受ける国際テロの脅威、④海洋、宇宙空間、サイバー空間へのアクセスや活用を妨げるリスクの拡散、⑤貧困、感染症、気候変動、食料安保、内戦、災害など一国のみでは対応できない地球規模の問題、⑥エネルギー・鉱物資源の需要増加と資源獲得競争の激化――を挙げている。国益・権益確保のために自前の軍事力を増強し行使したいという、まさに〝自立できない帝国主義の自立願望〟を表明する内容だ。

■公共性がないから「愛国心で戦え」という安保戦略

　国民の生活の安全のために安全保障戦略が必要だとして、そこに公共性があるようなことを言っているし、専守防衛も降ろしてはいません。だが、これもごまかし、嘘ですね。実態は先制攻撃態勢をつくる、そのために国民に対する収奪をいっそう強める、国民の利益になんて何ひとつなりはしません。そして結局、安全保障戦略の最後に愛国心が必要だと強調している。民衆の利益になるという合理的根拠、理由が示せない、というより無いものだから、愛国心・イデオロギーで安保を担えと怒号・号令するしかない。国民全員竹やりを取って戦えば勝てると叫んだ戦犯たちの意識構造と変わりません。そこでまとめたところに安倍の本質が明瞭に表れた安全保障戦略になっています。

　今年の国会には安全保障基本法を出すようです。それは実質的な改憲です。憲法をそのまま残しながら原理を完全に変えてしまう。自民党憲法改正案の方向で変えてしまう。そのためにペテンを使う。例えば国防軍にすると公明党が反対するかもしれないので、そこは隠蔽するが、中身は国防軍そのものとか。しかし、そういう方向に民衆・国民を統合していくというときに、国民を納得させるような合理的根拠はまったくない、何一つない。ちょっと質問しただけでボロが出る。まともに答えられません。秘密保護法だって答えられない。「私の説明不足でした」――そうじゃない、説明なんてできっこないのです。説明できないことをごまかしにごまかしを重ねて押し通していく。村山談話をめぐってもそうですね。村山談話を見直すといっていながら、あとから「継承します」と言い直している。継承するというから自分の考えを変えたか思えば、全然変わっていない。外面だけを変える偽装です。偽装、欺瞞政権、それで統合しようというのだから暴力しかありません。そのことは今回の市東さんの裁判でもはっきりと出てきています。

■資本主義への幻想を捨て、主体意識と行動の確立へ

ここまでくれば、「成長神話」を含めて私たちは資本主義への幻想を捨てるしかありません。みんな人間らしく生きていきたければ、まずは幻想を捨てましょう、国家に頼る、国がどうにかしてくれるのではないかとか、資本のなかにもブラック資本ばかりでなく善玉資本もいるはずだからとか――ブラックじゃない資本って何なのでしょうね――、そういうものに期待して依存しても、どうにもならない、何も変わらない。問題は、幻想を捨てた上でどうするのか。

ズバッと言えば主体の転換です。経済を支配する資本に取って代わる主体の確立です。それにはどうしたらいいのか。現実には生産現場の主体、教育や医療の現場も当然入ってきますが、とにかく現場の担い手である労働者が主体・主人公としての意識を持つことです。そして主体としての行動を、できるところから起こすことです。それを現にやっている部分、運動があるわけです。交通のなかでも教育でもあります、完全に潰されてはいません。主体の実力を示すということで頑張っています。これを広げていくことが大事なのです。

主体の確立には抵抗が必要です。主体の実力を発揮しようとすれば敵は必ず弾圧・抑圧で応えようとするから、それには徹底的に抵抗する。主体性の確立、主体的力量の発揮、それは必ず抵抗をともなうのです。抵抗なくして主体の確立は、現実にはありえません。

とくに重要なのは従来、資本主義国家が維持してきた公共性のなかの教育、医療、福祉など、それから農業という生活・生存の根本的な基盤――いま現実に新自由主義によって解体・市場化されつつある公共的領域・基盤、そのなかで主体

を築いていくことです。新自由主義であれ何であれ人が生きていくうえで必要不可欠な領域、基盤はどうしたって維持されなければならないから、そこを生産者・労働者が掌握していくことは大きな強みになります。資本の支配をひっくり返す拠点になりうる。そして経営・運営の基準を転換していく。資本と実体の主体＝労働者では追求する内容が全然違うわけですよ。資本はカネ儲けになれば何でもいい。成田空港会社が安全性軽視のＬＣＣ就航を必死で誘致したり、騒音など周辺住民の被害拡大を承知で24時間空港をめざすのも、それが会社のカネ儲けに必要だと考えているからです。主体・実体の担い手はそうじゃない。追求するのは生活に必要な産業・事業、生活基盤を築くことであり、資本家的効率性や競争を排除した人権保障としての生産活動であり、そこを基軸にした経営のあり方です。

■所有権より耕作権・労働権を重視している『資本論』

日本の農業もＴＰＰ体制になれば、これまでの農業経営ではやっていけないということで、資本家的農業経営、儲かる農業の方向が強調されています。儲かるにはコストを減らし、ブランドを確立し、輸出を拡大しなければならない。食糧自給なんて関係ない。でも市東さんたちは違います。効率は悪くても手間を惜しまず完全無農薬有機農法で安全・安心な農産物を、それも市場関係ではなく「産直の会」という人間的結びつき―連帯関係によって消費者に届けている。しかも年間に旬の作物を50～60品目も作って、会員の食のバランスにも気を配るという姿勢です。これが主体の意識に立った農業生産なのです。市東さんたちが、空港会社や国家暴力への徹底的な抵抗を通して確立してきた〝主体の農業〟を、それを支え、必要とする人間的連帯のネットワークとともに広げていくことが、生活基盤としての農業を再生・確立し、ひいては日本の社会を経済基盤から変革していく大きなテコになりうるとみています。

農業について、マルクスは『資本論』で興味深いことを言っています。『資本論』のなかで「土地」はエルデ（Ｅｒｄｅ）とともにボーデン（Ｂｏｄｅｎ）、グルンド（Ｇｒｗｎｄ）という言葉も使っていますが、基本的にはＥｒｄｅです。労働過程論での土地はＥｒｄｅです。それで土地問題をどう扱っているかというと、資本主義が支配してくると労働力の収奪と土地の収奪が起こる。土地の収奪の中身は自然法則、循環法則の撹乱、破壊です。自然法則を資本主義は破壊する――このことを地代論は差額地代第二形態を中心に明確に展開しています。要するに借地期間を地主の方はどんどん短縮させたい。契約更新、契約更新で高い地代を取りたい。借地期限が限定されていると農家・生産者の側は回収を速くしなければならないですから、土地を改良するとかの余地・余裕がない。それが資本主義による土地・自然力の収奪ということになるのです。

そういう資本主義の土地収奪に代わるものとしてマルクスが提起しているのは、第三巻で言っているのですが、ひとつは直接耕作する農民が土地の主人公になる。小農経営でもいい。ただ基本的な方向としては集団農場、共同農場です。その場合、土地は共有なのだけれども、マルクスの言っている共有ということの意味が重要です。中国などは誤解してしまって、日本でも共産党なんかは誤解しているようですが、労働者が所有権を共同で持つことととらえてしまっている。所有権にしてしまうのです。所有権―財産共有権ですね。その頭で共有ということを考えると株式会社と同じになる。株式会社なら共有財産を分割して売ってもかまわない。中国は、それをやっているわけです。いま請負農に対して始めようとしているのも、それなのです。利用権を物権化する、株式化して売却も認める。

ところが土地共有のマルクスの本来の意味は、「社会的労働を実現するための土地・生産手段」なのです。基盤として社会的労働がある、と言っている。つまり労働権の社会的保障としての共有なのです。財産をみんなで共同で持つとか、分割可能だとか、そんな資本主義の商品経済的なレベルのプチブル的な所有観とは、まったく違ったことをマルクスは考えていた。土地共有とか生産手段の共有ということの意味は、共同した労働者が自主的に土地を使用できるという使用権――耕作権・労働権という人権の保障、労働権の社会的保障としての共有なのです。そうとらえないといけないのではないかと思っているのです。

■市東さんの闘いは労働権・人権確立の闘い

そういう認識がほんとうにないですね。その点、意外と言っては何ですが、朝鮮はマルクスに近い考え方に立っています。土地共有は耕作権だと位置づけています。だから株式会社導入には反対なのです。

資本主義の最高形態は株式、証券化であり、土地の擬制資本化[1]ということです。中国が進める土地利用権の株式化も、土地を擬制資本にするものです。いまの資本主義は最高・最後の形態として、それを現実化するところにまで行き着いています。土地の擬制資本化によって資本主義の土地収奪・自然破壊は頂点に達します。これに対抗して我々のめざすのは、直接の生産者、生産の主人公である労働者・生産者が生産手段を自分の自主的判断で生産活動に使う、主体が主体として生きる関係です。資本主義的経営でなぜ悪いのか、それは労働者が主体になれない、資本の要求に従ってしか労働できないからです。資本の要求は、労働者の基本的な要求と人間が生きるということ、これに根底から対立します。

農民としての市東さんの基本的な要求と生きるということは、市東家三代の営農で培った農地で無農薬有機農業を続け、発展させることだと思います。農地の暴力的な取り上げは、市東さんの「生きる」という欲求に対立するばかりか、「生きる」基盤を奪い去り、破壊する行為そのものです。天神峰の畑で農業を続けることは市東さんの労働権、生存権、人権であり、社会的労働を基盤に成り立つ人間社会において絶対的に保障されなければならない権利です。新自由主義にまみれた国家・裁判所が保障しない、否定するというなら、労働者民衆の連帯の力で保障・確立するまで、という結論になるのではないでしょうか。

（注）

(1) 擬制資本とは、現実に価値増殖根拠をもって利潤を生む資本とは異なり、株式の配当や地代などを利子とみなし、それらを平均利子率で資本還元することによって想定される資本。架空資本と称されることもある。社債や公債などの債券をはじめとする金融商品・金融派生商品は、すべて擬制資本にあたる。

第3章

これでいいのか！ 日本の農地・農業

農業を終焉に追い込む営利企業の農地取得、ＴＰＰ

石原健二

I　失われた農の公共性を求めて

1．農は誰のためのものなのか

(1)　ＴＰＰと農業の危機

◇米を止めたい安倍政権

私が農業関係に働き初めてほぼ50年になる。その50年のなかでここ1〜2年ほど農業が危ないと感じ、しかも世の中全体が見通せなく、鬱々とした毎日を過ごすのは初めての経験となっている。

農業政策を見れば、自民党政府は１９９０年代初めのガット・ウルグアイラウンド農業合意以来、農産物の自由化を前提とした農業への転換を進めてきたが、２０１０年に民主党政権になって大きく変ってきた。一つは米の戸別所得補償の導入、もう一つは同時に国内農業に多少は目をむけ始めたということにあった。しかし、再度の安倍政権に代わり、昨年秋からその戸別所得補償を、生産調整という名前に切り換えて、それを止めたいと言っている。よく見ると、じつは生産調整を止めたいということだけではなく、米関係の予算をすべて止めたいということを言っている。

民主党が行っていた戸別所得補償は、いわば米価の補償政策で、一俵１３８００円という基準価格を決めそれより下がった場合には下がった分を補填するというものだ。したがって米の価格政策であって、生産調整対策ではない。その価格政策の奨励金は、政府の示す生産計画数量に協力する人にのみ払うということになっていたので、その点で生産調整に関連があるものの、生産調整のための補助金ではない。農家の方はお分かりだと思うが、生産調整の補助金は、とっくになくなっているのである。それなのに3年前からの戸別所得補償を生産調整の補助金と言っているのは、財務省が戸別所得補償を決して価格支持政策と認めなかったからだ。財務省の国の予算では、この補助金は米の政策予算であって、米の価格補償とは書いていない。

その補助金を削ることとは、米関係の予算を削るということであり、生産調整に関連するものだとすると、例えば転作作物である麦だとか大豆だとか飼料作物だとかの奨励補助金は3年前から反当8万円が出ているのだが、これも含めて止めたいと言っていることになる。来年からは生産調整、転作作物関係の予算を切りたいのだ。ということは、転作のための奨励作物はすべて関税に関連するもので、その関税をなくすこと、つまりＴＰＰを批准して行くということなのだ。そうすれば予算がなくて済む。そのために、戸別所得補償を生産調整補助金だと言ったのだ。こういうやり方が、いまの自民党農政のあり方全体を表現している。

◇コメと農地に特化した日本の「農政」

戦後60数年どころか明治の初めから、農業独自の基本政策というものが、日本にはほとんどなかったと、私は考えている。明治維新で日本は近代国家になっていくが、お米の関係では明治20年くらいまで米を輸出している。それ以後は徐々に輸入するようになってくる。それで日清戦争前後になり日本の国が多少経済力を持つようになると、織物関係については関税交渉をやるが、お米については日本政府は何もしていない。入ってくるときの関税は低く、輸出する関税は相手のほうが高いまま。農業に対する政策は対外的にも初めからない。農業技術の導入では一生懸命、研究所や試験場を造ったり、大学に農学部を設置したりする。しかし作物ごとの研究はやっても、農家経営全体に対する財政的支援は一切ない。それが生まれてくるのは大正期の米騒動と、それと同時に起こってくる小作争議によって農業が社会問題、農業問題となってからである。それで初めて日本に農業政策が行われるようになる。だから日本の農業政策というのは、一つは米価、米の価格政策。もう一つは農地政策。この二つが中心で、その他はほとんどない。このかたちは大正時代からいまに至るまで基本的に変わっていない。

◇自給よりも安さを求めて

要するに、米は生産を如何にするか、あるいは生産者に対していかように対処するかではなく、消費者にどれだけ安く米を供給するか、言い換えれば、安い賃金を実現できるかにあり、国内の市場に如何に安い米を供給していくかに、政策の中心的な視点が置かれていたのだ。大正の米騒動が起きたときにも、その対策として当時植民地となっていた台湾と朝鮮での米の生産振興に取り組んでいる。国内でもって自給するのではなく、植民地からの安い輸入米と、それでも足りなければ外米を輸入する。とにかく消費者に安い米を安定的に供給することが最大の課題とされていたのだ。この価格政策としての米の政策が、ほぼ太平洋戦争の時期まで続いている。

太平洋戦争が始まり、食糧管理法ができ、そこで生産者を保護し、同時に消費者には安いおコメを供給する、そのギャップ・差額は政府が日銀券を印刷して補填をしていくという方法を取ることになった。こういった米の政策というのが、つい、このあいだまで続いてきていた。

◇立ち遅れたままの小作・賃借権問題

もう一つの農地の問題、これは小作争議への対処として、農地を貸し借りする賃借権を強化するのではなく自作農の創出政策をとる。小作農が政府の金融機関からお金を借りて地主から土地を買い取る、そして自作農にすることによって小作問題を解決しようと、そういうやり方を採った。ドイツで19世紀に一時期採られた方法である。したがって農地の賃貸借問題について、これを解消するという方向には一切なっていない。この農地問題も、戦争が始まって小作農の人たちの生産への意欲が湧かないというところから、多少、賃借権についての権限を広げている。たとえば、引き渡しによる対抗力だとか、それから農地調整を入れるようになってくる。だが、抜本的と言えるものではない。この流れのなかでは戦後の農地法の改正も、そんなに大きな改正ではなく、自作農をつくる一方で賃借権については、それほど進歩がないままにいまに至っているのが実態となっている。小作農は、たしかに少なくなり、農地全体の8％程度しか残っていない。それでも小作農との関係は、かなり大きな問題をその後も引きずっており、市東さんの土地もその問題が根っこにあるのは間違いのないところだ。

◇TPPではMA米100万トンへの拡大が合意済み?

このように日本では明治以来、農業そのものが国の全体の政策になったことが、ほとんどない。しかも今回TPPの問題が起こり、私はここのところをもって、いよいよ日本の農業は最期を迎えたのかなと感じている。日本はTPPだが、隣の韓国はFTA（自由貿易協定）で同じような関係をアメリカと結んでいる。ところが韓国の農業の実態は、わずか2年ぐらいの間に大きく変貌している。それを考えると日本の農業も、TPPによって韓国と同じ道程をたどっていくのではないかと考えざるをえない。

TPPは、すでにずい分、交渉が進んでいるようだ。現在、米について日本は、関税で輸入に制限をかけている。その代わり、米の生産量の8％を自動的に輸入することを約束させられている。「MA米」、「ミニマムアクセス米」というもので、それを約束させられたのは1993年。そのときの8％が77万トンで現在も77万トンを輸入させられている。そのMA米をこんどは100万トンにしたら、とこちらから言っていると一部新聞が明かしている。日本のいまのお米の生産量は700万トンちょっとなので、8％なら77万トンも買う必要はないわけだが、それをさらに100万トンにすると言っている。700万トンのうちの100万トンだから大変な量になってくるわけで、当然、米は価格を含めて大変貌を遂げることが予想される。これが現実になれば日本の農業は潰れるしかない。

米の場合はそれでも、二種兼業を含めた農家の供給量が6割を占めているのである程度の耐久力はある。じっと我慢して自給に勤めるべきだと思う。消費者なんて関係ないということにでもしないと農家は残らない。私も田んぼを5・5反ほどやっているが、そのときは親戚・友人には供給しても、一般の人には「売らない」ということにしようと思う。しみじみ戦後の食糧難のときを思い出す。そのようにでもしないと消費者に農業の大切さはわかってもらえないのではないか。

◇まず北海道と沖縄の農業が失われる

米については比較的、何年か耐えることができるかも知れない。しかし、単一作物である畜産とか、とくに沖縄や北海道の専業的な農業はやっていけない。沖縄や北海道の農業というのは、下がっている関税の収益を中心とする価格支持があるから成り立っている。例えば甘味資源といわれる沖縄のサトウキビと北海道のビート、これは完全にダメになる。沖縄のサトウキビ畑はなくなる。また北海道では、畑は四つの作物の輪作体系を採っている。麦と大豆とジャガイモと、それにビート（サトウダイコン）。この四つの輪作体系でやっているが、その四つの品目すべてが関税を中心とする価格支持政策で行われている。でんぷん用ジャガイモも価格支持をしている。北海道の畑作の四品目は、すべて関税益がなくなると同時にやっていけなくなる。北は北海道、南は沖縄の畑の作物が、TPPによってなくなる、失われるということになる。

優良農業地帯は観光地でもある。そんな中で思い出すのが、いち早く観光地をだめにした阿蘇の内輪山である。阿蘇は30年ほど前、酪農の大地帯にしようとした。財産区を中心としてジャージー種というバターやチーズを作る牛をどかっと入れた。ところが、そうしたら乳業会社が日本の飲料乳の脂肪率の基準を3・1にした。ジャージー種は脂肪分がとても高くて、どうやっても脂肪分が3・6以上になる。それでは飲料乳には適さないからと、阿蘇の酪農家からメーカーはどこも買わないということにした。そのため阿蘇の酪農はなくなり、いまは内輪山の中の牧場は潅木の原になってきている。

北海道も沖縄も、これに近くなっていくことがだんだんはっきりしてきているというのが現在の状況だろうと思う。

こうした重大な結果につながる交渉が秘密裏に進められているにもかかわらず、それをみんなじっと黙ってみている。これが農業関係に携わる者として、よくわからないところで、農家も農業団体も政府も、じっと我慢して待っている。いったい何なのか。このままでは、かなり危ないところまでいってしまうのではないか。TPPは我々の考える以上に、日本の国是というか、あり方を変えるものである。

(2) すでに完全自由の米価政策
——大正の米騒動以前の状態に

◇食管法廃止―国による価格補償・米価政策の放棄

日本の農政というのは米価と農地だ、といったが、米の問題は大正の米騒動以来、日本の政府・農水省にとっていちばん頭の痛い問題だった。そこで戦争が始まった昭和17年、1942年に導入されたのが、農家の再生産できる価格で米を国が買い上げ、消費者には家計費を参酌した価格で売るという食管法である。再生産を実現するというときの対象は農業関係で言うところの最劣等地を意味する。もっとも条件の悪い農家でも再生産できる、食べていけるような価格で買い上げることだ。政府が高く米を買い上げて、消費者には「家計費を参酌した価格」になるので、エンゲル係数等を考慮して家計がやっていける値段で売り渡す。これが昭和17年から平成7年、1995年まで続いた食管法による制度であった。

ここでは生産者に対する価格補償、政府が政府米として米を買い上げ、それで農家の生活を守ることがやられてきた。しかし、米の自由化も含めてそれもだんだんできなくなり、1993年の米自由化を機に食管法がなくなる。食糧法とした。これによる大きな変化は、政府が米に対して金を支出しなくなったこと。米の流通について、もうそれほど関与しないこととなった。

◇販売自由化で商社系が米の流通を掌握

食管法の時代、お米屋さんは全部許可制になっていた。お米屋さんは自分の売る範囲と人が決められていて、あなたのところは消費者が何軒だからと、それに応じたお米を国の方から与える、一軒にこれだけのコメを売りなさいということでやっていた。許可制度での販売である。もしスーパーやコンビニで米を売ろうとすると、お米屋さんにおカネを払い、その暖簾を借りた。ところが食糧法によって米の販売を許可制から登録制に変えた。レストランでもコンビニでもスーパーであっても、登録さえすれば米を売ることが出来るようになった。さらに2004年、食糧法がさらに改正されて登録さえ必要なくなり、誰でも販売できることになっている。農家個人でも売ることができる。

食管法が廃止されて販売が自由化された結果、消費者が食べている米は、スーパーとディスカウントストア、コンビニで購入したものが6割近くを占めるようになっている〈表1〉。見事といっていいほどの変化である。これはどういうことかと言うと、スーパーやコンビニ、言い換えれば、米の

表1　精米購入時の動向（入手経路：複数回答）　単位：%

	デパート	スーパーマーケット	ドラッグストア	ディスカウントストア	コンビニエンスストア	生協（店舗・共同購入含む）	農協（店舗・共同購入含む）	米穀専門店	産地直売所	生産者から直接購入	インターネットショップ	家族・知人などから無償で入手	その他
平成23年4月（暫定値）	0.5	51.6	2.4	5.1	0.0	8.1	1.7	4.4	1.8	5.2	5.4	19.2	1.6
5月（暫定値）	1.3	44.6	3.9	4.3	0.3	8.4	1.2	4.6	1.4	6.4	5.5	24.4	2.9
6月	1.7	45.5	3.7	5.4	0.3	8.4	2.0	4.0	0.9	5.6	6.6	20.7	2.3
7月	1.1	43.6	3.5	4.2	0.4	10.4	1.3	3.8	1.2	7.9	5.6	22.4	2.2
8月	0.8	46.1	4.0	4.8	0.7	10.0	1.1	3.3	1.4	6.0	6.3	22.1	2.1
9月	0.2	48.3	3.1	3.7	0.2	8.7	1.2	3.5	1.4	7.2	6.2	22.7	2.1
10月	0.5	44.5	4.5	2.6	0.4	8.8	1.1	3.5	2.0	7.5	4.6	29.6	2.3
11月	0.0	43.6	2.9	4.4	0.6	7.7	0.9	4.2	1.3	7.3	6.9	28.4	2.6
12月	0.6	45.2	3.3	3.5	0.8	8.5	1.1	3.6	1.0	7.1	6.7	26.4	2.3
平成24年1月	0.4	44.3	4.8	4.4	0.8	8.1	1.5	3.8	0.4	7.1	7.8	23.9	1.9
2月	0.2	47.0	3.9	3.7	0.3	8.6	1.7	3.8	1.5	7.3	8.4	20.5	2.6
3月	0.6	46.7	4.0	4.4	0.2	8.0	1.4	2.9	1.2	7.2	7.1	21.3	1.7
4月	0.7	46.8	5.0	4.6	0.2	7.2	1.5	4.3	1.5	6.8	7.2	18.7	1.6
5月	0.5	45.9	5.1	3.6	0.2	6.4	1.9	4.3	1.7	7.1	9.4	19.4	1.5
6月	1.0	44.9	5.5	3.8	0.1	7.1	2.2	4.4	2.3	5.5	7.8	21.5	1.9
7月	1.4	47.5	5.0	3.6	0.1	7.8	2.2	4.1	1.7	6.5	7.0	20.5	1.8
8月	1.1	46.8	4.4	3.4	0.4	7.5	1.9	4.3	1.2	5.2	7.4	22.6	1.6
9月	0.8	46.3	4.9	3.0	0.2	8.2	1.7	3.3	1.4	7.7	5.7	25.7	1.7
10月	0.8	41.3	3.4	3.1	0.2	8.2	1.8	3.9	3.0	8.2	7.3	28.8	2.7
11月	0.8	42.7	3.0	3.1	0.3	7.3	1.9	4.4	2.1	7.1	8.1	26.8	2.6
12月	1.2	41.2	4.1	3.4	0.4	8.9	1.7	5.5	1.8	8.3	7.2	25.5	2.2
平成25年1月	1.2	42.2	3.7	2.7	0.3	8.6	1.7	4.7	1.4	7.0	6.4	26.2	2.5
2月	1.3	48.1	4.2	3.3	0.3	8.4	1.8	3.9	1.7	6.9	7.4	19.3	1.9
3月	0.9	47.4	3.0	3.4	0.3	8.2	1.7	3.8	1.6	7.6	8.1	20.0	1.5
4月	0.7	49.0	4.4	3.2	0.1	7.7	1.5	3.4	1.6	6.7	8.1	17.5	3.0

出所：米穀安定供給確保支援機構「米の消費動向調査結果」

流通を商社が握ったということになる。米の卸売り業者はすべて商社の手の内に入っていて、米はいまや流通の6割が商社を経て消費者に売られているという実態にある。その影響は価格の変化にも表れ、販売自由化の以前の生産者米価は、年間を通じて山型を描いて変化していた〈図1〉。出来秋から徐々に高くなり、お正月を過ぎた頃がピークで、あとはだんだん低くなりながら端境期を迎える、というのが生産者米価の価格の変動の様子であった。それが現在はどうなっているのか。出来秋の9月から端境期まで、生産者米価は山ができず、なだらかな右肩下がりのラインで推移するようになっている〈図2〉。このことは、米の価格形成が、いまやスーパー・コンビニ系、もっと言えば商社系に握られていることを意味している。

◇戸別所得補償の3000円は商社の懐に

その結果以下のような状態となっている。年々の米の価格変化をみていくと、平成22年、2010年がいちばん低い〈図2〉。これは、先ほどの戸別所得補償が入った年である。このときは一俵当たり約13000円、生産者米価はそれまでに比べると約3000円低くなっている。この3000円という数字は、出来秋のときに戸別所得補償で補填した金額が3000円で、それとピッタリ符合している。一方、消費者米価は、ほぼ前年度と同じで5キロ2000円ぐらいだ。これを一俵に換算すると12倍するわけだから、おおよそ24000円が平均的な消費者米価ということになる。したがって、この年の米は売るときは24000円で売り、買うときは13000円で買った。生産者米価が3000円安くなることで誰が儲かったかと言えば商社となる。国の戸別所得補償3000円を商社が取っていってしまったのだ。これをみても米の価格形成は商社に牛耳られていることが、明らかである。

ここ数年来、生産者米価と消費者米価を比較すると、一俵当たりで、ほぼ1万円の差がある。それだけの儲けがある。農産物価格でこれほどの儲けのある作物は滅多にない。だから商社系は米の価格形成を握って絶対に手放さない。これが米をめぐる実態となっている。

◇現実化する外国産米との価格競争

大正のコメ騒動の前後がどのようであったのかを振り返ると、経済の急成長・膨張があって物価が急騰し、そのなかで生産者米価に対して消費者米価が、ほぼ倍になるという状況だった。じつは、いまの状態とそんなに変わらない。もはや政府は米の流通に事実上、介在していない。一応、政府として価格調整用で20万トンを買い、それを1年で必ず消費するという棚上げ備蓄をする約束になってはいるものの、実際は

図1　主要な産地品種銘柄別にみた入札価格の推移

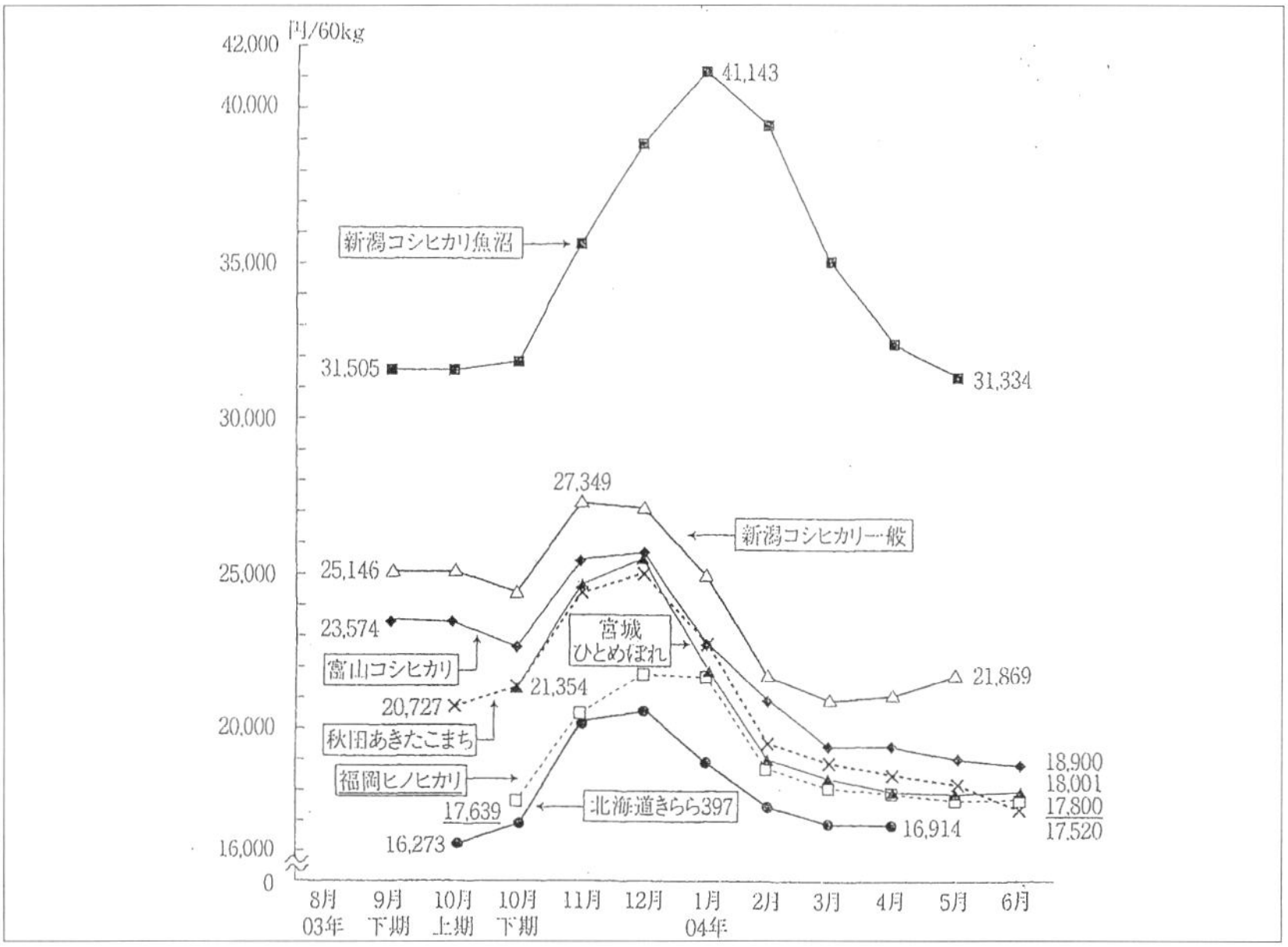

出所：全国米穀取引・価格形成センター調べ

図2　相対取引価格（年産別）　平成24年産(8月)16,127円　単位：円/玄米60kg（税込み）

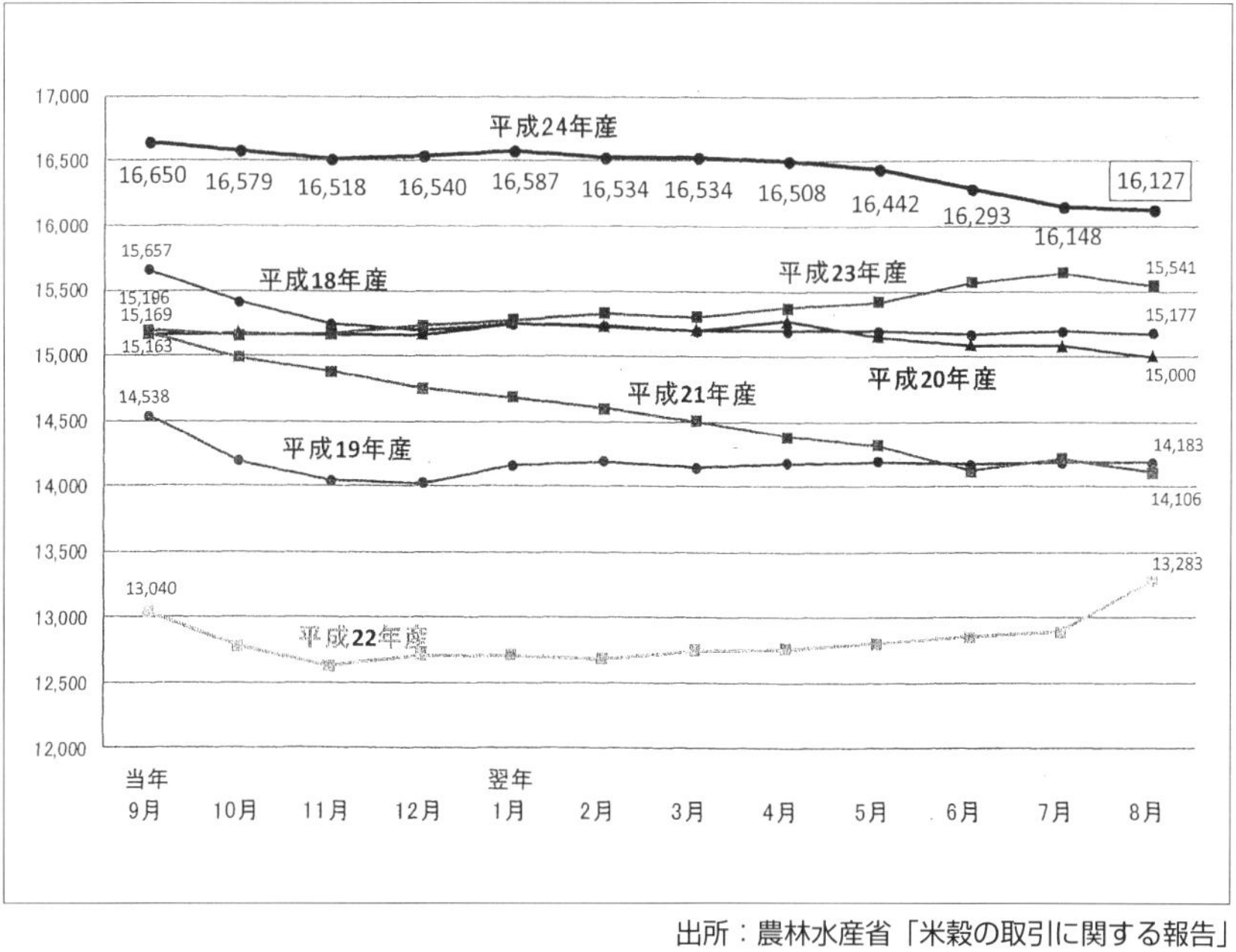

出所：農林水産省「米穀の取引に関する報告」

それだけ買った試しがない。しかも備蓄の内容は、農協や卸し、あるいはスーパー・コンビニを含む民間で備蓄することになっていて政府の在庫は少ない。したがって価格の調整力もない。まさに大正の米騒動のときと、まったく同じ状況になってきている。

米の価格形成にかかわるもう一つの大きな問題は、外国産米との価格競争が現実のものになりつつあることである。先ほど述べたように、日本は77万トンのMA米を1994年から毎年買っている。そのうちの36万トンはアメリカの米を買わなくちゃいけない。77万トンの中の10万トンは主食用に回せることになっていて、これがSBS米といわれるもの。今年度、平成25年度のSBS米は、買入価格が1キロ164円で、これを227円で売っている〈表2〉。一俵にすると1万円で買って13600円くらいで売っていることになる。この13600円というのは戸別所得補償のときに決めた平均米価の価格となっている。

◇米騒動期を再現する米の価格状況

いま財界は、日本の国産米の価格16000円を4割引き下げろと要求している。4割下げるとちょうど1万円になる。要するに現在、主食用米として売買できるMA米並みの価格に国産米を引き下げる。TPPを前にして財界も、日本の米のいまとこれからをしっかりと見極めて要求をしてきている。TPPは、もうすでに始まっているのだ。日経新聞は、これからのTPPのなかでお米の関税を現行の778%から280%にすべきだと主張している。280%にすると輸入米の価格は1万円になる。ということは、いまのSBS米の価格水準に並ぶよう輸入米の関税を引き下げ、しかもMA米の枠も77万トンから100万トンに拡大せよということなのだろう。

こうなると主食用米以外の加工用米、例えば日本酒造りのもと米である山田錦とか五百万石は別にして、掛米などはおよそ30万トンの需要があるが、加工用米として輸入米が使われるようになろう。日本のお米でできた純米酒だなんて思っていると大きな間違いで、外国の米を掛米にして日本酒は造られる。こういうケースが多くなり、他の米加工品でも外国の米を使うものがどんどん増えてくるであろう。日本の、国内の米はますます需要が少なくなる。政府として価格調整をしないということから、大正の米騒動以前と同じ状況、消費者にとって米はますます高くなり、生産者にとっては安くなるという事態が進行していくこととなろう。

表2　輸入米による係るSBS（一般米枠）の成約状況　　単位：トン、千円/トン（税込み）

23年度					24年度					25年度				
回	実施日	数量	買入	売渡	回	実施日	数量	買入	売渡	回	実施日	数量	買入	売渡
第1回	9/21	18,752	165	228	第1回	9/25	22,500	162	291	第1回	9/25	8,102	164	227
第2回	10/28	21,138	164	218	第2回	11/6	22,500	145	292					
第3回	12/9	25,000	160	213	第3回	12/18	22,500	151	314					
第4回	2/10	17,660	148	221	第4回	2/20	22,500	139	303					
小計		82,550			小計		90,000							
		※100,000					※100,000							

（注）上記表は一般米のみ、砕精米を除いているため、※印は一般米・砕精米を合計した数量

出所：農林水産省

(3)　建設自由のもとでの農地

◇小作権を物権化しなかった農地法

米価とともに日本の農政の中心を占めてきた農地問題については、戦後に進駐軍が入ってきて直ぐ、農地改革を実行した。面白いことに、進駐軍による農地改革の指令は12月8日に出ている。アメリカ軍はその後も12月8日か8月15日に、日本の政府に対して必ず重要なことを言ってくる。農地改革をやれという進駐軍の指令が出たのは昭和20年、1945年の12月8日。指令を受けて政府案をまとめるが、それが蹴られて連合軍による農地法が出てくる。しかし、この農地法も決して小作権を正当に認めていくという方向での農地改革ではなかった。近代的な法律では小作権・賃借権が必ず物権化されているが、日本の法律では借地借家法でも農地法でも、賃借権の物権化は実現されていない。非常に中途半端なかたちで賃借権を認めるかたちになっている。地主優位なのだ。賃借権を認めるために、いろんな合意や条件を作って、それに留意することになっているが、ついに物権化は果たされなかった。小作の権利確立よりも自作農をつくることに力が注がれ、農地改革後の自作農の割合は全農家の92％を占めるものとなっている。主たる目標は自作農創出で、8％の小作地を残している。だから農地法は、小規模な自作農の創出・維

持という面では機能してきたものの、小作権確立をはじめとする近代的な農地関係を確定したものとは必ずしも言えないのである。

◇農地が農地でなくなる―軽くなる農地の位置づけ

農地法ができたのは昭和27年、1952年で、10年たった昭和37年に農地法の改正が行われている。このときから農地法は如何に自作地を流動化させるか、小作化させるかが、法改正の主要な目的となって来る。それが次第に大きくなって2009年には、いわゆる「利用権」設定によって全部の農地が貸し出しできるようになる。「利用権」を使えば、今では、それこそ「どこでも、誰でも」農地が借りられるようになっている。農地の役割、位置づけが非常に軽いものになってしまった。農地法以外の法律、都市計画法などによっても農地の位置づけはがらがらと変わってきている。したがって農地問題というのは、もはや農地だけでは考えられなくなってきていて、農地全体が農地以外のものに変えられるようになり、むしろその方が一般化してきたということがこの間の大きな変化となっている。それは農地法というより都市計画法の問題でもあり、その発端は昭和43年、1968年の新都市計画法にさかのぼることとなる。それまでの日本の都市計画は近代的な都市計画とは程遠く、東京であれば隅田川の左岸や多摩川の右岸を工業地帯にする、というような大雑把な地域区分しかしていなかった。当初は警察権の下にあり、衛生上の観点も入ったこともあり、森鴎外が都市計画の土地利用についての委員になったりしている。

◇優良農地も開発可能にした田中角栄

ところで、1968年に新都市計画法が成立し、これによって都市計画地域を設定し、開発をすべきところと開発を猶予すべきところを区分する。これを機に、農地関係では農業振興地域整備法ができ、農用地区域は優良農地としてこれを保護し、二つに分けられ、農用地区域は優良農地としてこれを保護し、農振地域についてはある程度、都市化に対応する地域とすることで、土地の利用区分を決める。1970年代後半あたりまでは、この利用区分についてかなり厳正に維持されていて、ヨーロッパ的な規制をきちんと守っていこうという姿勢であった。ところが昭和50年代後半頃になると、土地の利用についての考え方ががらっと変わってくる。

その以前にも、すでに昭和47年、1972年に、生産調整に関連させ田中角栄がやったこととして、1号国道の100メートル以内すべてを宅地化可能とした。昭和47年のときから1号国道100メートル以内の農地の宅地化を可能にしている。都市計画法があるにもかかわらず、優良農地であっても開発可能となったのである。この田中角栄の考え方、やり方が、後の都市計画法の改正・変遷を通して一般化されていくことになる。

◇農用地がアウトレットに

初めの頃の都市計画法では地域区分の選定というのは、すべて地番を地図上におとして、ここが市街化区域、ここが調整区域と、それぞれの区域に地番を入れて地図上に写していった。ところが10年経って都市計画法の改正が成ったとき、開発可能地域・開発予定地のおおよその成長を市町村ごとに予測しながら数字として残すということにした。そして開発の要請が出てきたときに、それに応じて開発許可を与えるようにした。したがって昭和54年・55年頃から、この都市計画法の地域区分は実質的になくなっていく。それと同時に容積率の規制等を緩和していく。その節目は昭和58年、１９８３年の中曽根内閣のとき、それに１９９３年と２００２年の小泉内閣のときである。その間、大体4回の都市計画法改正によって、いまや農振農用地区域の農地ですら開発可能になっている。農用地区域だけは守られていると思っているのと大きな間違いであり、地域区域の指定すら変えられている。以前、4ヘクタール以上でなければ認められなかった開発が2ヘクタール規模で開発可能なので、農用地区域でもアウトレットができる。農用地区域は農地価格としてもいちばん安くなるわけだから、いちばん安いところを買い取ってアウトレットなどの商業用地に使うことができる。このように日本の農地は実質、どこでも開発可能になっている。これは率直に言って、農地を守るとか農業をやれるような状況ではない。

◇日本全国「残存農地」

いまや、山形の庄内に行っても秋田などにいっても、畑の中にマンションを見かける。昔の鉄道は盆地のようなところもその縁を走っている。だから崖が崩れると事故がおきた。ところが高速道路は地図に真っ直ぐに引く。どんな平野でも何でもバサーッとやってしまう。それがいまの公共事業のやり方である。農地なんて潰すものとしか考えていない。かつて田中角栄が「農地はいまや残存農地」と言ったが、使えるところはどしどし開発して残った土地を農地にすればいい。これが残存農地主義で、まさに全国どこでもそのようになってきている。

農地は現在、農地法でもって守られるものではない。転用は、それこそ収用法をかければ自由に取れる。だから農業をほんとうにやっていこう、守っていこうとすれば、いま現実に農業をやっている人が頑張る以外にない。それしかない。

◇農産物自給が前提で農業を大事にする欧米

政府に問題があるが、日本の消費者にも問題がある。ヨーロッパやアメリカ等の農地制度の勉強をすると、ヨーロッパは完全に自国あるいは地域で農産物を自給することを前提にしている。自分の国、自分の地域で自給できないという事態には、たいへんな恐れを抱いている。とくにヨーロッパなどでは周りがみんな他国に囲まれているので、辺境のところを何もしないでいると、ドイツであればドイツの人がしっかり農地を守らないと、隣のオーストリアとかチェコだとかの人たちが直ぐちょこちょこっと入ってきてしまう。畑なんかを作って、この土地を俺のものだという。農地や農業をおろそかにすると国も守れない。そのことを市民みんなが、よくわかっている。

アメリカでも同様だ。ニューヨークで野菜がなくなる、牛乳がなくなる、そういうときにじゃあカリフォルニアから持ってこいということにはならない。日本だったら、野菜が足りなくなればアメリカでも中国でも持ってくればいいと平気で言う。ニューヨーク州民は絶対に言わない。カリフォルニアからの航空運賃や貨車の運賃を食うわけにはいかない、と言う。周りのニュージャージーだとかコネチカットだとかの四つの州で、1000万人を超えるニューヨーク市民の食糧を供給できるようにすべきだ。そう主張する。日本の場合はどこのものを食べているかもわからないのに、朝から晩まで料理番組ばかり、クチャクチャ、クチャクチャやっている。自分たちはビニールに入ったものを買ってきてはチーンとやって食べている。そういう生活に浸りながら、しかも農業のことを理解しない。消費者としてお粗末極まりないと思う。

つい先日、見沼田んぼの話をする機会があった。そこで言ったのは、いまは誰でもどこでも農地は借りられるのだから、見沼田んぼがいまや田んぼではなく畑になっている、市民農園でガッサガサになっている、そこに五人ぐらいで三反ばかり借りて水田をやったらどうかと。そうすれば見沼であれば反収8俵ぐらいは採れるから、10軒程度のおコメは賄える。みんながそうやって、まあ「口分田」の方法で作って、しかも誰にも売らないというのをやろうじゃないかと言ったら、みんな賛成した。でも、やってくれそうにない。そんなことを考えなければならないような状態である。

◇農地を買いたいという財界・企業の狙い

農地をめぐる重要な動きとして、企業が農地を借りられるようになって農業に進出して来ているが、最近、農地を取得したいとしきりに要求している。いまほど農地を借りることが安上がりなときはない。にもかかわらず買いたいと言っている。企業が農業をやるのであれば、借りてやるのが資本主義では合理的だ。『資本論』も借地農が資本主義における農業としている。しかも地代がいちばん安いときだから、借地農にとってこんな条件の良い頃合はない。一反当たり水田では地代、小作料は一俵足らず。畑はもっと安い。そういうときになぜ企業は借りないで買うと言うのか。これは先ほど言ったように、あらゆる農地が開発可能なことからきている。企業にとって買っておいて損はないということ。それと、いまのうちに農地を買い集めておいて大規模農場を造りたいというところだろうか。財閥系の農場は戦前であれば、岡山の児島湾に三井農場、那須には明治の元勲の持つ農場があった。現在残っているのは小岩井農場で、小野、岩崎、井上という明治の元勲三人が造った西洋式の農場である。ああいうものを企業としてやりたい、ということかも知れない。小岩井農場を持つ三菱商事には農地課というのがあるし米穀課もあるという。いまや農地が狙われている、しかも企業が農地を求めているというところに非常に薄ら寒いものを感じている。

(4) 消費税と農業

◇ヨーロッパの付加価値税と日本の消費税の違い

最後に消費税についてふれておこう。消費税は公明党などが「軽減税率を」といっているが、軽減税率は、いまの日本の消費税の体系では財務省は絶対にＯＫを出さない。日本の消費税はアカウント方式といって、売上高から仕入高を引き、しかもそれを一年間で清算した差額に税金をかけるようになっている。ヨーロッパの消費税は、いわゆる付加価値税で、その都度の取引で生じた付加価値部分について伝票をとっておき、それを持っていけば処理できるようになっている。したがって軽減税率あるいはゼロ税率の品目については、それを集めて3ヵ月にいっぺん持っていけばことは足りるインボイス方式となっている。いまの日本の消費税はヨーロッパの付加価値税を真似たものの、ヨーロッパの付加価値税の基本にあるアダム・スミスの消費税への批判をしっかりと受け止めていない。日本の消費税はそれを全然学んでいないことに問題がある。アダム・スミスは消費税というのは賃金の少ない低所得者にとって非常に負担になるので、おいそれとかけてはいけない、とくに生活必需品については消費税をかけないようにする、例えばその当時だと小麦粉だとかなめし皮だとかの必需品にはかけてはならない、ということを強く主張している。しかし、日本の消費税は区別なく一律の課税となっている。

消費税は取りやすい税で、酒税も消費税の一種である。知らないで飲んでいるが、お酒は七割が税金。タバコは吸い口の手がくっつくぐらいのところから下がコストであって、あとは全部税金だ。そういうものを一生懸命吸って国に税金を納めている。消費税というのは知らぬ間に税金を収めてしまう、取る側にはとても都合の良い税金で、それだけに注意しなければならない。

◇大企業に都合の良い消費税、軽減税率論はまやかし

ヨーロッパの付加価値税は、食料品にかかわるため、農業についても、税率が15%にいかない頃までは全部ゼロ税率だった。農家が購入する肥料、農薬、農機などにかかる消費税は価格に上乗せできないからだ。ただ標準税率が引上げられるのに応じて、農業にもある程度かけなければいけないというので、例えばドイツでは軽減税率を7%ぐらいにしている。日本の消費税には、そういう配慮は一切ない。わずかに1000万円以下売り上げの農家に対し、簡易課税方式をとっているのみで、1000万円以上の農家には割戻しも軽減措置もない。泣き寝入りとなっている。ただ、企業にとって有利な消費税だ。しかも輸出企業については2012年で戻し税が3兆2000億円となっている。そのうちトヨタ自動車などは1800億円もの消費税の戻しがある。また、建設業は請負でやっている中で、消費税発足の時点から、デベロッパーはビルなどの建設資材を直接下請けに供給して、労働者は下請けを使う。この下請けの労賃はコストにされるので消費税の対象からはずれることになる。それで建設業は、業界全体が、ペンキ屋さんから大工さんまで、みんな下請けに、あるいは一人親方になってきている。このように企業に都合の良い消費税で、これを10%に引上げる。しかも社会保障費の財源に充てる、というのが理由だった。しかし、来年度予算には1%ほども充当されていない。たとえこれから充当消費税が社会保障費にされるとしても、低所得者が社会保障の費用を償うことであり、貧乏人が貧乏人を養うことであり、決して社会保障が充実することはない。それを良いことだという労働組合があったりする。「連合」はいったいどこと連合しているのだろうか。消費税がどうしても必要だというなら、インボイス方式をとり、農家へはゼロ税率、軽減税率の適用をすべきである。それなしには消費者・労働者・農家ばかりが負担を背負い、ますます困窮することになる。今の「軽減税率」論は、このことを押し隠すまやかしである。

2．農地制度と農地問題の変容

(1)　土地所有近代化の過程と小作権

◇実現されなかった賃借権の物権化

日本の近代法体系成立における土地所有権の確立は、地租

改正によって始められている。明治6年（1873年）に行われた地租改正は、明治政府による財源確保のための条例公布であったが、同時に封建的土地領有制下の農民による土地所有という仕組みを大きく変えるものだった。

明治政府による金納地租による税率の設定は、地価の3％とはいうものの示された結果は地租34％、地主手取り34％、合わせて小作料68％、耕作者取分は32％で封建的貢租と較べ同水準、ないしそれを上回る過酷なものであった。

そればかりではなく地券交付は土地処分の自由を持つ所有権を地主に与えることとなった。直接生産者ではなく貢納義務者としての地主に所有権を与えたことが、所有と用益の分離がある場合に、用益権については当事者間の私契約に委ねられ枠外とされたのである。

地主と小作人との間の所有権と賃借権については明治政府内においても農政側からの要望により、明治17年（1884年）小作条例制定の方針が示されるが、当時制定されようとしていた民法典に委ねられることとされた。

明治19年（1886年）に示された旧民法は、フランス人ボアソナードの協力により草案が公表され同23年（1890年）に公布されたが、ここでは所有権は「自由ニ物ノ使用収益及ヒ処分ヲ為ス権利ヲ謂フ」と定義され、「此権利ハ法律又ハ合意又ハ遺言ヲ以テスルニ非サレバ之ヲ制限スルヲ得ス」とされた（30条）。

また、旧民法では、小作契約を含む賃貸借契約によって設定される賃借権は、所有権と同じく物権、即ち「直チニ物ノ上ニ行ハレ且総テノ人ニ対抗スルコトヲ得ベキ」権利として構成されていた（2条）。しかし、小作人の耕作権を安定させるこの法案は施行が延期され、新たな民法が制定されることとなった。

明治29年（1896年）に公布され同31年（1898年）から施行された民法では、賃借権は賃貸借契約に基づいた賃貸人に対しての債権であって第三者への対抗力は持たず、605条で不動産の賃貸者については登記したとき物権を取得した者に対して対抗力を持つとされた。しかし、賃貸人に登記の義務が課されていないことから空文となったのである。ここでの小作権・農地の賃借権は、その譲渡・転貸は地主の承諾なしで行えず、無断でしたときは契約解除の事由となる。期間は20年を超えることは出来ず、賃貸借契約は期間満了、解約申し入れ後1年の経過によって終了するほか、小作料滞納などによって当事者の一方的意思表示によって解除されることとなった。ここに所有権への賃借権の従属が確立することとなった。

地租改正後の地主小作関係は、小作料の現物納との関わりから市場経済の発展と物価の上昇、人口増、消費量の増加もあって米価は急騰し続け、地主の払う地租は徐々に軽減した。他方、小作料の重課は変わらず、小作農にとっては物価等の高騰の中で、ますます生活を逼迫させることとなった。

このような条件のもとで地主の勢力は拡大し、明治初年30%に過ぎなかった小作地は明治末年には45・5%とほぼ全農地の過半に達し、小作農は増加の一途をたどっている。その結果、大正期に至って米騒動が発生するとともに小作争議も随所で起こるようになる。

小作争議の発生とともに小作立法が企図されたものの地主勢力の反対にあい実現せず、大正13年（1924年）に小作調停法が成立しているが、この法律は小作料その他小作関係に付き争議が生じたとき、調停委員会を設けて調停者が間に入り和解を成立させようとするもので、仲裁裁定までにもいたっていない。その後も小作立法への努力はされるものの実現には至っていない。また、耕作権の強化を意図した法案も出されぬまま推移している。

上記の状態を経て、地主小作関係の矛盾の解決のために出されたのが大正15年（1926年）の自作農創設維持政策である。この制度は地主・小作当事者の合意あるとき双方の私契約で農地の移転が行われ、政府は資金の融通を図るという制度であった。

◇戦時体制下の農地法制

大正・昭和にまたがる地主・小作関係に関わる争議は、小作権に対する権利闘争となって来るが、警察力が強化され農民の闘争組織そのものも崩壊させられていった。だが、そんな中でも基本的な争いがなくなったわけではなく、政府として社会の安定のために小作立法を企図している。

しかし、なかなか法案には至らず、昭和13年（1938年）農地調整法が公布されている。同法の内容は、農地の賃借権は登記がなくても農地の引き渡しあるとき、農地の物権を取得したる者に対し効力を生ずることにしたこと（8条）、また賃借権の解約・更新の拒絶は、小作料の滞納等「信義に反した行為以外は為すを得ず」としたこと（9条）が、前向きな措置であった。

その後は、地主小作関係の接点が高率な現物小作料であるとのことから、戦時体制に入った昭和14年（1939年）に小作料の統制が、また昭和16年（1941年）には臨時農地価格統制令および臨時農地管理令が出されることとなる。いわゆる戦時農地立法である。小作料の統制は小作料の凍結を意味し、小作料の種別、額、率を地方長官が変更を命じることができ、市町村農地委員会が必要あると認めるときは小作料の種別、額、率、減免条件を定められることとした。

臨時農地等管理令では転用目的の権利移動を地方長官の許

可を要することとし、昭和19年（1944年）には農地所有権・賃借権等の譲渡・設定に地方長官の許可を要することとなった。農地の権利移動統制は戦時立法の中でも一歩あとから設けられている。

農地価格の統制は昭和16年（1941年）から行われ、同時に小作米と地主からの買い上げ価格に格差を設けている。

こうしたことから地主は現物小作料を受けることなく、小作人は食管法に基づき直接政府管理倉庫への出荷となっている。小作料は量的に軽減されることとなったが、地主小作関係が基本的に改められることはなかった。

◇農地改革と小作地

農地改革に関わる法案は敗戦直後、昭和20年（1945年）10月に政府が企画立案し、12月4日国会に提出された。しかし、その数日後の12月9日占領軍の「農地改革についての覚書」によって1946年3月15日までに改革案の提出を求められている。

政府による第1次農地改革法案は、不在地主の所有地と在村地主の5町歩以上の所有農地を対象に自作農を創設すること、小作料の金納化と小作権の保護を主たる内容とするものであった。

一方、占領軍の覚書は、A・不在地主ヨリ耕作者ニ対スル土地所有権ノ移譲、B・耕作セザル所有者ヨリ農地ヲ適正価格ヲ以テ買取ル制度、C・小作者収入ニ相応セル年賦償還ニ依ル小作人ノ農地買取リ制、D・小作人ガ自作農化シタル場合再ビ小作人ニ転落セザルヲ保証スル為ノ制度、を要求した。

このようにして政府提案の第1次農地改革法は不十分とされ、第2次の農地改革立法が行われることとなった。実際はこれより先1946年7月に実施さるべき具体的内容が占領軍より勧告されており、これを受けて46年9月、自作農創設特別措置法および農地調整法改正法律案が作成され、10月に公布されている。自作農創設特別措置法は12月29日から、また農地調整法改正法は11月22日からそれぞれ施行されている。

自作農創設特別措置法は不在地主の所有する全小作地、在村地主の所有する保有限度を超える小作地、耕作地主の所有限度を超える部分の小作地および不耕作地などで、農地委員会が買収を相当と認めたものを政府が買収する。これらの買収農地は原則として小作農より申し込みを受けて政府が売り渡す。農地調整法は戦前すでに賃貸借の第三者対抗力を定めていたが、正当の事由なしに禁止されていた解約・更新拒絶に解除が加えられ、市町村農地委員会の承認によって効力を生ずることとした。小作料は統制となっている。

農地改革は主としてこれら2つの法律によって行われるが、

重要な市町村農地委員会は所得階層別選挙によって選出され、小作委員は5人（無所有および耕作地が所有地の2倍以上の農地からの委員）、地主委員3人（不耕作地主および所有地が耕作地の2倍以上の農民）、自作委員2人の10人とされた。しかし、委員会の構成と運営は地方によってさまざまで必ずしも一律に行われたものではなかった。

農地改革の結果は、昭和23年（1948年）末では小作地236万町歩のうち193万町歩、80％が小作農の所有となっている。

農地を手放した地主は176万戸、在村地主の開放面積は平均8反歩、5反歩未満の地主が戸数の67％を占め、5町歩以上の地主が3％で、解放された面積の35％となっている。解放を受けたのは1町歩未満の農家が67％、5反以上1町歩未満の農家が5反歩未満農家よりも比率が高い。農地改革は5町歩以上の農家の縮小というより中小農の創設を結果したものであり、小作地の名義書き換えという性格を持つものでもあった。

この結果、個々では零細であるものの貸付地主145万戸、借り入れ農家368万戸という膨大な数の地主と小作関係を農村に残すという問題を残している。それは敗戦に伴う多数の引揚者とともに、食糧事情逼迫のもとで自家食糧の確保の必要性があったからであろう。

農地の買収に当たっては農地価格の水準問題とともに、在村地主の小作地保有の容認によって、地主による小作地取上げや国による買上げの拒否などにより、小作地の自作地化が行われている。ともあれ地主による優良農地の確保と劣等地の開放の傾向は当然のこととして行われた。このような地主の行動によって、小作農の段階では半数は農地を減じている。農地改革は自作農を生み出すことが政策の目的とされたものの、かえって農地の利用を制約するものとなったのである。

小作権の物権化によって所有権の制限をしていたほうが、その後の経営規模の拡大に対応するには円滑に行われることとなったとされる所以である。

(2) 戦後、農地法下の小作権

農地法は1952年公布・施行されたが、同法はその第1条の目的に「農地はその耕作者みずからが所有することを最も適当であると認めて、耕作者の農地の取得を促進し、その権利を保護し、もって耕作者の地位の安定と農業生産力の増進とを図ることを目的とする。」とあるように、戦前・戦中・戦後を通じて強く勧めてきた自作農主義の維持を宣言し、耕作者の農地の取得を促進し、その権利を保護することとしたのである。したがって土地所有者と別の経営主体が用益権を持つことを原則として予想していない。農地の賃借権の物権化については農地調整法等を引き継ぎ、農地法において農地改革後の小作権の保護を明確にしている。

◇権利移動に対する許可と小作権

制定された農地法は所有権の移転、使用収益を目的とする権利の設定または移動については知事の許可が必要とされている。農地等を農地として利用する場合は3条、農地等を他の目的に転用する権利移動では4条、5条の許可が必要とされている。

その許可基準は農地法3条に詳細に規定されているが、小作地に関わるものは原則として小作農が所有権の取得をすることが前提とされている。小作地等の所有者がそれを売却しようとする場合、その小作農が買うことを承諾しなければ、国以外に売る方法はない。しかも国に売る場合、許可は要らない。小作農等以外の者が所有権を取得しようとする場合、小作農等が同意している場合はその者の取得が許されるが、同意は許可申請前6ヶ月以内とされ、書面が必要とされている（農地法3条3項1号）。競売・公売については、差押または仮差押の執行後に使用収益権の権利が設定された場合は、例外として小作農以外の者の取得が認められる。こうして小作地については小作農に不利になることを防いでいる。

◇小作権の保護と利用調整

小作権の保護については1938年の農地調整法から行われているが、すでに述べたように農地の引渡しによる対抗力と賃借権の解約または更新拒絶による小作地取上げを制限している。農地改革の過程ではこの9条が強化され市町村農地委員会の承認が必要とされて、加えて賃借権の解約だけではなく解除・合意解約が制限されることとなった。農地法は農地調整法を修正しながら全面的にそれを承継している。

小作料等についての統制は現在廃止されているが、小作料統制を含む小作権の強化は地主的土地所有を解体させる上で重要な役割を果たしている。第三者への対抗力については現行の農地法では賃借権者が買主となる場合許可が与えられ、耕作、養畜しない者が買主となる場合は許可されない。したがって小作農があらかじめ書面同意するとか、競売・公売という例外的な場合か国が所有者の申出によって買収するという特別な場合でなければ第三者対抗力が問題とはならない。小作権が問題とされるのは賃貸借の終了の時点である。

賃借権の終了は、期間の定めがあるときは満了によって終了し、期間の定めのないときは解約の申し入れによって終了する。農地法は19条で期間の定めのある場合は期間満了前に更新拒絶の通知をしなければ自動的に賃貸借契約が更新されるという手続上の制限を加えている。20条では、解約の申入れと更新拒絶の両者とさらに解除と合意解約について知事の許可を受けなければならないこと、知事は正当な事由がなければ許可をしてはならないという実質的な制限を設けている。解除は債務不履行による場合が多いとされるが、合意解約は賃貸人と賃借人の当事者による契約の終了である。更新拒絶は期間の定めのある場合はその当事者が期間満了の1年前から6ヶ月までに相手方に更新拒絶をしなければ、従前の賃貸借と同じ条件で賃貸借をしたものとみなされる。また、更新拒絶をするのには原則として正当の事由による知事の許可が必要とされている。ただし、つぎの場合は20条の適用除外とされ知事の許可は必要ないものとされている。それは農協による信託事業に係る信託財産となった農地の場合、解約の申し入れ、合意解約または更新拒絶になる場合、草地利用権が知事の承認を受けて行われる場合などである。いずれの場合も許可の申請書には合意解約の場合には両当事者の連署が必要とされている。20条1項の知事の許可は自由裁量ではなく、許可すべきものを勝手に不許可にすることは許されず、訴訟で争うことができる。

さらに知事の許可について、20条2項では、許可は「つぎに掲げる場合でなければしてはならない」として5つの場合を示している。その許可すべき基準は　①賃借人が信義に反した行為をした場合　②その農地または採草放牧地を農地または採草放牧地以外にすることを相当とする場合　③賃貸人がその農地または採草放牧地を耕作または養畜の事業に供することを相当とする場合　④は農業生産法人が賃貸借人の場合で、⑤は、その他正当な事由がある場合となっている。ここでは信義違反や、45条の転用にかかわる場合があげられ、相当とする場合など知事の判断に委ねられるところが多くなっている。しかし、③の賃貸人たる地主が自作したいという場合など、そのままでは相当といえず、借地権における と同様に賃借人の生計が考慮さるべきとされ、小作権を守っている。（加藤一郎『農業法』p・201　有斐閣　1985年）。

農地法は1962年以来、農業経営体の規模拡大が求められる中、利用権設定による流動化政策が進められてきている。2009年には農地法の大きな改正が行われているが、農地法による小作権の保護は変わっていない。小作権の保護は戦前・戦中を比較すれば強化されている。本来、用益権は長期にわたって保護され所有者の意思によって消滅させられないもので、用益権の消滅にはその事由を明確にしなければならないものである。農地法における権利の移動、小作権の取り上げ等にかかわる農地の利用調整が厳格となっているのは当然で、3条、4条、5条における小作権にかかわる賃貸人との合意、18条19条20条の合意は許可における大前提条件である。

3．空港会社の農地所有はありえない

(1) 市東さんの小作地

農地法では農地を所有するのは、農家と国しかないこととなっている。日本の農地法関係の問題としては、戦前、小作争議があったにもかかわらず、賃借権の物権化は実現できず、その中で自作農作りが唯一の政策の基本となり、農地法もそういう流れに沿って出来上がっている。したがって、農地法は小作農の保護というよりも自作農形成の目的から、「農地を耕作する者が農地を所有することを最も適当と認め」とあるように、自作農主義が貫徹されている。

ところが成田空港の場合は、空港会社が農地を持っているという、本来、農地法上ではありえないことが当然のごとく行われている。さらに、市東さんに対し15年間も農地売買の事実を隠し、地代を払わせている。こういうことが理解できない。もともと空港公団なので国と同等の権力を持つものが、一農家を相手にこのような行為をすることが理解できない。

第1に、農地法から見ると小作地たる土地の所有権が小作農である市東さんの合意なしに空港会社に移転していることである。農地の権利移動に当たっては売買契約を当事者間で締結してから許可申請をし、許可を受けてから登記による所有権の移転、代金の支払いがされることになる。農地の権利移動では農地法3条3項1号で小作農以外の者が農地を取得しようとする場合、小作農の合意が必要とされている。また、小作権の保護を目的に設定されている農地法20条では、解除、解約の申し入れ、合意解約、更新拒絶の4つで、農地の賃借権が終了するすべてが網羅されている。小作者の合意なしでの解約は認めていない。空港会社は土地の購入に当たって小作権つきの土地については、小作者の合意を前提とした内規を持っているとされているが、当然のことである。にもかかわらず、市東さんの場合はそれがされていない。小作権つきの農地売買契約の締結をし、農地法にいう小作者の合意なしに所有権移転登記を行うことはありえないことである。小作権者の保護を無視した農地法違反であろう。

第2に、空港会社と土地所有者との間で売買契約が締結されているにもかかわらず、その事実を明らかにせず、15年間にわたって市東さんに地代を払わせたことである。この間、通常であれば、売主が農地法に基づく所有権の移転が出来なかったとしたならば、買主である空港会社が売主に対し、許可申請を要求すべきところである。しかし、許可申請権は10年で時効消滅するので、改めて売買契約をしなおさなければならない。

第3に空港会社への所有権移転は15年後に行われているが、

移転登記後すぐに市東さんへの小作権解約申請が出されている。空港会社による農地取得は農地法上許さるべきものではなく、農地法3条違反である。

そもそも小作権の保護を目的に設定されている農地法20条、その目的や趣旨を根本から無視する合意解約なしの状態で、空港会社が農地の取得をしているところに問題がある。

(2) 市東さんの農業

「食糧・農業・農村基本法」の成立後10年を経て、農業はどのように変わっているのだろうか。国の農業予算は徐々に減少し続けているが〈表3〉、農業振興の対象を農業の担い手に絞り込むことによって削減しているのである。

現在、日本の農業総生産額は２０１０年８・１兆円と２０００年と比較すると1兆円ほどの減少となっている。食糧自給率は39%と40%を上回ることなく低迷している。しかし、ヨーロッパ、アメリカなど先進国の食糧自給率は高く２００７年ではオーストラリア１７３%、カナダ１６８%、アメリカ１２４%、フランス１１１%、ドイツ80%、イギリス65%、スイス55%、韓国44%となっている。

日本の穀物自給率は28%、世界で27位である。各国とも食糧自給率の向上には努力をしており、中国では２０２０年までに穀物95%、ロシアは穀物で95%、肉・加工品85%以上、乳製品90%以上を目指している。

世界の穀物貿易量は少なく、価格の高騰が続いているが、国境を接している国にとっては農業漁業による住民の地域定着が国境線確保にもなっている。したがって、山林を含めた第1次産業の振興は欠かせないのである。

農業経営体の動向を見ると全農家４００万戸ほどの中で販売農家（経営耕地積30a以上または農産物販売金額年間50万円以上）は２０００年では２３３万戸であったのが２０１０年には１６３・1万戸となり、逆に自給的農家が２０００年では78・3万戸であったのが、２０１０年では89・7万戸に、土地持ち非農家２０００年１０９・7万戸が２０１０年１３７・４万戸と増加し、２０１０年では自給的農家と土地持ち非農家が全農家の58%を占めるようになっている。農業における高齢者増と後継者不足がこの結果となっている〈図3〉。

基本法が求めている専業農家（農業白書等で公表している主業農家－農業所得が農家所得の50%以上、年間60日以上農業に従事している65歳未満の世帯員がいる農家）は産出額ベースで米の38・1%、果樹64・2%、花卉78・4%、乳用牛92・1%等となっており、野菜は79・7%と集中化が進んでいる。

これを販売農家数で見ると野菜は40・9%と、米、果樹と比較してもかなり専業化が進んでいることがわかる。

表３　農林水産関係予算の推移

（単位：億円、%）

区　分	(2005年度) 17年度	(2006年度) 18年度	(2007年度) 19年度	(2008年度) 20年度	(2009年度) 21年度	(2010年度) 22年度	(2011年度) 23年度	(2012年度) 24年度	
農林水産関係予算総額	(▲ 3.8) 29,362	(▲ 5.4) 27,783	(▲ 3.1) 26,927	(▲ 2.1) 26,370	(▲ 2.9) 25,605	(▲ 4.2) 24,517	(▲ 7.4) 22,712	21,727	(▲ 4.3) ▲ 985
(1) 公共事業関係費	(▲ 6.5) 12,814	(▲ 5.6) 12,090	(▲ 5.7) 11,397	(▲ 2.8) 11,074	(▲ 10.1) 9,952	(▲ 34.1) 6,563	(▲ 20.9) 5,194	＜22.5＞ 4,896	(▲ 5.7) ▲ 298
(2) 非公共事業	(▲ 1.6) 16,548	(▲ 5.2) 15,692	(▲ 1.0) 15,530	(▲ 1.5) 15,296	(2.3) 15,653	(14.7) 17,954	(▲ 2.4) 17,517	16,831	(▲ 3.9) ▲ 686
食料安定供給関係費	9,556	8,878	8,555	8,600	8,679	11,612	(▲ 0.2) 11,587	＜50.8＞ 11,041	(▲ 4.7) ▲ 545
一般農政費	6,992	6,814	6,975	6,696	6,974	6,342	(▲ 6.5) 5,931	＜26.6＞ 5,790	(▲ 2.4) ▲ 141
農業関係予算	[7,949] 22,411	[7,451] 21,139	[6,916] 20,431	[6,844] 20,045	[5,936] 19,410	[2,250] 18,324	[2,244] 17,672	[2,243] 17,190	[▲ 1] ▲ 482
林業関係予算	[3,092] 4,193	[2,988] 4,026	[2,923] 3,947	[2,779] 3,854	[2,709] 3,787	[1,970] 2,874	[1,890] 2,720	[1,848] 2,608	[▲ 42] ▲ 112
水産業関係予算	[1,773] 2,758	[1,651] 2,617	[1,558] 2,549	[1,452] 2,471	[1,308] 2,408	[843] 1,819	[742] 2,002	[709] 1,832	[▲ 34] ▲ 170
農山漁村活性化交付金	[－] －	[－] －	[－] －	[－] －	[－] －	[1,500] 1,500	[318] 318	[96] 96	[▲ 221] ▲ 221

(注)　1. 予算額は当初予算額で、上段の（ ）書きは対前年度増▲減率、〈 〉書きは農林水産関係予算に占める構成比、[ ]書きは公共事業関係費で内数である。
2. 13年度予算において、主要食料関係費を食料安定供給関係費に組み替え、また、17年度、20年度、23年度においては、食料安定供給関係費と一般農政費の間で組み替えたので、過年度についても組替後の計数としている。
3. 17年度から措置された地域再生基盤強化交付金額を除く。
4. NTT-A、NTT-Bタイプを除く。
5. 23年度予算以降は、一括交付金等への拠出額を除く。
6. 対前年度額以外の計数は、それぞれ四捨五入によっているので端数において合計と合致しないものがある。

図３　主副業別販売農家数等の推移

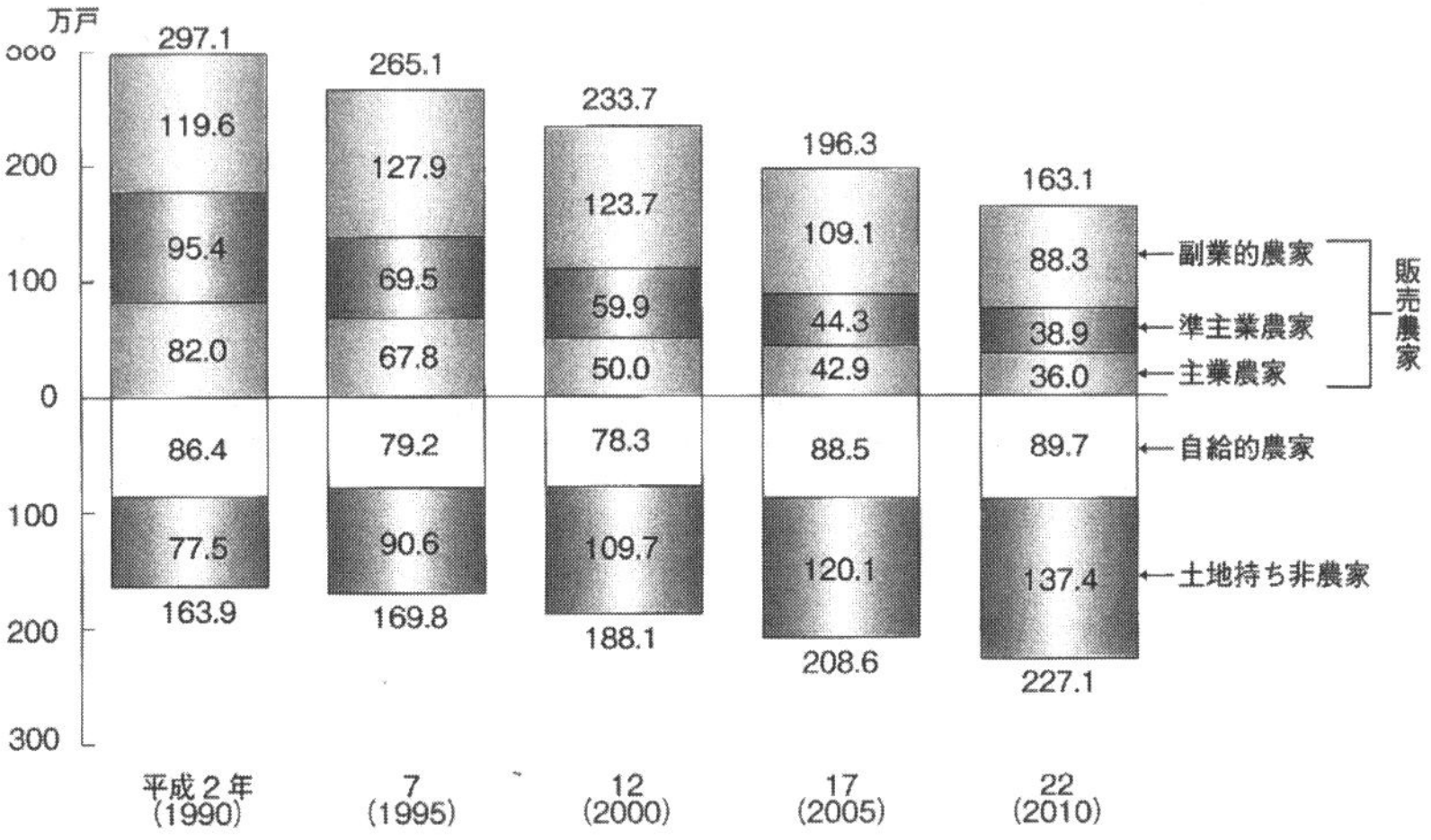

資料：農林水産省「農林業センサス」

農林水産省の農業センサスによれば野菜農家の平均規模は、1985年に9・8aであったのが、2000年には55a、2010年64・4aと年々規模が大きくなっている。国内野菜農家は輸入野菜との価格競争ばかりではなく、流通、食品安全性など、専業農家としての多くの課題をこなして経営を維持してきている。

千葉県は都道府県別に見た生産ベースの食料自給率では2008年71％と高く、成田市は3000戸の農家のうち500戸の専業農家を抱える大農業地帯である。農産物の主要な作目は単品では米となるが、出荷量、販売額からすると野菜が圧倒的であり、首都圏の重要な野菜・園芸産地である。

市東さんは国の指標から見ても主業農家として、千葉県の主要な専業野菜農家である。戦前より祖父、父親と代を継ぎ長年にわたり努力を重ねて今の経営を築き上げたかけがえのない専業農業者である。

とくに市東さんが行っている有機野菜栽培は、一朝一夕でできるものではない。ともかく健康な土作りから行わなくてはならない農業である。しかも有機農業は最近大きく飛躍しており、2011年現在JASの認定を受けた田は3214ha、畑6169ha、生産量は6万t近くとなっている。

千葉県は有機農業の盛んな地域であり、市東さんは政策の求める専業農家である。このような農業者を地域の農業を守る上で発展させることがあっても、途絶えさせてはならない。とくに有機農業を主体とする複合的な経営は農業技術の粋を集めたものであり貴重な地域の財産でもある。しかもこの恩恵にあずかり、支える多くの消費者がいる。農業はおいそれと場所を変え、農地を変えてできるものではない。わけても市東さんの経営面積のうち小作地の占める割合は大きく、この小作地なしでは農業はできず、到底生計も維持することはできない。市東さんの小作地は農地法の規定に基づき保護され、生活は守られねばならないのである。

(3) 農地・農業を守るということ

◇「遅れた農業」という見方

成田空港問題、そのなかで起こされた市東さんの農地取り上げ問題の背景には、農業そのものについての考え方の問題、江戸時代から明治・大正・昭和と推移する過程で、農業者自身の間に浸透した、農業から離れることが近代化であり進歩であると思い込む考え方も無視できない。苛斂誅求を極めたことが農業者にそうした行動をとらせることになったわけだが、農業から外れることが進歩・近代化であるという考え方は、いまだに続いている。

それに悲しいかな、一般の消費者が日本では農業を遅れた部分としかみていない。自分たちの食糧の確保とか自給とかを切実な問題として捉えていない。第2次世界大戦の戦中・戦後に否応なしに消費者の多くがそれなりの経験をしてきているにもかかわらず、戦後70年近く経つうちに、飢餓や食糧危機への実感が忘れ去られ、農業や食糧の重要性、生活のなかでの重要性についての理解が失われてきている。

それゆえ農地そのものについても、戦後の大きな特徴として、とくに高度経済成長のなかで、転用を主体とした利用、効率的な利用という方向のみが強調されている。農業以外で収益の上がるものがあれば、さっさとそちらに変え、都市計画法にしても農地法あるいは農振法にしても、農地転用することが第一義と位置付けられることになっている。これほど農業を軽んじている国は、先進国では日本ぐらいのものであろう。

成田の問題は国が農業を守ろうとしないこと、農業を遅れた分野として軽視し、農地が尊重されていないところに根源がある。ヨーロッパでは、農地への扱いが違う。ドイツやフランスでは農地に税金はかからない。日本は農地にも固定資産税がかかり、しかも路線価で上がってきている。3年に一度の評価替えで、市街化区域内農地、一般の農地ともに税金が高くなっている。農地政策が農地を手放すよう促す仕組みになっている。けれども農業者も消費者も手をこまねいて、この現実を放置している。

◇社会主義農業を実現させた東ドイツの複合経営

かつて、社会主義国家も農業を遅れた部分とみなし、農業の工業化をめざした時期があった。しかし、工業化は農業には無理で、気象や地質もあり、複合的な生産体系をとらざるを得ないのが農業の大きな特徴となっている。その特徴を生かしながら農業の社会主義化を進め、もっとも成功したといえるのが東ドイツだったといわれている。初めは東ドイツもソ連と同じように農業の工業化を図った。コルホーズやソフォーズをつくろうともした。例えば、トラクターの担当者は初めから終わりまで、トラクターで、耕耘しかやらない。ある地域では小麦しか作らせないとか、それで失敗した。そこで東ドイツは、だいたい600万ｈａある農地を2万ｈａで割り、それをさらに2千ｈａずつに区割りして、個々の単位に複合経営をやらせた。一つ2千ｈａ単位の営農集落をつくり、そのなかで小麦・ライ麦などと畜産・酪農、野菜づくりを全部組み合わせた。いわば2千ｈａを一つのロットのようにして、その集合として600万ｈａを編成したのだ。非常に合理的かつ現実的で、2千ｈａの運営はそれぞれの集落にまかせることで生産性は上がり、社会主義的農業を実現させることができた。それが1989年の東独社会主義崩壊で、イギリス人とロシア人を中心に2千haずつの買いがどっと入り、農地はいちどきに買い占められてしまった。資本主義の怖さであろう。

◇日本農業の本来の姿も複合経営、規模の競争は無理

日本の場合も、農業基本法以降は米の自給が目標とされ専作傾向が広がったが、本来のあり方は複合経営である。少ない面積でやっていくことができる。平均2haでも4回転させれば8haになる。

以前、大阪近郊の農業地帯、堺市の付近で税金問題があり、そこではカイワレ大根を作っていて税金で申告するときに3回転で申告した。実際は24回転していた。極端な例だが、複数の作物・生産を組み合わせて経営をしていくこと。東ドイツではないが、個別農家だけでなく地域的にも複合させ、個別経営も複合経営というのが、日本の農業に適したあり方だと考える。専作は日本には合わない。専作でやると規模の競争になり、ヨーロッパやアメリカにはとても対抗できない。アメリカはだいたい130ha程度の経営規模がある。ブラジルに至っては小麦で1000haを超える。

そのアメリカの農業が、そろそろヨーロッパに追い越されるといわれている。社会主義が潰れたあとの東欧の経営規模が200haを超えるほどに拡大している。小麦の収量が、アメリカの場合、日本と同じで10a当り350kg程度、ヨーロッパは500kgで、経営規模と収量からみて早晩、ヨーロッパがアメリカを抜いてしまう。アメリカは酪農でも、オーストラリアやニュージーランドに完全に負けている。アメリカの農業は大きなネックに入り始めていて、それだけに必死なので、TPPでは事前にオーストラリアなどと手をくんでいるといわれている。

アメリカは競争力のある産品については、絶対に開放しない。日本にオレンジを買わせるけれども、日本の温州ミカンは一個もアメリカに入っていない。カナダに行くと、テレビオレンジといってテレビを観ながら、食べている。アメリカは一個も入れない。そういうところは徹底している。

◇米の文化を奪われた沖縄

リンゴも関税をもう少し下げるとバンバン入ってくる。イチローがいたシアトル周辺は青森どころではない。見渡すかぎりのリンゴ畑で、リンゴは中国の重慶周辺でも日本のリンゴを作っている。ただ中国は剪定が悪い。剪定をきちんとやれば、もっと良くなる。重慶あたりは何でもできる。重慶のちょっと北で7千年以上も前の籾が出てきている。インディカ米とインドシナ系、それに長江流域のものと、その三つが合わさったコメが日本のジャポニカ米である。米のルーツは、

長江流域から福建省に来て、そこから台湾・フィリピン・沖縄に向かう道と、インドシナ半島からの道、大きくはその二つの道が米の道だ。柳田国男がこのルートについて、戦後『稲の日本史』という学際的な論考を著している。いまはそれがゲノム解析で裏づけられている。

米の道すじにあたる沖縄は民謡が盛んだが、なかでも米にかかわる歌がとても豊かだ。ところが水田はみんな基地にされてしまい、コメの文化がなくなってしまった。いまでも西表島では3作やろうとすればできる。１９９３年の東北の大冷害のとき、岩手などは籾がなくなってしまい、西表島に頼んだ。西表島で11月に播種したのが3月末にちゃんと籾になり、岩手でそれを植えた。西表島から南は3作で、2作なら沖縄のどこでもできる。そういうところをみな基地にしてしまっている。

◇みんなで農業

本当に農業を守るというのであれば、やりようはある。私自身、わずかな農地を持って、ほぼ20年になる。農業というのは非常に面白いものだと思う。２００９年の農地法改正で、誰でもどこでも農地を借りられるようになっているので、農業をやりたければ、九州でも北海道でも何人かで農地を借りる。自分たちでできるだけのことをやり、2~3反もあれば10軒ほどの家族の野菜等は自給できる。そういう運動を起こす必要があろう。田が5反もあれば、毎年30俵ほど出荷し、かつ親戚・友人数軒の面倒が見られる。関東なら冬でも野菜が作れ、輪作体系をすれば完全に自給できる。とにかく欧米に比べてもアジアのなかにおいても、日本の農業についての感覚は非常に遅れている。この意識が変わらないと日本の農業は守れない。人の命を支える農業の重要性を啓発する意味で、市東さんの問題はとても大きな問題だと思っている。

Ⅱ　新自由主義と農業

1．新自由主義下の農地法解体

(1)「見えざる手」と経済政策

国富論でアダム・スミスは「見えざる手」、インビジブル・ハンドということを言っている。海外への資本の進出と輸入増が起こると、自然と国内産業の振興に戻ってくる――そういう動きを「見えざる手」と言っていたと記憶している。スミスの時代に限らず、一国の経済で海外進出が拡大し、あるいは輸入増になると、これに対し国内産業を振興しなくてはいけないということで、国内的な経済政策が採られるというのが、先進国の最近の特徴だったのではないかと考えている。

19世紀末がイギリスの最高の段階で「世界の工場」となり、植民地を広げていくが、国内は財政が大赤字、しかも大変な失業者が出てくる。経済学者のホブスンは、植民地経営は国内的には決していいことではなく帝国主義的進出を止めろといい、レーニンより先に『帝国主義論』を書いている。しかし、結局は第一次世界大戦になっていく。1930年代も同じように海外への進出と一方における金融恐慌があり、それへの対応としてケインズの政策、有効需要創出策が採られる。それからルーズベルトなどがやったグラス・スティーガル法で銀行と投資会社の関係をぶった切る荒療治をする。それでも危機は止められずに第二次世界大戦が引き起こされた。国内の経済状態を正常化させることが、経済政策の基本であり、海外への資本や製品の輸出のみを優先していては、国内が疲弊するばかりとなる。アベノミクスの経済政策は輸出企業本位の政策で、国内への配慮はない。

最近では1970年代にスタグフレーションがあり、1980年代には多国籍企業と巨大な金融資本が世界を席捲し始め、1989年に社会主義圏が崩壊すると資本そのものが世界を席捲することとなり、国の範囲を超えてきている。とくに現在は金融の跳梁がとどまるところをしらない。そのなかでアメリカでは二期目に入るオバマ政権が金融に対する政策を積極化し、年が改まって、国内市場を考慮し規制を始めている。リーマンショックのときにアメリカ政府が注ぎ込んだ金の使いみちについても銀行を捜索し、ボルカールールをどうにかして適用したいという方向に少しずつなっている。1930年代の金融規制なみの対策がとられるかが問題で、その成り行きによっては日本やヨーロッパに先んじて、逆にアメリカの方が少し変わる可能性をもっているのではないかと思われる。

(2) 農業政策の変遷

農業政策も、こういった世界の経済動向や日本の経済政策と密接に絡んでいる。とくにスタグフレーション以降、1970年代の後半ぐらいから、日本の農業政策は世界経済の大きな動きとの関連のなかで、それまでとは明らかに違った様相をみせていくことになっている。

日本の農業には、明治以来、1970年代後半期まで、景気変動のなかで好況期には農村労働力が都会に出て、不況のときは都市から農村に戻るというバッファ、緩衝帯の位置づけが、農業に対する大きな役割となっていた。このことからその間の農業政策は、価格政策にしてもそんなに大きな変化はなかった。ところが1970年代のオイル・ショック、その後のスタグフレーションを機に、当時、重厚長大から軽薄短小と言われたように、日本はいち早く重工業中心からIT化への構造転換を進めている。これによって従来は第1次産業と第2次産業との間で行われていた労働力の調整が、第2次産業と第3次産業間に移ることになった。つまり農業の景気変動に対する緩衝帯としての役割、重要性が産業構造の変化により低下したのである。ここに農業政策が変わる大きな動因があったとみることができる。それではそれはどう変わったのか。

中曽根政権が誕生して財政構造改革をやり、とくに1980年代初め、当時3Kと称された米と健保と国鉄を分解した。農業予算は1982年の3兆7000億円から1989年には2兆7000億円になり、およそ一兆円少なくなった。じつはその削減のほとんどが米価に関するものであった。1992年には「新農政」という方向が打ち出され、農業政策の対象を認定農業者と法人に絞り込んでいく。担い手の限定である。このあたりから農業政策は、ガラッと変わってくる。予算をみると、国の予算全体に占める農業関係予算の比率は2006年で4.5%、現在はもっと下がって2.1%ぐらい。比率の低下もさることながら、その中身が非常に心細いものとなっている。1970年代から1980年代初めの時期の農業関係予算は、その内訳でいうと食管・コメと農業基盤整備・公共事業、それに生産対策とか経営対策とかの一般農業事業が、それぞれおおよそ三分の一ずつを占めていた。これが様変わりしてくる。1993年にコメが自由化され、それへの対処としてガット・ウルグアイラウンド対策費6兆円という大きな予算がつけられる。しかし、その内容はほとんど公共事業。したがって、1990年代からは公共事業が4割を超え、多いときは5割を占めるという農業関係予算に変わり、米関係は10%にも満たないものとなっていく。しかし、こうした公共事業の肥大化も1997年あたりまでしかもたず、徐々に少なくなっていく。それでも大きな流れとしては2006年頃まで同じような傾向が続く。

つまり1990年代以降の農業関係予算は、事実上、公共事業に使われている。1990年と1995・96年を比較すると公共事業予算が1.7倍ぐらい増えている。しかも中心は、農業生産に直接関係する生産基盤とか土地改良ではなく、農村整備を名目とする農道整備や農業集落排水である。農業集落排水というのは馴染みのない用語だが、水洗便所。農業予算による公共事業の主たる中身が農道と水洗便所だった。これを徹底的に進めたのが鳥取・島根などで、水田や畑の道さえ舗装され、山の上まで水洗便所が整備されている。

どであった。

これではまるで国立鳥取県、国立島根県だという人もいたほ

都道府県の場合は、農林水産関係予算中、多いところは9割が公共事業、平均でも6割程度を占めていた。国にしても県や市町村にしても、公共事業優先で価格支持とか生産振興費はスズメの涙という政策が推し進められていった。

2000年以降は関税ゼロ対策が中心で、要するに農業を自然死状態にもっていくという方向となる。たとえば積極的な農産物価格支持政策に乏しい日本でも、輸入農産物の輸入差益を原資にした価格支持は、ある程度行われている。酪農製品や北海道の甘藷糖・沖縄のサトウキビなど甘味資源、輸入のトウモロコシ澱粉に対抗するイモ澱粉等が対象である。それが輸出産業本位の経済対策でTPP受け入れとなれば、北海道と沖縄から農業がなくなるという状況に陥る。

米の価格は、私が最初に米の本を書いた頃（『いま こめが危ない』1983年、柏書房）は、自主流通米が1俵当たり24000円であった。それから約30年で、他の価格は上がっているのもかかわらず、米価は半分になったということになる。それだけ国際価格に近づいており、その分、農家の所得はぐんぐん減ってきている。そういう農業政策が進められているのであって、一般的に新聞などがいう手厚い農業政策は、もうなくなっている。

(3) 農地法の改正とは

そういうなかで、では農地法はどうなってきたのか。

農地法は農地改革のあと、1952年に成立した。ここに、自作農創設を受け耕作者主義を採る農地法体制が発足する。この体制は1970年頃まで続き、その間、農地法は基本的に変わっていない。ただ1961年に農基法が作られ、自立経営農家という方向が打ち出されると、それへの対応が必要となったことから、1962年に初めて農地法の改正が行われた。自立経営農家育成には個別の農家の規模拡大が必要だけれども、直ちには実現できないので、法人組織を作って規模拡大を進めようと、1962年に農業生産法人の制度を導入することにしている。これには企業化した農家の税金問題も絡んでいて、法人税を適用して少し安くしてやろうじゃないかという意図も含まれていた。

農地法の大きな改正があったのは1970年。1968年に都市計画法が新都市計画法として成立し、翌年の1969年には農振法が成立する。それに対応して1970年の農地法改正が行われることとなった。ここでは、それまでの耕作者主義とともに新たに「農業上の効率的なる利用を図るため」という項目を入れ、借地による農業経営基盤拡大の道を

拓こうとした。

農地法はだいたい10年程度のタームで改正されて行き、次に大きく変わるのは１９８０年。１９７０年の改正がめざした戸別の農業経営基盤拡大をさらに促進するために、農地法とは別に農用地利用増進法を作る。農地の所有ではなく利用権を設定し、利用権の流動化によって経営の基盤を拡大していくこととする。農地法の耕作者主義をそのまま維持し、規模拡大は農用地利用増進法による利用権の設定で進めるという方向に切り変えたのだ。

さらに１９９０年代を迎えた新農政にあっては、先ほど言ったように担い手を認定農業者と法人に絞込み、その限定された担い手に農地を集約するという政策的結合によって規模拡大をはかることになっていく。一方では、自由化がどんどん進められ、自由化を背景に企業が農業に参入させろと言い始める。農業政策そのものがなくなっていく過程と同時並行的に、農地を企業によこせ、あるいは農業に参入させろという要求、動きが強められてくる。経団連が農業への参入要求を掲げるのは、米が自由化され、ガット・ウルグアイラウンド農業合意が始まる時期と重なっている。

そこで、最初は１９９３年に農業生産法人のなかに出資者として企業を入れる、それも関連産業としての農産物の加工業者に限定するとか、構成員や出資についてもかなり制限したかたちで具体化されるが、それでは企業側はとても満足できない。もっとどっぷり浸かって農業をやりたいということで、１９９５年には生産法人のなかに食品会社を入れる、１９９７年になると株式会社による農地取得の段階的解禁ということも要求されるようになる。株式会社の農業生産法人への参加は、株式譲渡取引に取締役会の承認を要する定めのある株式会社に限る等の条件がつけられていたが、２００３年になり構造特区の制度によって、耕作放棄地については企業による農地利用が可能となり、また株式会社、ＮＰＯなど特殊法人の農業参入も認められることとなる。この段階でワタミとかイオンとかセブンイレブンとかが参入をし、２００７年以降はリース方式によって、企業の参入範囲はさらに拡大していく。そうしたなかで「農地は公共財である」ということが強調され、「公共財」である以上、誰でもどこでも農地を借りたり、使えたりしなければいけないというわけで、その流れが２００９年の農地法改正へとつながっていった。

２００９年改正の初めの案はとんでもない内容で、耕作者主義をはじめ元々あったものが一切なくなっていた。それで当時、東大の社研にいた原田純孝先生、梶井功先生などが、この内容でやられたら大変と社民党や共産党、民主党をくるくる回って働きかけた。もうちょっときちんと改正農地法を見て欲しい、このままで押し通されたら農業なんてなくなってしまうと、それはもう一生懸命でした。最終的には、原田先生が国会の参考人として意見開陳をし、なんとか法案を修正するところまでもっていくことができた。1条に「耕作者自らによる農地の所有が果たしてきている重要な役割を踏まえつつ、」という文言を入れたり、特例貸付といったものを盛り込んだりと、ある程度の歯止めとはなっている。

だが、いまの農地法は、正直言って、もうほとんど無きに等しい存在になってしまっているのが現状である。賃貸であれば誰でも農地を利用できるようになっているし、常時従事者だとか農業生産法人ではなくても、農地を賃借することができる。解除規定はあるけれども、改正農地法が施行されて3年になっても解除された事例は聞いていないので、ほとんど有効性は無いと思われる。

また、従来は農地の取得制限がかかっていて、北海道だと2ヘクタール以上、他の都府県で50アール以上の賃貸や売買でないと認められなかった。いまは、もっと少ない面積でも認められる。市町村によって多少の違いはあるが、現在は市民農園的なものでも農地法によって借りることができる。

それから標準小作料がなくなった。一応、小作料の統計的なデータは出しているけれども、標準小作料というわけではない。したがって相対で決められる。賃借期間も、それまで20年間だったのが50年間と倍以上に延びた。この50年にするという感覚が理解できない。世代的にも民法上も、20年というのが区切りとなる期限であろう。都市計画法がらみの市街化区域内農地の生産緑地などは30年。そんな民法常識からは考えられないような賃貸借期間の設定が、農地では許容されるようになった。農業に対する扱いというか、政策が、一般のものとは違っていることの表れでもある。農業の大きな位置づけにもかかわる問題である。

ということで２００９年改正農地法には、「農地は公共財である」とする観点から農地の流動化を促し、農業に限定しない農地利用を拡大しようとする意向が色濃く反映されている。この農地＝公共財論は、そもそもは農地法改正より前、都市計画法等で宅地並み課税を導入するときに、建設省が言い始めた。農地は公共財だから農地以外の用途も含めて考えなくてはいけない。誰でも使えるようなものにする。それで農地を農地価格ではなく一般の宅地価格として評価し、その評価にもとづいて固定資産税を取る。そういう論理であった。この論理が２００９年の農地法改正にも引き継がれて、農地は公共財だから効率的な利用に努めなくてはいけない、効率的に利用できないのなら利用できる者に代わってもらえばいいという方向が明確になっている。現在は生産法人やその他も含め、株式会社については50％までの出資が認められているが、企業の側、財界・経団連などは50％を超えて出資できるようにしろということを盛んに主張している。要するに企業自身、直接農地を取得し、農業経営ができるようにしたい。これが財界の農業に対する最大の要求となっていて、自民党が了解すれば通ってしまう可能性が高い。

(4)　農地と都市計画法・土地立法

次に農地と都市計画法の問題である。

昭和27年、1952年の農地法成立に先立ち、1950年に国土総合開発法が制定されている。国とそのもとにある県・市町村は、国土総合開発法にもとづいて開発・地域開発を行うという体系ができた。さらに1960年前後までに、道路法とか工場誘致法といった公共事業法制が整備されていく。そのあとに続くのが新都市計画法である。新都市計画法では市街化区域と調整区域に、一方、農振法の方で農用地区域と農振地域に、それぞれゾーニングが行われ、市街化区域なら届け出なしでも宅地転用ができるようにした。その後の状況としてはゾーニングがほとんど意味をなさなくなって、転用がどんどん優位になっていく。

農地法には、耕作者による農地所有を「最も適当と認め」という1条があり、耕作者の農地所有は生存的財産権だから農地は開発してはならない、とされていた。開発の対象ではないので農地価格の統制は戦時中のものが残っていたが、農地法は農地の売買価格には触れていない。転用も想定していないので転用規制はなかった。転用が動き出すのは1959年。転用許可基準をつくり、転用の順序を決めた。この基準を適用するかたちで、高度経済成長の中で、すでに宅地化されている近辺から転用を認めていくことになる。いまは農用地区域であっても、相当狭い土地でさえ転用が可能となっている。

第二次大戦が終わってからのヨーロッパ、特にドイツでは、都市部や農村部の整備がかなり計画的に進められた。日本の場合、都市も農村も計画的開発というのは、ほとんどなされていない。だから、どこでも開発できる。昭和40年代の初め頃、大阪の川西市から始まって宅地開発指導要綱というのを市が策定する動きがあり、実行に移された。開発利益の還元を自治体が開発者に求め、それが実施されていた。東京圏では町田市が熱心に取り組んでいたが、バブルがはじけたとき、建設省がこれを廃止した。現在は開発利益の還元などまったくない。建物の高度制限があっても無きが如し、日照権などもほとんどなきに等しい。10階建ての規制があるのに20階、30階を平気で認めている。開発業者としては利益が2倍、3倍になるわけで、それぐらい開発優先・優位がまかり通っている。

さらに農業予算についてもふれておこう。ひとついえることは、最近、農業予算がとても捉えにくくなっていること。農林水産予算という総額は出るが、農業・林業・水産の種別を国会にも明らかにしない。他の省庁もみんなこういう傾向にある。財務省は地方交付税の全額を明確にしないで、一部を特別会計に持っていってしまった。それで一般歳出も出てこない。したがって国の予算のうち純粋に農業予算がどれくらい、林業や水産がどれだけといったことがすぐには分からなくなっている。

農業予算は2013年度全体が2兆3000億円とか言っているものの、農業関係は1兆7000億円。1兆何千億円あるとかいう食糧供給安定予算は、林業や水産業を含む総合的な食糧安定経費なのである。そんなふうに過大に予算を表示する傾向が、各省庁とも顕著になっている。これは第二次大戦を前にした日本の省庁の予算の公表の仕方と全く同じである。そう考えると、ますます危惧すべき時代に入ってきたと考えざるをえない。

(5) 流通支配から生産にむかう資本の農業参入

農産物について完全な自由化を目標にするという方向が明確になるのは、2006年ぐらいからである。コメ政策にしても、自由化にむけて政府の役割・関与をなくしていくという政策となる。そこに大資本がどんどん食い込んで来ている。

いまや消費者が買う米のなかで、お米屋さんから買う比率は2%程度、あとはスーパーやコンビニ、あるいはネットなどでの購入で、商社系のものがだいたい60%にも達している。すでに述べたように、食管の時代は真ん中に卸が入り、お米屋さんから消費者は買っていたが、いまは三菱商事や伊藤忠とか総合商社が卸に出資していて、総合商社が株を握っている。米は総合商社が買って売っている。

実際は、米に限らず農産物全般にわたって総合商社の流通支配は拡大しており、農産物価格が市場の競りではなく、大手資本の思惑・利害で決まるようになってきている。そして、その資本自身が自分で農業をやると乗り出している。資本の論理としては非常に理屈が通っているが、企業がそうでも農協までもがその動きに乗っかる必要はない。最近の農協は、資本と一緒にやれば農業も何とかなるようなことを言っている。いったい企業と手を組んでどのような農業をやることが出来るというのだろうか。疑問である。

(6) 世界でも稀な開発優位

アメリカの州には農地保全法というのがある。アメリカの場合、固定資産税は州税で、日本と同じように、というか日本が真似たのだが、路線化価格で決める。宅地並み課税はアメリカが先で、そうすると都市で市街地に近いところはぐんぐん上昇するので農業をやっていられない、そこで農地を売りたいという人が出てくる。日本と同じである。けれどもTDR・PDR（開発権の譲渡・賃貸）というのがあって、たとえば、こちらで10階建てを20階建てにしようとすると、そうすることで生まれるはずの利益を、あちらの土地を売りたい農家に支払わなければならない。地域の開発権を農家から譲ってもらわないと建物を高くすることができない仕組みとなっている。いわゆる開発権を売った農家は、その代金で他の農地を買うことになる。このようにして開発地と農地のバランスを取っている。日本でもこれを入れようとしたが、開発権の売買の負担を嫌うデベロッパーの反対が強く実現できなかった。だから日本では霞ヶ関ビルの隣にまた、新霞ヶ関ビルが平気でできてしまう。都市計画法のなかで、こんなに開発側の優位を認めている国は日本だけではないか。都市計画の先生たちと随分やり合ったが、結局みなデベロッパーになびいてしまう。

(7)　優良農地の市民農園は日本だけ

農地とは何か、ということを基本に立ち戻って考えるべきだ。たとえば日本で人気のある市民農園は日本では大正年間に一度はやっている。ヨーロッパでは第一次世界大戦後、盛んになるが、ヨーロッパでもアメリカでも市民農園はみんな荒蕪地にある。都市計画法のなかの荒蕪地、河川敷とか谷間にある光のあまり当たらない土地や瓦礫の多い土地が、市民農園として地域指定されている。日本でも農地法とは別に市民農園法を作ったのだが、優良農地を市民農園にしてしまっている。私は農水省・構造改善局の農地課に、優良農地を市民農園にする国が先進国のどこにあるか、と抗議をした。国全体として、農地を大切だと思っていない。アメリカは先ほど紹介した農地保全法、開発権の売買がある。ドイツやフランスは、土地区画整備事業でも公有地拡大が原則である。まず、何のための、どのような用途の公有地が必要なのか、市街地のどの部分を拡大し、それに農地をどう利用するかなどを州や市町村でさんざん議論する。決まると行政がいったんその土地を買い上げ、区画整理をして、そこに農地を持っていた人が新しくなった宅地を買いたいというのであれば、だいたい通常の三分の一程度の価格で売り渡す。購入を希望しなければ、造成した宅地価格で買い上げるから、その代金で農家は別の農地を購入することができる。ドイツ国内で農地を買うかそうでなければ、アメリカやカナダ、南米に出る。あくまで農家と農地をしっかり守っているのである。

2．農業の終焉にむかう「攻めの農林水産業」

(1) 財界の求める農業政策

安倍内閣は政権が変わると同時に「攻めの農林水産業」を打ち出した。その検討は財界人を中心とする総理直轄の産業競争力会議、規制改革会議等で行われている。まず問題とされたのは２０１０年に民主党が導入した10ａあたり１万５千円の米の戸別所得補償で、２０１３年は従来どおりとし、名称を経営所得安定対策とし抜本的対策が予定されていたものである。米問題は主として産業競争力会議で検討され、農業分科会の主査新浪剛史による「農政への基本原則と補助金等の改革」が出されていた。

その内容は経営所得安定対策の見直しにあたって、生産性の向上、経営規模の拡大、６次産業を含む経営の多角化、輸出の拡大をもって行い、補助金等の政策についてはゼロベースで見直す。市場機能の発揮による農産物の需給バランスの適正化を行い、生産調整は中期的に廃止してゆく。16年には米の生産数量目標の配分を廃止する。かりに米の過剰が生じても政府は市場への介入は行わない。転作関係の直接支払い交付金についても生産性向上を目的とした措置として見直す。農業を成長産業として確立し、補助金に依存しない農業改革のため、10ａあたり１万５千円の直接交付金は２０１４年度から廃止する。農業収入の過度な変動にあたっては全額国庫負担での補助金ではなく、農家に相応の負担を求めること。米の生産コストを１万６千円から４割削減すること。補助金の交付は必要な生産コストを引き下げた農業経営者とすること、などである。

まさに新自由主義そのものの主張であり、規制緩和による農業政策の自由主義時代への回帰である。

他方、規制改革会議では主として財界人を含めた農業ワーキンググループで検討され、農地にかかわる事項が取り上げられている。具体的には一般企業による農地の取得が究極の狙いであり、農地信託事業の民間への開放、農業生産法人の要件緩和と農地リース条件などのあり方などが求められていた。ここでは２００９年の農地法改正以後、一般法人として農地をリースしている企業等から種々の要求が出されていた。それは農業生産法人における役員の常時農業従事の要件の緩和、ハウス等の経営にあたって農地リースの中途での解約のないよう農地の取得を認めること、事務所、トイレについては転用許可基準からはずすこと。農地賃貸借における農業委員会の権限の明確化、耕作放棄地の解消などについてで、農地法の根幹に触れるものであった。ワーキンググループでは農協の農政上の位置づけや事業の検討も始めている。農村市場の企業による席巻を目指したもので、TPPを先取りするものである。これら二つの会議の検討事項は2013年12月3日、安倍総理の主催する「農林水産業・地域の活力創造本部」でまとめられ、方向が明らかとなっている。

(2)　農業に攻め込み、補助金を削減

「地域の活力創造本部」では、農水省が自民党農林部会と協議し、農政改革の方向として制度設計の全体像を示している。攻めの農業の内容である。

その第1は米の直接支払い交付金を2014年産米から7500円とし2017年産で廃止する。第2に日本型直接支払制度（多角的機能支払）として地域内の農業者が共同で取り組む地域活動に対して、「農地維持支払い」として10a当り田（都府県3000円、北海道2300円）畑（都府県2000円、北海道1000円）、草地（都府県250円、北海道130円）、資源向上支払いとして同様に田（都府県2400円、北海道1920円）、畑（都府県1440円、北海道480円）、草地（都府県240円、北海道120円）を支払う。第3に経営所得安定対策として畑作物の直接支払い交付金（ゲタ）は数量払いとして、小麦、大麦、裸麦、そばについては減額し、大豆、てんさい、でんぷん馬鈴薯、菜種は若干上積し、ほかに営農継続支払いとして10a当り2万円（そばは1.3万円）交付する。ほかに米と畑作物の収入減少影響緩和対策を2015年度より認定農業者、集落営農、認定就農者に対し実施する。第4に食料自給率、自給力向上のため水田のフル活用をはかる。飼料用米、米粉用米については数量払いを導入、10a当り800kgで10万5千円を実現できる。地域で活用可能な交付金でできる「水田フル活用ビジョン」に基づき助成を充実させ、飼料用米・米粉用米についての多収性専用品種への取り組み、加工用米の複数年契約の取り組みに10a当り1.2万円を交付することとなっている。

米の価格補償であった戸別所得補償にかわり、米の直接支払い、日本型直接支払いと名称を変更するものの、都府県の水田では10a当り12900円となり、2000円ほどの引き下げとなった。水田のフル活用としての転作対応では上限10万5千円を示しているものの、それだけの収量確保は容易ではない。転作作物の直接支払いは減額され、補助金の縮減となっている。しかも新たな制度の導入は次年度以降とされており、TPP次第である。米対策も5年と年限を区切って

いることがそれを物語っている。米は補助金ゼロ、自由に作らせ自由な競争にゆだねるというのが狙いとなっている。TPP交渉でもMA米の上積みがささやかれる中で、限りなく輸入米価格に近づけておきたいのである。「攻めの農林水産業」は日本の農業を攻めている。

(3)「農地中間管理機構」と国家戦略特区

米の実態は生産の脆弱さとともに流通の変容が著しいが、農地についても問題が多い。2009年の農地法の改正による利用権設定により、誰でもどこでも農地が借りられるようになった。わずか3年足らずの間で、農水省の調査によれば1071の一般法人が農業への参入を認められている。その内訳は株式会社671、特別有限会社145、NPO法人255である。作目としては野菜46%、米麦17%、果樹8%となっている。年々参入の企業は増えているが、先のワーキンググループではこのような農地利用が進むにつれ、農地の取得を求めるようになっていると喧伝していた。

他方、農水省は次年度予算編成の中で新たな農地政策を打ち出し、「農地中間管理機構」を設立することとした。「農地中間管理機構」は、経営規模の拡大を狙いとした農地流動化が思うように進まないところ、近年新しく進めた「人・農地プラン」が思わぬ成果があったということで、その手法により事業の展開をはかることとしたのである。農業後継者が減少する中にあって農地提供者に対する手切れ金や農地集積交付金などを給付することによって実績が上がってきたのである。このことから同様の手法を幅広く使って実績を上げようとの意図で考えられた組織である。それは1969年の農地管理事業団を思い起こさせるものがある。現在、都道府県に設置されている農地保有合理化法人に替わり、事業内容を農地の借り受けとともに譲り受け、担い手への貸付、譲渡などを斡旋し、遊休農地の再生や土地改良まで出来る組織としている。実際に事業として現在、市町村や農協が行っているものであるが、新しい組織での市町村、農協の役割、位置づけ等ははっきりしていなかった。そこで、この「農地中間管理機構」法案作成にあたり、財界等から先の提言をもとに農地等への意見が出されたのである。それはこの機構の事業を市町村が担うべきこと。農地借り受け等は公募により、企業を受入れること。農業委員会を排除することなどである。同時に農業生産法人への企業参入の要件緩和などが求められている。

農業委員会の排除、農業生産法人の要件緩和などは農地法本体にかかわる重要事項であり、軽々に判断できぬものである。したがって農地法の一般改正とはせず、「国家戦略特区法」では行えるように矛先を変えたのである。

その第1は農業委員会の権能の一部を市町村に移すことを条件付で認めることである。

国家戦略特区法では特例として、農業委員会の権利移動の許可関係の事務を市町村が合意した場合は、合意の範囲内で市町村が許可事務を行うことになる。農水省の説明では、このことによって農業委員会は農地の斡旋、遊休農地の解消等に専念し、農地の流動化を円滑に進めることが出来るというのである。農業委員会は元来、農民の自主的農地管理を前提に成り立っている組織であり、農地法に基本的に触れる事項と思われる。農地流動化が進まない要因は日本の農業の性格や集落組織の存在などいくつも指摘されている。特区を機に基本を曲げて良いものか疑問である。

第2は特区における6次産業化推進のため、農用地区域内のレストラン経営を認めることとした。また、農業法人の役員要件が現行では、①過半が農業（販売・加工を含む）の常時従事者であること　②その過半が農作業に従事、としていたのを、農業生産法人の6次産業化推進のための要件緩和として、役員の一人以上が農作業に従事すればよいとした。ただし、要件の緩和は役員要件のみで、議決権（出資）要件等については変更しないこととしている。

これらはいずれも以前から財界等が求めていたことで、農業委員会を排除する理由は農地転用等にあるのだろう。農地転用はもう制限なしとなっている状態にもかかわらず、農地の自由な利用と取得をより容易にしたいのであろう。農業生産法人の役員の要件も企業による丸ごと支配の第1歩となろう。農業生産法人は現行でも農地の取得は出来るので、企業による実質的な農地取得が進むことになろう。

「農地中間管理機構」がどのような展開を見せるか、今後、注意深く見守っていかなければならない。しかし、農地法における農業委員会の役割も縮小され、あわせて規制改革会議においては農協等の検討が用意されている。

国内の穀物価格の安定すら求めず、ひたすら輸入食料主体の食品産業と輸出企業の意向に沿った経済の運営をしようとしている。このようなことで人々の生活は保てるのであろうか。ＥＵをはじめアメリカですら１９３０年代以後、食糧自給はもちろん地域自給を確実なものとし、生産者とともに消費者の生活を守っている。地球規模で食糧が逼迫することが予測される中で、このままでは日本の農業は終焉を迎えることとなろう。

第4章

成田空港の農業破壊と闘う三里塚の農民

いま、あらためて照らし出される農業の意義—公共性

望月信光

はじめに

成田空港問題の特徴は〝長い歴史〟と〝農地取り上げの深刻さ〟である。前者は後者の結果と言えるから二つの特徴は裏表の関係にある。歴史の長さということでは、当初の富里空港案を打ち出した航空審議会答申（一九六三年）から今年で五〇年になる。要するに半世紀かかっても成田空港は未だに完成していない。これ自体、驚くべき状況だが、この状況こそは成田空港建設のための農地取り上げをめぐる政府・空港公団（二〇〇四年四月から空港会社）と農民の攻防がいかに深刻なものであったかを物語るものである。言い換えれば、成田空港建設とはその本質において〝農業潰しと農民殺し〟の攻撃であり、国策の名において農業という社会存立の基盤を大規模に破壊するとともに、農業を担う主体―農民・生産者の人権を否定・蹂躙する反社会的・非人間的行為だったのである。

国策事業の反社会性・非人間性をとらえるとき、直ぐ思い浮かぶのは国を挙げての原発推進であり、その悲劇的帰結としての福島第一原発事故である。東日本を中心とする放射能汚染や汚染水の歯止めなき増大・流出、子どもたちの被曝影響等々、いまなお拡大する原発災害は、原発なしにはありえないとされる経済成長――その真偽自体も検証されなければならないが――を追い求めることへの反省、経済成長の公共性への疑念を広く生み出すとともに、原発推進という国策事業が人間社会に及ぼす破壊的作用を事実としてさらけ出すことで「カネか、いのちか」の選択を日本社会に鋭く突きつけ続けている。この原発推進と空港建設は、公共性というヴェールをまとった国策事業であること、そのヴェールの下で日本経済を支配する大企業・大資本に巨額の利益を提供し続けてきた巨大プロジェクトであるということにおいて、まったく同質である。ならば、「カネか、いのちか」の問題が人間社会の存続を左右する選択として問われる〝ポスト3・11、ポスト福島〟の時代状況にあって、半世紀に及ぶ成田空港問題にもその時代状況をふまえた新たな光があてられるべきだと思う。

そのために本稿では、まず現実に成田空港建設に反対している農民たちが直面する具体的な問題――後述する市東孝雄さんに対する約一・三ヘクタールという広大な農地取上げ攻撃――をめぐり、その経過や農民たちが問題にどう向き合っているのかを紹介し、次に空港建設に反対しながら日々営まれる農業生産の意義を、とくに人間社会の公共性の観点から考えてみることにしたい。

筆者は成田問題を長く研究してきた者でもないし、成田闘争に深く関わってきたわけでもない。本稿は筆者が、経済学者の鎌倉孝夫氏を中心に進められている成田空港問題に関する研究会（航空・空港研究会）に参加し、成田空港問題全般についての共同的な調査研究活動に携わるなかで得られた理解をベースにまとめたものであり、同研究会における鎌倉氏や農業経済学者の石原健二氏はじめ他の共同研究者との討論で示唆を受けたものも反映されていることをお断りしておく。

1．成田空港反対運動の歴史

(1)成田空港問題の過去の経過がわかっていなければ、成田問題のいまをとらえることができない、というわけでは必ずしもないだろう。とはいえ〝長い歴史〟は成田空港問題の本質にかかわる特徴の一つであり、それをふまえることが問題の理解の助けになることはたしかである。その概略を整理するところからお付き合いを願うことにしたい。

成田空港問題の五〇年に及ぶ経過については、まず年表を参照されたい。年表では富里案の時期を前史とし、成田空港建設の過程を五つの時期に分けているが、少し説明する。

成田空港は、Ａ滑走路（四〇〇〇m、主滑走路）、Ｂ滑走路（二五〇〇m、平行滑走路）、Ｃ滑走路（三二〇〇m、横風用）の三本の滑走路をもつ空港として一九六六年七月に閣議決定されたが、現在までに次の三回の滑走路の供用開始があった。

①一九七八年五月のＡ滑走路供用開始

②二〇〇二年四月のＢ′滑走路（二一八〇m）供用開始

③二〇〇九年一〇月のＢ′滑走路北延伸（二五〇〇m化）供用開始

右の三回の滑走路供用開始が時期区分の目安となるが、①から②の間が長いのでこれを二分する。そうすると年表の通り五つの時期に区分される。

現在の成田空港問題の特異性はＢ滑走路問題のなかに凝縮している。

そこで前史から第三期の成田空港問題シンポジウム及び成田空港問題円卓会議までの経過は年表に委ね、以下では第三期の途中からの土地問題に関連する事実をふり返る。

(2)成田空港問題シンポジウム・円卓会議が終わった後、空港公団は天神峰等の一部農民から農地を買収したが、それでもＢ滑走路二五〇〇mのうちで直線でつながる部分は約半分（一三八〇m）にすぎなかった。つまりＢ滑走路供用の目処などはゼロだったのである。ところが空港公団はここで驚くべき暴挙にでた。暫定Ｂ′滑走路計画である。すなわち、①Ｂ滑

成田空港反対運動の年譜

★滑走路供用開始 ▲誘導路供用開始 ■裁判提訴

前　史	1962	11月：池田内閣が「第２国際空港建設の方針」を閣議決定
第一期	1963	11月：航空審が新東京国際空港の第1候補地に富里村周辺を答申
	1966	７月：新空港を成田市三里塚に閣議決定。空港反対同盟結成
	1967	1月：工事実施計画認可の告示。10月：外郭測量阻止闘争
	1969	12月：成田空港の事業認定を告示
	1970	千葉県収用委員会の審理（第１次申請分）
	1971	２～３月：第一次代執行 ９月：第二次代執行（大木よね氏の自宅を強制執行）
	1977	５月：岩山大鉄塔の仮処分執行により強制撤去 〔1978年３月　管制塔占拠〕
第二期	1978	５月：★Ａ滑走路のみでの暫定開港
	1981	10月：石橋政次と運輸省空港公団との秘密交渉発覚
	1983	３月：空港反対同盟が分裂
	1986	10月：空港公団、二期工事に着手
	1987	４月：空港公団が千葉県収用委員会に市東氏の小作権を追加申請
	1988	空港公団が秘密裏に３月に岩澤から、４月に藤崎から市東小作権付で土地を買収
	1990	１月：天神峰現地闘争本部を成田治安法により封鎖 （他５か所の団結小屋除去）
第三期	1991	1991：11月　第１回成田問題シンポジウム（～1993年５月）
	1996	６月：空港公団、収用裁決申請取下げ ９月：第１回成田空港問題円卓会議（～1994年10月）
	1999	12月：運輸大臣がＢ滑走路を北側に800mずらし2180mのB′滑走路とする変更認可
	2001	６月：東峰神社の神社林を不法伐採
第四期	2002	４月：★B′滑走路（2180m）と▲B′誘導路（「への字」発生）供用
	2003	12月：空港公団が東峰神社敷地を東峰部落の総有と認める
		12月：空港公団が市東小作地の底地2か所の所有権移転登記”
	2004	３月：■空港公団が天神峰現闘本部の明渡訴訟を提起
	2005	８月：国交大臣、空港会社に北伸2500m化整備を指示
	2006	９月：千葉県知事が市東氏の小作地の解約許可
		９月：国交大臣がB′滑走路北伸2500m化と東側誘導路の変更許可
		10月：■空港会社が市東氏に農地明渡し訴訟提起（千葉地裁民事２部）
	2008	10月：■空港会社が市東氏に農地明渡し訴訟提起（千葉地裁民事３部）
第五期	2009	７月：▲東側誘導路供用 10月：★北伸2500mB′滑走路供用開始（「への字」の継続）
	2010	６月：第三誘導路等の変更許可。成田市道（団結街道）封鎖
	2011	５月：東京高裁で天神峰現闘本部仮執行付き判決
	2013	３月：▲第三誘導路の供用開始

走路を北側に八〇〇mずらし、②滑走路の長さも二一八〇mに縮小する、③誘導路も二か所「への字」に湾曲させてつくる、そしてこれを「工事実施計画」の変更で乗り切ろうとしたのである。

しかし航空法に基づいて一九六七年に成田空港建設の骨格をなすものとして定められた「工事実施計画」の内容に重大な変更を加えることなど許されるはずもない。全く違法行為である。

しかも二一八〇mのB´滑走路の供用のために、空港公団は東峰神社の敷地を取得したとして二〇〇一年六月に神社林を伐採するなどの暴挙を重ねて、ようやく二〇〇二年四月にB´滑走路の供用開始を強行した。

こうした攻撃に対し、東峰部落の住民七戸は二〇〇二年四月（供用開始直前）、空港公団を被告に東峰神社敷地の所有権移転登記手続等を求めて千葉地裁に裁判を起こした。この裁判で東峰部落住民側は、二〇〇三年一二月に和解で東峰部落の総有を認めさせるなど全面勝利した。

⑶その後、空港公団は、B´滑走路の二五〇〇m化を狙って、東峰部落に攻撃を集中させた。その過程で二〇〇五年五月、空港会社・黒野社長は、東峰部落の農民たちに次のような謝罪文を出した。

「滑走路供用後二年間の騒音測定結果では、平均九六デシベル、最大で一一〇デシベルを超えていました。さらに、頭上を離着陸する航空機への恐怖心は、表現できないものだと思います。そもそも、今振り返ってみますと、暫定滑走路計画時に、皆様が日々生活を営んでおられるまさにその場所の真上数十メートルに航空機を飛ばすことが、皆様にどのような被害をもたらすかについて、深く検討もせず、看過してしまったというのが正直なところであり、航空行政に携わるものとして、全く恥ずべきことであると大変申し訳なく思っております。これまで申し上げましたことは、今考えますと、単なる空港建設の手法や生活環境の問題にとどまらず、人間としての名誉、尊厳に触れる問題であると思います」

この黒野の謝罪はまったくのペテンなのだが、その文面に書かれている事実は空港会社がやっていることのあくどさを示すもので、B´滑走路のすぐ側で生活する東峰部落の農民たちがいかにすさまじい爆音と生活環境の下で生活しているかを社会的に明らかにした。

しかしその後も空港会社は滑走路供用を続け爆音をまき散らして東峰部落の農民たちの追い出しをはかる。三か月後の同年八月、空港会社は黒野「謝罪」の舌の根も乾かぬうちに国交省と結託してB´滑走路を北側に三二〇m延伸させ二五〇〇mにして供用し、東峰の住民の頭上にジャンボ機を飛ばすと言い出した。しかも空港会社は、東峰部落側へ圧力を加えるため、二五〇〇m化のためには関係のない東峰部落の入会林である「東峰の森」を伐採する第二（東側）誘導路計画を打ち出した。東峰部落が屈しないと見ると、二〇〇六年七月、B′滑走路の二五〇〇m化と第二（東側）誘導路の許可申請を行った。東峰部落住民は、「東峰の森」工事の処分禁止を求める仮処分を申請し、一時的にせよ工事を中断させて闘った。

> 最近、第一期の成田空港反対運動の様子を知ることができる貴重な本が出ている。一つは、DVDブックとして出版された『小川プロダクション「三里塚の夏」を観る―映画から読み解く成田闘争』（太田出版、二〇一二年）で、一九六八年の三里塚闘争を記録したドキュメンタリー。もう一つは復刻された『壊死する風景　三里塚農民の生とことば（増補版）』（創土社、二〇〇五年）で、こちらは一九六九年ないし一九七〇年当時行われた青年行動隊の座談会の記録である。いずれも成田空港反対運動の原点を考えるには欠かせない。

2. 市東さんに対する裁判を使った前例のない農地の取り上げ攻撃

(1)市東さんの農地取り上げ問題について、まず裁判に至る経過をみていこう。

空港公団は土地収用法を発動して市東孝雄さんの父・市東東市さんから小作権を権利収用することを狙った。そのために空港公団は一九八八年の三月から四月にかけて市東東市さんが耕作する成田市天神峰の小作地二ヶ所の所有権を地主二人（藤崎、岩澤）から秘密裏に買収した。しかし土地収用法に基づく事業認定が二〇年の経過で一九八九年一二月に効力を失い、空港公団も一九九三年六月に千葉県収用委員会への収用裁決申請等を取り下げて公的にも事業認定が失効したため、前述の小作権の権利収用という方法は不可能となった。

その後二〇〇三年の一二月、株式会社化されて空港会社に衣替えする（二〇〇四年四月）直前の空港公団は、買収した農地の所有権移転登記手続きを行い、買収の事実を公表した。その直後から空港公団は、市東さんを追い出すために「今後の生活を保障する観点」として金銭補償や代替地を提示し、小作権を解約するよう働きかけた。しかし市東さんは「話すこともない。公団の話など聞く気もない。もう来るな」と話し合いを拒否したので、空港側が意図した小作権解約のための「話し合い」は挫折した。

こうして空港会社は、最後の方法として裁判手続きによる方法を実行するに至る。

(2)現在、空港会社は、市東孝雄さんに対して次の二つの裁判を起こしている。

一つ目は、二〇〇六年一〇月提訴の裁判である。小作契約以外の農地を不法耕作しているとして南台農地の三分の二の明け渡しを請求している（現在、千葉地裁民事二部で審理中）。

この裁判で市東さんは、空港会社が不法耕作地とする農地は、いずれも小作権にもとづいて耕作している農地であると主張している。

二つ目は、二〇〇八年一〇月提訴の裁判である。小作契約が農地法二〇条にもとづき解約許可処分されたことを理由として、天神峰農地全部と南台農地の三分の一の明け渡しを請求している（現在、千葉地裁民事三部で審理中）。この裁判で市東さんは、そもそも空港会社が農地の賃貸人として農地法二〇条にもとづき解約許可を求めて千葉県に申請すること自体が違法であり、したがって千葉県知事が出した解約許可処分は取り消されるべきであることを主張している（なお二〇〇七年七月に市東さんは原告となって千葉県を被告に解約許可処

B′滑走路周辺の農地・自宅

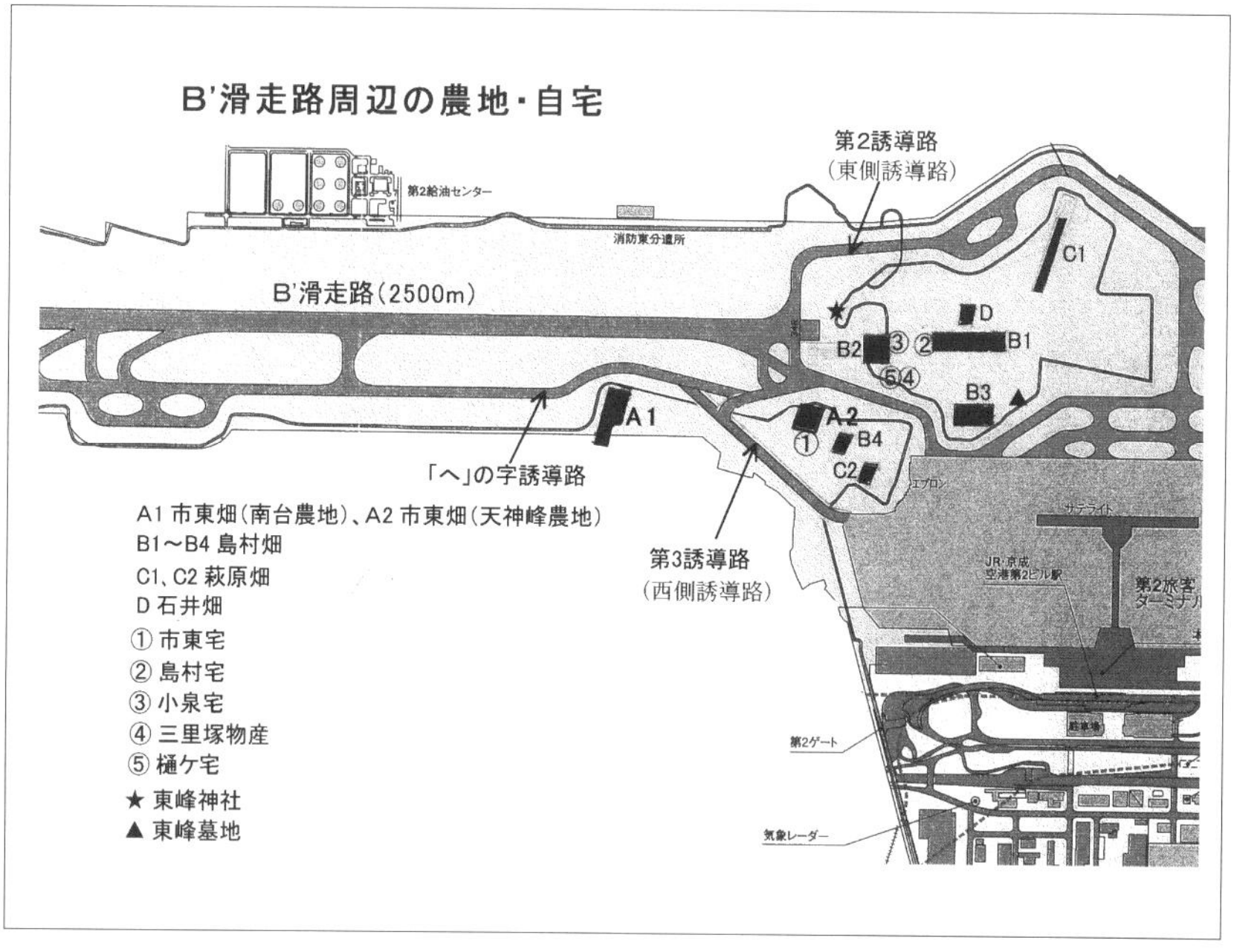

分取消し請求の裁判を起こした。これは前述の二つ目の裁判と併合されている)。

　空港会社は、この二つの裁判で、冒頭に述べたとおり合計で約一・三ヘクタールの耕作地を判決にもとづく強制執行手続きで取り上げようと狙っている。

　裁判手続きは、二つ目の裁判の方が早く進み、すでに証拠調べも終了した。二〇一二年五月から翌一三年二月までで五名の証人(成田空港会社用地部長、許可処分当時の成田市農業委員会事務局長、千葉県農地課長、国交省成田国際空港課長の四名及び萩原進さん)と市東孝雄さんの被告本人尋問を行った。二〇一三年三月二七日には市東さんの意見陳述と市東側代理人の最終弁論が行われて結審。七月二九日に判決を迎える(※)。

※　二〇一三年七月二九日、千葉地裁民事三部(多見谷寿郎裁判長)は、市東孝雄さんに対して現に耕作中の畑(約七二八四平方メートル)を空港会社に明け渡すように命じる判決を言い渡した。判決は農地法二〇条による小作契約の解約許可処分について「賃貸借契約の解約申入れを許可するにすぎず、賃借権消滅という法的効果を発生させるものではないから、本件許可処分自体、農地賃借権を強制的に収用するものではない」という。驚くべき詭弁だ。「成田空港建設のための公用収用」を農地保護を主旨とする農地法によって強行することの違憲性を問う控訴審が、二〇一四年三月二六日から東京高裁で争われる。

(3)市東さん側が法廷で主張している法律論の詳細については省略するが、二つ目の裁判で、農地法二〇条にもとづいて千葉県知事が小作契約の解除を許可したことを空港会社が主張の根拠にしている点について、その誤りを明らかにしておこう。
　そもそも空港建設のために小作権を消滅させるということは、まさに公用収用である。したがって、それが可能なのは公用収用を認める特別の法律によるべきであり、それは土地収用法による以外にはない。農地法二〇条による小作権の解約許可処分の手続きを用いることは、法の趣旨・目的からいって到底許されることではない。

　じつは過去に成田空港建設の一期工事の際、空港公団は大木よねさんの小作地について農地法二〇条による解約許可を得て小作権の取り上げを策動したことがあった。

　しかし、一九七〇年二月、申請を受けた千葉県は農林省に、成田空港建設を理由とする農地法二〇条にもとづく賃貸借契約の解約の申入れ許可申請について許可が可能かを照会した。これに対し同年六月、農林省農地局農地課長は、「新東京国際空港の区域が決定され、その用に供するため小作地が買収される場合には、最終的には土地収用法により収用されるものであって、その用地取得に伴う損失補償は、『公共用地の取得に伴う損失補償基準要綱(昭和三七年六月二九日閣議決定）』に準拠して、その所有者に所有権の補償が、その小作者に耕作権の補償等が、それぞれ行われるべきものと考える。したがって、農地の賃貸借について、その賃貸人がその農地を空港用地にするために売り渡すことを理由として解約の申入れにつき許可申請をしている場合であってその許可をするとすれば、その賃借人の上記損失補償をうける機会を失わしめることとなるような場合における農地法第二〇条第二項第二号または第五号該当の有無については、いずれも消極的に解するを相当と考える」と回答した。つまり、農地法二〇条による解約許可は許されないと回答したのである。

この回答は憲法上の財産権の保障規定に裏付けられたものである。憲法二九条三項は、私有財産を「公共のために用いる」場合には「正当な補償」が必要であると規定している。したがって成田空港建設のために小作権を消滅させようとして農地法二〇条の解約許可処分手続きを利用することは憲法二九条に違反するし、さらに憲法三一条や憲法二五条にも違反する。通達は、そのことを示したものなのである。

さらに言えば、農地法はそもそも戦後の農地改革の成果（地主的土地所有の解体・自作農創設と残存小作農の保護）を維持し発展させるためにつくられた法律である。このような農地法の根本精神に照らしても農地を成田空港建設用地として強制的に取得するために農地法二〇条を適用することが許されないことは明らかである。

(4)前述した二つの裁判で、空港会社は市東さんから約一・三ヘクタールの農地を奪おうとしている。これは市東さんの耕作地全体の実に七三％に達する。こんな暴挙がまかり通れば市東さんの営農は致命的な打撃を受ける。

成田空港問題の中で、これまで戦後最大の土地収用事件とされてきたのは、一九七一年の二次にわたる成田空港建設のための強制代執行であるが、その総面積は大木よねさんの宅地・農地を含めても約八四〇〇平方メートルだ。今回の市東さんに対する裁判の判決を使った強制的な農地の取り上げはそれを大幅に上回る攻撃なのである。

3．「農地は農民の命」
――市東孝雄さんへのインタビュー

先日、市東孝雄さんを訪ねた。初夏の三里塚は、畑に育つキャベツの上をモンシロチョウが群れ、営巣する雉の鳴き声が響く。農道を野ウサギが駆け、ときには地上の小動物を狙ってタカの仲間でトビとよく似たノスリが上空を旋回している。もしも視界を遮る空港フェンスや、頭上数十メートルを横切って離着陸し、誘導路を自走する航空機の騒音がなければば、そこが日々空港との対峙を意識せざるをえない地であることを感じさせない。

市東孝雄さん本人に、空港会社から裁判で明け渡し請求を受けていることをどう考えているか、お伺いした。

〈いまの農業はここでしかできない〉

「空港会社は、ほかでも農業はやれますよ、というが冗談じゃない。親父が無農薬有機農業を始めてからいままで、それこそ年に何センチもできない土づくりを二五年続けてここまでの畑になったのです。有機肥料を畑に入れて攪拌する作業を同じ場所で何回も何回も繰り返しながら、良い黒土を作ってくれる微生物が棲む土地をほんとうに手塩にかけて育ててきたんです。年間五〇から六〇品目の作付けをしています。ビロードのような農地とよく言われますが、作物がよく取れる本当に素晴らしい農地なんです。もし空港のコンクリートの下になったら農地は死んでしまいます。私にとって先祖の思いや汗もしみたかけがえのない土地で、いまの農業はここでしかできないし、金銭なんかには代えられません。七割の農地を取り上げられたらどうやって農業をやっていくのですか。離作補償ではとても補えるものではありません。しかもまともな農地になるのには二〇年三〇年かかります」。

「むこうが取り上げようとしているのは土地だけじゃない。そこにある作業場や農機具置場、育苗ハウス、離れ、そういった農業をやるために欠かせない設備一切が含まれています。こんな空港会社の横暴が許されていいのですか」。

「畑と一緒で、便所にいたるまで取上げ対象ということで、『占有を他人に移転してはならない』とか書いた『公示書』（写真）を、空港や裁判所の人間が警察と一緒に早朝やって来て、私に一言もなく貼り出していきました。もうここで農業をやるな、やらせないという攻撃としか思えない」。

空港会社の問答無用のやり口に、市東さんの怒りは収まらない。

〈親父たちの残してくれた土地で、うそのない農業を続ける〉

天神峰部落は、大正時代の御料牧場の開拓に始まる。市東さんの農地（小作地）も始まりは九〇年以上もさかのぼる。

「この土地を小作したのは祖父の市太郎の代から。祖父は茨城県河内村長竿の店舗に丁稚で入り番頭までやって、明治末に天神峰の今の所に来た。御料牧場の詰所がそばにあったので、そこの従業員のために、雑貨だとか飲食の店をなりわいにしていた。明治四五年の酒類の仕入帳や大正一〇年三月

市東孝雄さん（左）と、畑を訪れた鎌倉孝夫さん（右）

市東さんの畑に立てられた仮処分の公示書看板

故萩原進さん。市東さんの農地裁判判決報告集会にて（2013年7月29日）

までの売り掛けの大福帳が今でも残っています。店を止めて、大正一〇年ころより前から、今、私が耕作している所を開墾しながら畑にして耕作しました。親父が戦争に取られた時は祖父と叔母が耕作して守った」。

「この土地では親父がずっと苦労してきて、畑をやらないときは千葉の川崎製鉄などに行って出稼ぎしながら私たちを育てた。小作で貧乏だったけれど、親父や祖父の思いも詰まってますから、空港を造るために取られるということは本当に耐え難い問題です」。

先祖代々受け継がれた土地で、人の命を支える作物を作り続けたい。このまっとうな願いを否定するのが空港会社の農地取り上げ攻撃だ。

「私はここで普通に農業を続けてきたし、これからも続けたいだけなんです。安全でうそのない野菜を真剣に作って、それが出来たときの喜びが新鮮な作物を通じて産直の会の会員に伝わる。それが自分の農家としての誇りであり、生きがいです。いまの農業ができなくなれば、そんな野菜を作って届けることで築いてきた人間関係、信頼関係はどうなるか。ズタズタです」。

「結局、農地は私の命と一緒なんです。その農地を取られるということは、農業をやめて死ねといわれているのと同じで、私はそういう受け止めをしています。だから、それを、ハイ分かりましたとは呑めません」。

家や畑の両側を誘導路・滑走路に囲まれ、航空機騒音で会話が途切れることもあるなか、市東さんが語る農業に生きる思いは迷いがない。

4．農業の公共性の復権へ

⑴政府や空港会社は、農民たちから農地を取り上げようとする際に、常に国際空港の整備は経済発展に不可欠なものである高い公共性をもっと主張してきた。繰り返されてきたのは、「国際航空網の整備は国の経済成長に必要不可欠なもの。だから成田空港建設のために、農業・農民が犠牲になっても仕方がない」という立場である。これが国策であり、だから公共性があるとする論理だ。

しかし、空港反対運動を長く闘ってきた農民たちに話しを聞くと、共通して次のような言葉が返ってくる。

「成田空港の建設に反対して闘ってきた最大の理由は、国や空港公団が農業を平然と潰すことを許せなかったからだ。農業は人が生きていくために絶対に必要な食料生産の柱だ。農民には農地を耕して食料を生産し、人間の命を守る大事な責任がある。しかし農民は農地がなければ何もつくれない。だから農地は農民の命なのだ」と。

このような農民たちの認識―農業・食糧生産を担うのは自分たちだという自覚は、空港反対運動を続けながらの営農を通して徐々に獲得されてきたものだろうと思う。この農業観は福島原発事故以降、土壌や作物への放射能汚染の影響が深刻化し、そのことで人の命を支える食・農の安全性にあらためて注目が集まるなか、ますます強固ではっきりしたものとなってきているように感じられる。

いわば福島原発事故は、農業がもともと普遍的にもっていた、人間社会が社会として成り立つ基盤を形成するという意味での公共性を、人のいのちと自然の循環を破壊する原発との対比において照らし出すこととなっている。農業は本来、そして現実的にも「成田空港建設のために犠牲になっても仕方がない」ものでは断じてないのである。

この価値観を社会的に共有することが、〝ポスト福島〟の日本社会に求められている〝カネよりいのち〟への転換、大企業の利益優先から人間中心の社会観確立にむかって、どうしても必要だ。成田空港問題はその方向を進める大きな一歩となりうる。成田の農民たちの闘いは、成田空港側の主張する公共性論の誤り、というよりマヤカシを徹底的に暴き出し、同時に農業の本来的な公共性を復権させることで、資本主義日本の「農業を大事にしない」歴史の転換に道を拓く豊かな可能性を内在させているのである。

⑵多古町で農業を営む加瀬勉さんにもお話を伺うことができた。加瀬さんは、最初の富里空港案の時点で社会党書記として現地に常駐し空港反対運動を支援し、成田空港になってからも農民たちの反対運動に深く関わり現在に至っておられる。筆者の知人にも旧社会党の人が多く、この日も、社民党の若い友人に同行して貰った。

加瀬さんは、富里・三里塚の空港反対運動は農地から農民を引きはがす怒りの中で生まれたと指摘する。

「成田空港反対闘争の原動力は、戦後農地解放で生まれた自作農の高揚するエネルギーだった。空港計画が持ち上がった富里や三里塚では、その頃までに比較的しっかりした自作農基盤が形成されていた。すでに京葉工業地帯全体では農民の分解が進んでいて、農家の六〇～七〇％は兼業という状況にあったが、そのなかで富里・三里塚は逆に七〇％が専業農家であった。生産面では、旧来のコメ、イモ、デンプン等から、スイカ、ダイコン、ハクサイ、ニンジン、あるいは酪農といった換金作物の導入が広がり、これによって農業経営の発展とともに一定の収入拡大がみられた。空港建設の攻撃は、こうした自作農発展の頂点で起こった」。

「私たちが空港建設の撤回を求めて県庁に行ったときに友納知事は何と言ったか。『加瀬さん、農業は北海道でもできますよ』と言い放った。農民と農地が切っても切れない関係

加瀬勉さん。 千葉県香取郡多古町牛尾の自宅前にて

にあること、自分の耕してきた農地なしには農民は生きて行けないことが、全然分かっていない。まるでサラリーマンが転職するような感覚なのです」。

「農民は労働を通じて、みずからの命を田畑大地に注ぎこんで、命ある作物を育てることを生業としている。命あるものと呼吸しあって生きているのだ。だから土地と農民の命は一体であり、そこに生活があり、精神文化のいっさいがある。農民の土地を奪うことは農民の命を奪うこと、これを理解していない」と問題提起する。

当時、加瀬さんは、友納知事の耳を疑う発言に、「こんな連中に農業をまかせるわけにはいかない。蹴散らされてたまるか」と徹底抗戦への決意を新たにしたという。加瀬さんは、「三里塚の農業を守るということは日本の農業を守ることだ」「農業は人間の命を支えるという農民の責任を貫く実践であり、その使命を空港反対を通して果たしていくことは、おカネには代えられない意義がある」と農地をめぐる闘いを貫いてきた。農民の農地を守るエネルギーこそ、農地を管理し作物を生み出す力であると指摘している。

(3)三里塚では、天神峰や東峰をはじめとする空港エリアのそこここで、空港に反対し、また騒音等の被害・公害など空港がもたらす負の影響にさらされながら、生業としての農の営みが続く。

その大きな特徴は、農家の多くが農薬や化学肥料に頼らない無農薬有機農業にとりくみ、それぞれの農法・方式による発展を追求していることであろう。ひとくちに無農薬有機農業といっても、そのあり方は環境・条件によってさまざまであり、一筋縄ではいかない苦労の連続だ。土地から農薬を抜き地力を養う土づくりだけで、少なくとも三年の年月を要するという。季節の移り変わりに応じて、それぞれに適した作物を栽培・収穫することが基本となるから、年々の気候変動によって作付けの時期や収量が大きく左右される。福島第一原発事故で拡散した放射能汚染の影響は東日本一帯の農業を直撃したが、一般の慣行農業に比べ、むしろ無農薬有機農業の生産が被った被害は深刻であったといわれる。

もともと農業とは人間が自然としての土地に直接働きかけて生産物を得る営みだが、なかでも農薬・化学肥料という工業製品への依存を全廃するか極力抑制する農法は、それだけ自然条件に影響される度合いが高く、したがって供給や価格の安定が要求される一般の流通市場にはなじまない。近年は、各地に広がる「道の駅」のような地場産直市場が受け入れ先となるケースも増えているが、三里塚の場合、その無農薬有機農業を支えているのは市場ではなく、生産農家と消費者――労働者、民衆・市民――との直接の結合である。

一九七〇年代の半ば頃から広がりはじめた無農薬有機農業の先進地域の一つである三里塚には、産直・共同購入を展開する幾つもの自主的グループ、ネットワークがあり、それぞれが生産者と消費者の垣根を超えた協力・共同という方向を追求しながら特色ある活動を行っている。共通するのは、互いに顔のみえるような触れあいを大事にしながら、生産者は消費者を裏切ることのない安心・安全な作物を供給し、消費者はその購入・消費を通して自身の命と健康を養うとともに、そのことを通して安心・安全な農業を支える活動にかかわるという関係である。

カネとモノ、カネとカネとのやりとりに支配される資本主義の市場関係、そこに決して解消されない、人と人との直接の結びつきにもとづく経済関係が部分的とはいえ成立し、その基盤のうえに安心・安全な無農薬有機農業の世界が維持・発展されているのである。

(4)市東孝雄さんと三里塚産直の会、三里塚芝山連合空港反対同盟の仲間で、農業の先輩でもある東峰の萩原進さんは、農地は農民にとっての命であるという。

「農地は生き物です。自分の土地でなければ自分の心を込めた作物はできません。長年その農地とつきあって初めて自分の気持ちの通った作物がとれるのです。市東さんは十数年かかって、土づくりに苦労して、やっとそこにたどり着いた。しかも取り上げ対象の農地は、市東さんが耕作している農地の中でも最も肥沃で、かれの営農に不可欠なところです」。

「私たちは食料を生産し供給しています。市東さんは四〇〇軒一二〇〇人の人達に安全安心な野菜を届けています。人間は食料なくして生きていけません。肥沃な農地なくして食料を生産し供給することはできません。小作契約にしても市東さんになんの非もありません。その市東さんの農地が判決で取られるということになれば、日本全国どこでも安心して農業を続けることはできなくなります」。

だから市東さんの農地を守る運動は農民全体の問題であり、これまでないがしろにされてきた日本のなかでの食糧・農業生産の位置づけを問い直す運動だと指摘する。

「市東さんの畑一町歩がなくなれば一町歩分の作物の供給が失われます。そうやってこれまで、工業化や公共事業、つまりは目先の経済成長の犠牲とされて日本の農地・農業は潰されてきたのです。その結果、食料自給率は四割を切り、輸入農産物なしにはやっていけない国になってしまいました。食料は外国から持ってくる。農薬まみれや遺伝子操作の産物でもかまわない。それでいいのでしょうか」。

「そういう大事な農業が、開発のための農地転用や企業の農業参入、ＴＰＰで加速する農産物輸入の拡大によって、早晩なくなってしまいます。今こそ、農業をどうするのか、日本の社会のなかで農業をどう位置づけるのか、ほんとうに真剣に考えなければならない時期に来ているのです。そうじゃないと私たちの自前の食料は消えてしまう。まともな食べ物がなくなってしまう。それを市東さんの問題は訴えていると思うのです」。

空港建設が持ち上がった一九六六年当時、成田市三里塚一帯一〇〇〇ｈａを対象に、製糸工場を誘致して桑から絹糸までを一貫生産するシルクコンビナート計画が農業構造改善事業として開始され、農家による桑の植え付けが進められていた。萩原進さんも、事業の準備として信州大学の養蚕研修に参加した一人で、研修先から夜行列車で戻った早朝、空港建設のことを知ったという（萩原進『農地収奪を阻む』編集工房朔、二〇〇八年による）。この怒りが萩原さんの原点だ。

※萩原進さんは２０１３年12月21日、心筋梗塞により急逝されました。

(5)日本では穀物自給率三〇％割れが一九八七年から二五年続き（カロリーベースの食料自給率を指す供給熱量総合食料自給率は一九九八年から四〇％に落ち込んでいる）、耕作放棄地が滋賀県と同じ面積の四〇万ヘクタールに拡大している。耕作面積は、一九六〇年からたった五〇年の間に六〇七万ヘクタールから四五九万ヘクタールへと一四八万ヘクタールも減少した。これは福島県と長野県とを足した面積とほぼ同じ広さである。農業就業者年齢は、六〇％が六五歳以上になっている。これらの数字にさらけ出されているのは、危機的な状態を通り越した日本農業の姿だ。安倍晋三首相のいう「美しいニッポン」の実相がまさにこれだ。

ＴＰＰがこれに追い打ちをかける。関税をゼロに近づけて一部の農業大国に生産・輸出を集中させることで農業資本の利益拡大をはかる一方、安価な食糧・農産物供給の拡大によって多国籍大企業の労働力コストを圧縮するなど、資本の利益追求を優先させた「効率的な」国際分業を追求するというのである。安倍自民党は、トヨタ等の輸出大企業――それらはすべて多国籍企業なのであるが――のためにＴＰＰを受け入れる方向に舵を切った。農産物の「聖域なき」関税撤廃は、大豆、トウモロコシ、ナチュラルチーズ、牛肉、オレンジやリンゴ果汁等の自由化の経験から明らかなとおり、国内農業を壊滅させる。

安倍自民党政権は、「十年間で農業・農村の所得を倍増させる」とぶち上げるが、その方向性は、徹底的に資本の論理に貫かれた農業である。「ＴＰＰ参入でも生き残る」「競争力ある攻めの農業」は実効性を伴わない空論だが、狙いはグローバル市場で稼ぐ輸出産業・高付加価値産業としての大規模農業・ブランド農業であり、改正農地法によって農地利用、農業進出が容易になった株式企業・資本のための農業である。国内の食料・農産物自給をどうするかという観点は完全に抜け落ちている。

富里・成田と五〇年間空港建設と闘ってきた加瀬勉さんは、そうした国内農業の危機的な現状に警鐘を鳴らし、人の命を支える農業の大切さをあらためて訴える。

「世界七〇億人のうち一〇億人が栄養失調状態で、そのために毎日、世界中で四万人の子どもが死んでいます。腹いっぱい食べているのは一握りの先進国だけです。しかし、その先進国である日本にしても、いま食料輸入がストップすると二〇〇〇万人が餓死すると言われています」。「農民・農業には人間の生命を支えるという社会的・歴史的責務があるということを忘れてはならないと思います」。

そして加瀬さんは、半世紀にもわたって体を張り、生活を賭して農地強奪・農業破壊の国策――空港推進と対決してきた三里塚農民の闘いは、この農民・農業に課せられた社会的責務―公共性を担う意義を持つ闘いであるという。

食料・農産物自給の責任を放棄する安倍政権の新自由主義路線のもとで、これを否とするなら民衆の側は、自らの食を支える食料自給、農業生産のあり方を自身で考え追求するほかはない。その柱は、歴史的な農政不在と新たな農業破壊という逆風のなかでも、国内農業を地道に支え続ける農民との連携である。成田空港と日々向き合いながら安心・安全な農産物供給に勤しむ三里塚農民との連帯である。

5．巨大公共事業として推進された成田空港建設の性格

⑴農業適地を切り捨てた巨大公共事業

成田空港建設が持ち上がった一九六〇年代後期から一九七〇年代は、巨大な公共事業・地域開発が、あたかも日本全土を掘り返す勢いで展開された時代である。

原子力発電所の建設が本格化するのもこの時期である。一九七四年の電源三法（電源開発促進税法、電源開発促進対策特別会計法、発電用施設周辺地域整備法）成立により、原発立地を財政面で支援する原発交付金制度が整備されたことなどから建設が加速し、一九七〇年からの一〇年間で現在国内にある原発五四基の半数を超える三〇基が着工されることとなった（原産会議『原子力産業実態調査報告』）。福島第一原発一号機は一九六四年に用地交渉を始め、一九七一年三月には営業運転を開始している。

一九六九年策定の新全国開発総合計画（新全総）は、一九八五年を目標年次として七二〇〇キロの新幹線網建設、高速道路網建設など全国的な交通・通信網を整備する構想を打ち出し、これを受け一九七〇年に全国新幹線整備法が制定された。新全総を挟んで一九六七年に山陽新幹線が着工、一九七二年には東北・上越新幹線が着工された。工業再配置のための大規模地域開発として、苫東（北海道）、むつ・小川原（青森）、西南地区（瀬戸内海沿岸）、志布志湾（鹿児島）の四大プロジェクトが巨費を投じて始動された。

結果的にこれらの開発プロジェクトは、西南地区を除いて失敗（苫東）に終わるか、成田空港と同様に計画変更を余儀なくされた。むつ・小川原は、いまなお稼動しない核燃料サイクル基地として財政を空費し、志布志湾は石油備蓄基地に転じている。

また一九六七年から二〇〇二年まで七次に渡った空港整備五カ年（七カ年）計画、さらにその後の社会資本整備事業特別会計空港整備勘定によって、狭い日本に一〇〇か所の飛行場が建設供用された。この無定見きわまる空港増設ラッシュのツケが、需要不足による地方空港の廃港化や生き残りをかけた過剰な空港間競争である。

航空・空港問題研究会に参加する石原健二氏は、戦後日本の農業をめぐる政策が一貫して「農業適地を切り捨て、開発優先の政策であった」ことを明確にしたうえで、「食料自給の概念を持たず、食料調達を海外に求める道を歩み続けてき

たために、農業適地を切り捨てるという政策に繋がった」と述べ、開発優先と食料自給策の放棄、農地・農業切り捨てが一体的関係にあると指摘する。

この時期の巨大開発推進の性格を鎌倉孝夫氏は、「一九六〇年代後半から一九七〇年代にかけ、投資が投資を呼ぶ自律的経済・市場成長の限界をのりきり、高度成長局面を持続するという要請から、国家財政支出の膨張にもとづく田中型列島開発や新全総に代表される巨大開発・公共事業が展開され、その一環として成田空港建設も推進された」ものととらえる。

空港問題とは、加瀬さんや萩原さんが指摘するように、戦後日本農業が、大製造業や開発投資優先の資本主義成長路線によって切り捨てられ、経済成長・競争力強化達成の犠牲とされてきたことの縮図であり、いまも縮図であり続けているのである。シルクコンビナートが空港建設によって吹き飛んだ経緯は、政府・行政の農業政策そのものの不在ぶりを示して余りあるが、空港問題の基底を貫くのは、この農業政策の不在がもたらした農業問題であり、成田と同様の開発優先による「農業適地の切り捨て」は日本全国どこでも起こりうるし、実際に起こったのであった。

⑵一万ヘクタール以上におよぶ内陸空港の被害

新東京国際空港（成田空港）は、千葉県北東部成田市三里塚を中心とする地域にあり、東京から直線で約五〇キロの地点にある。三里塚を含む広大な台地は北総台地といわれ、利根の下流、九十九里の沖積平野を併せた「北総地帯」の東部一帯を占める。

成田空港が決定される前年一九六五年の「北総地帯」は、耕地面積において県全体の約五〇％を占め、農業生産額も全県の五〇％を生産する農業地域であった。東京市場における蔬菜入荷量の二〇％を千葉県が占めているが、県内主産地は北総地帯であり、北総は「首都圏の台所」なのである。

政府は一九六三年から、新東京国際空港建設候補地を二転、三転させたあげく、一九六五年に千葉県富里・八街地区に内定した。二三〇〇ヘクタールの優良農地を潰し二千戸とも三千戸ともいわれる農家を立ち退かせる計画に対し、富里・八街の農民は一九六三年九月ころから反対運動を組織し、地域ぐるみの激しい抵抗を繰り広げた。これによって富里計画が行き詰まるなか、政府は、突如として隣接する成田市三里塚に空港を建設すると発表し、一九六六年七月四日には閣議決定をした。以後、豊かな北総の農業地帯は、国家権力を総動員した〝新空港建設〟というカネと暴力の嵐にさらされていく。

政府は新空港建設の当初計画から、規模を半分以下の一〇六五ヘクタールに縮小して三里塚地区を選んだ。三里塚は国有地（二四三ヘクタール）と県有地（一五二ヘクタール）が敷地面積の約三七％を占め、民有地は六七〇ヘクタール、三二五戸（成田市二九八戸、芝山町二七戸）で用地買収が容易である、というのが最大の理由である（三里塚周辺図参照）。

しかし、大型ジェット機を運航する内陸空港の影響は、空港敷地（三二五戸、一〇六五ヘクタール）にとどまらず、航空保安施設（六一戸）、騒音地域の移転地区（一〇九四戸）を併せると移転対象は一四八〇戸（三二三八ヘクタール）にものぼる（成田空港建設による移転・騒音地域一覧表）。さらに、騒音地域（七五W以上八〇W以下の地域及び谷間地域）に居住する騒音被害戸数が六一四三戸（七三二二ヘクタール）あり、合計で七六二三戸、一万ヘクタールを上回る地域の住民の生活を侵害する。七五WECPNL以上の騒音地域は、嘉手納、普天間、厚木、横田等の騒音訴訟で言えば、国に損害賠償責任があると認定された地域に相当する。

これだけ重大な被害・犠牲を強要して推進された成田空港建設であるが、結局、いまに至るも未完成の状態が続く。空港反対闘争五〇年が〝未完の欠陥空港〟を強制している厳然たる事実として、農業を中心とする暮らしの営みを広汎に破壊しなければ現実化しえない巨大内陸空港の無理・矛盾が露呈されているのである。

成田空港建設による移転・騒音地域一覧表　2012年10月末日時点

	空港用地		航空保安施設	騒音地域［移転。W80以上］					移転計
				A滑走路		B・C滑走路			
	実施	未実施	実施	実施	未実施	実施	未実施	計	
戸数（戸）	323	2	61	531	73	423	67		
小計（戸）	325		61	604		490		1094	1480
土地計(ha)	1145		113					1980	3238

	騒音地域［防音。W75～W80］						騒音計
	A滑走路１種		B･C滑走路１種		谷間区域		
	実施	未実施	実施	未実施	実施	未実施	
戸数（戸）	3420	160	1262	627	533	141	
小計（戸）	3580		1889		674		6143
土地計(ha)	4656		2666				7322

成田空港会社「空港情報センター公開資料」2013年１月より作成

(3)空港マネー効果——農業委員会も〝成田空港フリーパス〟

空港会社が小作権解約を申請した当時の成田市農業委員会事務局長・山﨑真一氏は、裁判の証人尋問で、不在地主や取得農地を長年転用のないまま放置した空港会社の問題行動が許容されたのは「空港会社なら、すべてフリーパスだからではないか」と市東さんの代理人弁護士に問い詰められた挙句に、「結果的にそうなると思う」と答えている。

いかに異常、違法、不当な行為でも、成田空港がやることならと見過ごされ、さらに当然のこととしてスタンダードにさえなってしまうというのである。成田市農業委員会の職員は、千葉県への解約許可申請を受理しないで欲しいと要請に出向いた市東さんたちに、「小作人に知らせない農地売買は前例がない」と漏らしている。解約許可申請をめぐる農業委員会の議論でも、「本来は、地主・小作人が双方の合意を経て、合意解約、離作補償、用地買収の後に所有権移転することが望ましいことは自明」との批判が一部の委員から投げかけられ、農業委員会総会の意見として付された。

「本来」あるべき姿と成田スタンダードとのギャップがいかに大きいかがわかる。背景にあるのは、成田空港の存在感低下の危機によってますます深まる、空港と地元関係自治体のカネで結びついた運命共同体的癒着の関係である。

流出する〝空港マネー〟は庶民の常識をはるかに超える。着工からこれまで、成田空港の建設費と維持管理費として投入された金額はすでに三兆二〇〇〇億円以上と推定される。それ以外にも莫大な金額がつぎ込まれている。①空港警備名目で、毎年一二〇億円の国費が「千葉県警成田国際空港警備隊」（島根県警にも匹敵する一五〇〇人規模）に今も投入され、三五年間で四二〇〇億円を超える。②成田財特法二条にもとづく「新空港周辺地域整備事業」が、千葉県、成田市、富里市など一県三市三町を対象に約六〇〇〇億円、③千葉県と茨城県の一〇市町むけの「成田国際空港周辺対策交付金」も一九七八年度～二〇一〇年度で計九六八億円に達する。④同じ期間の騒音対策費・移転補償費が累計で二二二〇億円余である。

空港民営化による税収は二〇〇四年からの累計で、空港会社が千葉県に納めた法人住民税・事業税が一五六億円、市町村には法人住民税と固定資産税が五七七億円入った。空港会社が治める税金のうち市町村向けの約九一％を受け取る成田市は、二〇一二年度予算の自主財源が二九七億円、そのうち最大の比重を占める固定資産税収入のうち一二〇億円がホテルなどを含めた空港関連事業からのものである。自主財源の四〇・四％、固定資産税のじつに約六五％を空港事業に依存していることになる。

二〇〇六年八月、B′滑走路延伸にかかわって開催された国交省の公聴会で、成田市選出の千葉県議は、「成田空港が国際航空需要の高まりとともに発展することにより、地域が栄え、関係自治体の財政も潤い、特に成田市については知らず知らずのうちに全国でも屈指の財政力を誇る自治体になっていったという経緯」を述べている。〝空港マネー〟に取り込まれるとは、こういうことをいう。

このような地域・地元にばら撒かれる巨大な〝空港マネー〟への依存が、「成田空港ならフリーパス」、〝空港なら何でもあり〟という感覚を、本来なら地域の農業を守り振興する役目を担うはずの成田市農業委員会や千葉県の農地課・農業会議の関係者までもが疑いもせずに共有してしまう風潮の基盤にある。この構造から、〝いのち〟を養う農地・農業よりも〝カネ〟をもたらす空港を、という選択を通した、空港会社の農地取り上げへの加担が生じているのである。

〝原発マネー〟で塗り固められた安全神話と成長神話によりかかりながら推進された原発建設と、本質的に異なるところはない。

結びにかえて

市東さんの裁判闘争はすでに七年に及ぶ。市東さんは季節と対話しながら農作業を行い、また裁判所に出向いてきた。この市東さんに対して、権力側は二〇一〇年と二〇一一年の二年連続して不当な逮捕攻撃を加えてきた。

二〇一〇年の逮捕は、市東さんの生活道路であり畑への道路でもある団結街道（市道十余三・天神峰線）の路線廃止攻撃の中で起こった。空港会社は、二〇一〇年五月、団結街道に「封鎖予告」の看板を立てて市東さんに圧力を加え、市東さんが看板を壊したと称して器物損壊罪で告訴し警察に逮捕させたものだ。

二〇一一年には、東京高裁で天神峰現闘本部明け渡しの仮執行付き控訴審判決が言い渡された際に、東京高等裁判所の廊下にいた市東さんを含む反対同盟員ら五〇名が不退去罪で逮捕された。

さらに空港公団は、今年三月七日から第三誘導路の供用を開始したが、これは市東孝雄さんの住居、畑を空港施設で囲い込み、追い出しをはかることだけを狙った悪質な攻撃であった。

市東さんは、このような国家権力の不当な攻撃を連続して受けながら、腹を決めて農作業に打ち込み、七月二九日の判決が迫る日々のなかにあっても、占有移転禁止仮処分の公示書看板の立てられた畑で夏野菜の手入れや出荷に忙しい。

「千葉地方裁判所の判決結果は決して甘くないだろう。それでも自分は農業を続けていくだけ」と語る市東さん。

市東さんが農業を続けていくことが出来るかどうかは、もはや市東さん個人の問題ではない。存亡の危機にある日本農業の明日をみつめて営農する全国の農民、そして何よりも「うそのない農産物」を求める民衆・労働者が、自分自身の課題として受けとめ、連帯して闘っていくことが求められていると思う。

もちづき・のぶみつ（航空・空港研究会）

シンポジウム「いま『公共性』を問いただす」で講演する鎌倉孝夫（2012.11.25撮影）

シンポジウム「取られてたまるか！農地・いのち」で講演する石原健二（2013.11.24撮影）

市東孝雄さんの天神峰農地に立つ看視ヤグラに登った鎌倉孝夫（2012.11.17撮影）

天神峰農地のヤグラから天神峰現地闘争本部をみる（2011.3.27撮影）

天神峰農地。手前はマルチをはった冬野菜、奥は屋敷林と農作業場等（2011.1.9撮影）

天神峰農地の看板前に並ぶ北原鉱治さん、萩原進さん、市東孝雄さんら（2011.1.9撮影）

成田空港予定地内の萩原進さんの東峰の畑で開催された三里塚全国集会（2012.10.7撮影）

あとがき

石原健二

三里塚に初めて行ったのは50年も前で、御料牧場のお花見だった。花はすばらしかったが風が冷たく、鼻水をすすりながら早々に引き上げた。空港問題とのかかわりは、その後、富里などを経て現在の位置に定められてからだった。成田空港闘争になってから何度か足を運んだが、対象農家のなかで沖縄出身の人や満蒙開拓の引揚者などが多いことを知った。入植後10数年で土地取り上げとなったこと。息子たちもやっと高校を卒業し、これから少し楽になろうというときだった。青年行動隊の人たちは若く、周辺の青年たちと異なりしっかりと社会と向き合っていたのを想い出す。

その後40年もたって農地法がらみの話で市東さんの農地問題を知り、いまだに空港問題が続いていることを知った。しかも、私は仕事の上で農地法とは身近に接していたが、市東さんの農地を、農地法では考えられない、小作地の合意解約なしの売買契約で空港会社が取得しているということに驚いた。

私は就職の際、農業団体を選び働く場としたのだが、働く中で、日本ほど農業を大切にしない国はないと思うようになった。職場では米と農地問題を主として担当したが、くしくもこの二つは日本農業の根本問題でもあった。しかし、米については自由化とともに食管法がなくなり、農地は宅地並み課税に象徴されるように開発用地とされてきた。特に1990年代以後、農産物の自由化が進み、今またTPPで更なる自由化を推し進めようとしている。ヨーロッパでもアメリカでも1930年代の農業恐慌以後、食糧自給は当然のこととし、そのために農業の施策をとっているのに比べて、日本では戦後の食糧危機を経験しているにもかかわらず、消費者を含め農業への関心がない。それが不思議でならない。

多くの農家が意に反して農地を手放してきた。これからもオリンピックを控え開発志向は強まるのだろう。農業・農地を守るのはより熾烈を極めるだろう。しかもそれは、農家個々にかかってくる。市東さんはその先頭にあり、どうしても勝たせなければならない。こうした思いから、この本の制作に参加した。本書が、危機に瀕する日本の農業の状況や、その縮図ともいえる市東さんの農地取り上げ問題への関心をひらく一助になれば幸いである。

編著者紹介

鎌倉 孝夫（かまくら たかお）　経済学・資本論研究

1934年生まれ。埼玉大学文理学部卒業。1961年、東京大学大学院経済学研究科博士課程を修了。経済学博士。2006年まで埼玉大学教授、東日本国際大学学長などを歴任。埼玉大学・東日本国際大学名誉教授。近著に、『株価至上主義経済』（2005年、御茶の水書房）、『国家論の科学』（2008年、時潮社）、『『資本論』で読む金融・経済危機』（2009年、時潮社）、対談集『はじめてのマルクス』（2013年、株式会社金曜日）などがある。

石原 健二（いしはら けんじ）　農業経済学・地方財政論

1939年生まれ。埼玉大学文理学部卒業。全国農業協同組合中央会で、農政課長、営農部長、中央協同組合学園部長を歴任。1996年、農学博士（東京大学）。1999年、社団法人国際農林協力会常務理事。2002年～2007年、立教大学経済学部教授。『お米紀行』（1992年、三樹書房）、『農業予算の変容』（1997年、農林統計協会）、『農業政策の終焉と地方自治体の役割』（2008年、農村漁村文化協会）、『農業政策の変遷と地方自治体』（2009年、イマジン出版）など著書多数。

成田空港の「公共性」を問う
――取られてたまるか！ 農地と命――

2014年３月25日　初版第１刷発行

編著者：鎌倉孝夫・石原健二
装　幀：吉永昌生
発行人：松田健二
発行所：株式会社社会評論社
東京都文京区本郷2-3-10
☎03（3814）3861 FAX03（3818）2808
http://www.shahyo.com
組版：合同会社 悠
印刷・製本：株式会社ミツワ